DIREITO PROCESSUAL PENAL OBJETIVO:
TEORIA & QUESTÕES

Flávio Milhomem

DIREITO PROCESSUAL PENAL OBJETIVO: TEORIA & QUESTÕES

ALUMNUS

Milhomem, Flávio

Direito Processual Penal Objetivo: Teoria e Questões / Flávio Milhomem. – Brasília : Alumnus, 2012.

272 p.; 22,8 cm.

ISBN 978-85-65295-08-6

I. Direito. II. Processual. III. Penal.

CDU 340

Diretoria Editorial: Engels Rego / Antonio Geraldo Pinto M. Junior

Gerência Editorial: Mariana Carvalho

Produção Editorial: Maria Neves

Colaboração Editorial: Jarlan de Brito

Projeto Gráfico e Editoração Eletrônica: M&B Serviços Editoriais

Revisão: Dinalva Fernandes da Rocha

Capa: (Projeto gráfico, criação e ilustração): Ralfe Braga Design

www.alumnus.leya.com.br

À Fernanda, incentivadora e amor de uma vida.

Ao Pedro, sopro de vida nova.

À Clara, filha do coração.

À Elizabeth, amiga e torcedora cativa.

À equipe Leya/Alumnus, pela atenção e cuidado na condução desta publicação.

Sumário

Apresentação

A presente obra tem como objetivo a apresentação clara e precisa dos assuntos estatisticamente mais cobrados em concursos públicos relativos ao Processo Penal brasileiro.

De maneira objetiva, porém não superficial, abordam-se a legislação, a doutrina e a jurisprudência atualizadas, no tocante aos assuntos preferidos das mais diversas bancas examinadoras de concursos pelo Brasil afora.

No decorrer da obra, foram colocadas questões de concursos. Trata-se de questões relevantes, extraídas de concursos públicos e comentadas pelo autor.

Ao final da obra, visando à fixação da matéria apresentada, transcrevem-se as questões de concursos mais recentes a respeito dos temas tratados, todas gabaritadas.

E, lembre-se: "Até uma jornada de mil milhas começa com o primeiro passo".

Bons estudos!

Flávio Milhomem

CAPÍTULO 1
Processo Penal

CONCEITO

O Processo Penal é o ramo do Direito Público que regula a atividade de jurisdição do Estado, para aplicação das normas de Direito Penal, no julgamento do acusado de praticar um crime.

Não existe delito sem pena, nem pena sem delito e processo, nem processo penal senão para determinar o delito e atuar a pena. O processo é um instrumento, e essa é a razão básica de sua existência; contudo, este não pode ser considerado como um fim em si mesmo, pois sua razão de existir está no caráter de instrumento-meio para a consecução de um fim.

ATENÇÃO!

A instrumentalidade do processo penal é o fundamento de sua existência. O processo não pode ser considerado um fim em si mesmo, pois sua razão de existir está no caráter de instrumento-meio para a consecução de um fim. Esse fim não deve ser exclusivamente jurídico, pois a instrumentalidade do sistema processual não está limitada ao mundo jurídico (direito material ou processual). Por esse motivo, o processo deve também atender às finalidades sociais e políticas, configurando, assim, nas palavras de Dinamarco, a finalidade metajurídica da jurisdição e do processo.

Esse fim não deve ser exclusivamente jurídico, pois a instrumentalidade do sistema processual não está limitada ao mundo jurídico (direito material ou processual). Por esse motivo, o processo deve também atender às finalidades sociais e políticas, preocupando-se com a pacificação social e o bem comum.

O processo penal contemporâneo é regido pelo garantismo, o qual preceitua um sistema processual de garantias mínimas, que sirva, ao mesmo tempo, como fator limitador do poder punitivo estatal e emancipador do cidadão submetido ao processo, atuando como legitimador da pena ao final aplicada.

No desenvolvimento da atividade jurisdicional penal, o Estado é norteado pelos princípios que integram a Constituição Federal, os quais, dotados de alto grau de generalidade e gozando de grande compreensão no âmbito jurídico, constituem autênticas normas jurídicas em sentido substancial, pois estabelecem modelos de conduta.

CAPÍTULO 2
Princípios

1. PRINCÍPIO DO DEVIDO PROCESSO LEGAL

O processo penal é a garantia de que ninguém será privado da liberdade ou de seus bens sem o devido processo legal, conforme previsto na Constituição Federal:

> Art. 5º [...]
> LIV - ninguém será privado da liberdade ou de seus bens sem o devido processo legal;

Processo devido em Direito significa a observância de um tipo de processo legalmente previsto antes de alguém ser privado da liberdade e da propriedade. Não se deve, contudo, ater a um conteúdo formal de tal princípio. O sentido é de processo justo, definido por lei, com a necessária observância das normas referentes às liberdades dos cidadãos.

Sob a ótica do acusado, o princípio do devido processo legal é a garantia de produzir provas, apresentar alegações, visando à demonstração de sua inocência. Já sob o ponto de vista da sociedade, representada pelo Ministério Público, tal garantia se traduz na utilização dos meios legais para convencimento do magistrado da legitimidade da pretensão punitiva.

De acordo com Nucci (2011), o princípio do devido processo legal, *due process of law*, é um princípio genérico. Dele emana a fundamentação de vários outros, como o princípio da oficialidade, da obrigatoriedade, da indisponibilidade e da iniciativa das partes.

1.1 Princípio da Oficialidade

Pelo princípio da oficialidade, os órgãos encarregados da investigação e persecução penal são públicos, geralmente, uma vez que se constitui em função primordial do Estado.

1.2 Princípio da Obrigatoriedade

Segundo Capez (2010), pelo princípio da obrigatoriedade, os órgãos encarregados da investigação e persecução penal são obrigados a buscar a realização da justiça diante da constatação de crime de ação penal pública incondicionada, não dispondo de juízo de conveniência; portanto, discricionário, quanto à instauração de inquérito policial ou ajuizamento de ação penal.

1.3 Princípio da Indisponibilidade

Pelo princípio da indisponibilidade, uma vez ajuizada a ação penal, não pode dela desistir o Ministério Público.

1.4 Princípio da Legalidade Estrita da Prisão Cautelar

Considerando-se o princípio da não culpabilidade, tem-se que a prisão cautelar de qualquer cidadão deve cumprir os requisitos previstos em lei, estritamente.

A Constituição Federal traz as regras gerais a serem seguidas:

> Art. 5º [...]
> LXI – ninguém será preso senão em flagrante delito ou por ordem escrita e fundamentada de autoridade judiciária competente, salvo nos casos de transgressão militar ou crime propriamente militar, definidos em lei;
> LXII – a prisão de qualquer pessoa e o local onde se encontre serão comunicados imediatamente ao juiz competente e à família do preso ou à pessoa por ele indicada;
> LXIII – o preso será informado de seus direitos, entre os quais o de permanecer calado, sendo-lhe assegurada a assistência da família e de advogado;
> LXIV – o preso tem direito à identificação dos responsáveis por sua prisão ou por seu interrogatório policial;
> LXV – a prisão ilegal será imediatamente relaxada pela autoridade judiciária;
> LXVI – ninguém será levado à prisão ou nela mantido, quando a lei admitir a liberdade provisória, com ou sem fiança;
> LVIII – o civilmente identificado não será submetido a identificação criminal, salvo nas hipóteses previstas em lei;

1.5 Princípio da Duração Razoável da Prisão Cautelar

Segundo tal princípio, implícito, pode-se afirmar que ninguém deverá ficar preso, provisoriamente, senão pelo tempo estritamente necessário à obtenção da finalidade pretendida com a restrição cautelar de sua liberdade; seja ela a obtenção de prova, a conveniência da instrução criminal ou a garantia da ordem pública.

2. PRINCÍPIOS REFERENTES AO INDIVÍDUO

2.1 Princípio da Presunção de Inocência

Encontra-se previsto na Constituição Federal:

> Art. 5º [...]
> LVII - ninguém será considerado culpado até o trânsito em julgado de sentença penal condenatória;

Tal princípio, também conhecido como princípio da não culpabilidade ou princípio da presunção relativa de inocência, assegura ao acusado o direito de ser considerado inocente até o trânsito em julgado da sentença condenatória.

ATENÇÃO!

Autores sustentam, contudo, que não há presunção de inocência, mas estado de inocência, o qual admite a prisão cautelar quando presentes os seus requisitos e fundamentos legais.

Integra-lhe ao conceito o princípio da prevalência do interesse do réu (*in dubio pro reo*), o qual garante que, em caso de dúvida, deve sempre prevalecer o estado de inocência, promovendo-se, assim, a absolvição do réu.

2.2 Princípio da Ampla Defesa

Encontra guarida na Constituição Federal:

> Art. 5º [...]
> LV - aos litigantes, em processo judicial ou administrativo, e aos acusados em geral são assegurados o contraditório e ampla defesa, com os meios e recursos a ela inerentes;

A ampla defesa, decorrente do princípio do devido processo legal, significa que ao réu são concedidos amplos mecanismos para se defender da imputação que lhe é atribuída pela acusação.

2.3 Princípio da Prevalência do Interesse do Réu (*Favor Rei* ou *In Dubio pro Reo*)

Cuida-se de uma consequência do princípio da presunção de inocência (CF, art. 5º, LVII). A culpa é exceção, não a regra; e se o acusador não se desincumbe de prová-la, cabe ao juiz absolver o acusado, interpretando a dúvida em seu favor.

O Código de Processo Penal traz regra expressa a tal respeito:

> Art. 386. O juiz absolverá o réu, mencionando a causa na parte dispositiva, desde que reconheça:
>
> [...]
>
> VII – não existir prova suficiente para a condenação;

2.4 Princípio de que Ninguém está Obrigado a Produzir Prova Contra si Mesmo (*Nemo Tenetur de Detegere*)

Extrai-se tal princípio da conjugação dos princípios constitucionais da presunção de inocência (art. 5º, LVII) e ampla defesa (art. 5º, LV) com o direito de permanecer o réu calado (art. 5º, LXIII).

Questão de concurso

(Cespe/MPE-SE/Promotor de Justiça/2010) Considerando o entendimento mais recente do STJ sobre a realização do exame de alcoolemia, popularmente denominado bafômetro, assinale a opção correta.

a) É inconstitucional a previsão legal desse exame, pois ofende o princípio *nemo tenetur se detegere.*

b) É inconstitucional a exigência da realização do exame, pois ofende a dignidade da pessoa humana.

c) O STJ afirmou a constitucionalidade absoluta da lei, de forma que o motorista é obrigado a realizar o exame.

d) Não cabe *habeas corpus* preventivo para discutir o tema, pois não se pode considerar como fundado receio o simples temor de, porventura, ter de se submeter ao exame ao trafegar pelas ruas em veículo automotor, sem a existência de procedimento investigatório.

e) Considerando que o STJ tem entendimento pacificado sobre o tema, admite-se, por simples reclamação, a impugnação de decisões de tribunais que não concedam *habeas corpus* para evitar a submissão do motorista ao exame.

Comentários:

O Superior Tribunal de Justiça considerava que a lei não obrigava o cidadão a produzir prova contra si, tendo em vista que, além do bafômetro e do exame de sangue, subsistiam os demais meios de prova em Direito admitidos para a constatação da embriaguez, sendo certo que a recusa a submeter-se a esses testes implicaria apenas sanções no âmbito administrativo. Mais recentemente, contudo, a Terceira Seção, em 28 de março de 2012, julgou recurso especial em que, sem alterar o critério da não obrigatoriedade dos exames de sangue e bafômetro, afastou a possibilidade de utilização de outros meios de prova como, por exemplo, a prova testemunhal.

Gabarito: d

3. PRINCÍPIOS QUE DIZEM RESPEITO À RELAÇÃO PROCESSUAL

3.1 Princípio da Iniciativa das Partes

Cabe ao Ministério Público, titular da ação penal (CF, art. 129, I), nos crimes de ação penal pública, dar início ao processo-crime, cabendo à vítima, naqueles que admitem a queixa-crime, tal função.

ATENÇÃO!

Em hipótese alguma age o juiz por conta própria para dar início à ação penal; antes, deve ser provocado.

3.2 Princípio do Contraditório

Na visão de Greco Filho (2010), o contraditório consiste na possibilidade de as partes, em igualdade de condições, praticarem todos os atos que possam influir no convencimento do juiz. Basicamente, significa que toda prova ou alegação feita por uma parte, acusação ou defesa enseja o direito de manifestação da parte contrária.

Esse princípio está igualmente previsto na Constituição Federal:

> Art. 5º [...]
> LV – aos litigantes, em processo judicial ou administrativo, e aos acusados em geral são assegurados o contraditório e ampla defesa, com os meios e recursos a ela inerentes;

3.3 Princípio da Publicidade

A publicidade também tem previsão constitucional:

> Art. 5º [...]
> XXXIII – todos têm direito a receber dos órgãos públicos informações de seu interesse particular, ou de interesse coletivo ou geral, que serão prestadas no prazo da lei, sob pena de responsabilidade, ressalvadas aquelas cujo sigilo seja imprescindível à segurança da sociedade e do Estado;
> [...]
> Art. 93. [...]
> IX – todos os julgamentos dos órgãos do Poder Judiciário serão públicos, e fundamentadas todas as decisões, sob pena de nulidade, podendo a lei limitar a presença, em determinados atos, às próprias partes e a seus advogados, ou somente a estes, em casos nos quais a preservação do direito à intimidade do interessado no sigilo não prejudique o interesse público à informação;

ATENÇÃO!

Conforme Nucci (2011), atos secretos ou sigilosos só se justificarão na medida em que visarem à preservação da dignidade da pessoa humana, vítimas ou acusados de crimes, ou para fazer valer a supremacia do interesse público sobre o particular.

3.4 Princípio da Vedação das Provas Ilícitas

Encontra previsão na Constituição Federal:

> Art. 5º [...]
> LVI – são inadmissíveis, no processo, as provas obtidas por meios ilícitos;

ATENÇÃO!

As provas não autorizadas pela legislação em vigor não poderão instruir o processo criminal; nem é admissível a prova, embora admitida no ordenamento jurídico, obtida por meios escusos.

Questão de concurso

(TJDFT/TJ-DF/Juiz/2008) Quanto aos direitos e garantias fundamentais aplicáveis ao Direito Processual Penal, pode-se afirmar.

a) O Direito Processual Penal será instrumental ao Direito Penal apenas quando a lei exigir.
b) O interrogatório do acusado é um ato imprescindível ao trâmite processual regular.
c) Em nenhuma hipótese no processo penal será admissível a produção de prova ilícita.
d) Pode-se afirmar que em virtude do contraditório, o juiz não poderá basear eventual decisão condenatória em elementos probatórios produzidos exclusivamente em fase policial.

Comentários:

A Constituição da República de 1988 traz em seu texto uma vedação, de forma categórica, acerca das provas obtidas por meios ilícitos. E, nesse sentido, a reforma processual penal obtida a partir da Lei n° 11.690/2008, que deu nova redação ao art. 157 do CPP, consagrou o princípio da inadmissibilidade das provas ilícitas, tornando-as inutilizáveis.

Gabarito: d

3.5 Princípio da Economia Processual

Com a chamada "Reforma do Poder Judiciário", de 2004, tornou-se explícito o princípio da economia processual na Constituição Federal:

> Art. 5º [...]
> LXXVIII - a todos, no âmbito judicial e administrativo, são assegurados a razoável duração do processo e os meios que garantam a celeridade de sua tramitação.

O processo criminal deve terminar em prazo razoável, obtendo-se a aplicação da pena no prazo mais curto possível contado da data do crime.

3.6 Princípio do Duplo Grau de Jurisdição

A parte, acusador ou acusado, tem o direito de ver reexaminada sua causa por instância superior, sendo que tal princípio decorre da própria estruturação do Poder Judiciário em instâncias.

Para Capez (2010), a Constituição Federal assegura, no art. 5º, LV, a todos os litigantes em processo administrativo ou judicial o direito ao contraditório e à ampla defesa, bem como os meios e recursos a ela inerentes. Ocorre que a previsão é dos instrumentos inerentes ao exercício da ampla defesa e não ao referido princípio. Ressalte-se, porém, que o presente tema é polêmico, existindo não poucos estudiosos que reconhecem o princípio do duplo grau de jurisdição como um preceito constitucional.

3.7 Princípio da Busca da Verdade Real

Verdade material ou real é a que mais se aproxima da realidade dos fatos, devendo o juiz agarrar-se naquela que se origina das provas colhidas no curso da instrução processual, condenando ou absolvendo o acusado.

3.8 Princípio da Oralidade

Segundo tal princípio, a palavra oral deve prevalecer, em algumas fases do processo, sobre a palavra escrita.

O princípio da oralidade guarda estrita relação com os princípios da concentração, da imediatidade e da identidade física do juiz.

3.8.1 Princípio da concentração

Toda colheita de provas, manifestação das partes e julgamento da causa dar-se-ão em uma única audiência; ou, por força maior, no menor número possível de audiências.

O Código de Processo Penal exemplifica:

> Art. 400. [...]
>
> § 1º As provas serão produzidas numa só audiência, podendo o juiz indeferir as consideradas irrelevantes, impertinentes ou protelatórias.

3.8.2 Princípio da imediatidade

O juiz deve ter contato direto com a prova produzida, a fim de, por meio do livre convencimento, formar sua convicção.

3.8.3 Princípio da identidade física do juiz

O juiz que colher as provas deverá ser o mesmo a julgar o caso.

> CPP, art. 399. [...]
>
> § 2º O juiz que presidiu a instrução deverá proferir a sentença.

3.9 Princípio da Indivisibilidade da Ação Penal Privada

Não pode o ofendido, nos crimes cuja ação penal é privada, em caso de pluralidade de ofensores, deixar de oferecer a queixa-crime contra todos.

3.10 Princípio da Comunhão da Prova

Conforme tal princípio, produzida a prova, no curso da instrução criminal, essa aproveita tanto à acusação quanto à defesa, independente de quem a tenha trazido aos autos.

4. PRINCÍPIOS REFERENTES ÀS PARTES

No que se refere à situação das partes, releva destacar os princípios da igualdade e da liberdade processual.

4.1 Princípio da Igualdade

Por este princípio, procura-se manter o equilíbrio entre a acusação e a defesa, a chamada paridade de armas.

4.2 Princípio da Liberdade Processual

Tal princípio diz respeito à faculdade que tem o acusado de escolher seu advogado e os meios de prova que irá utilizar em sua defesa.

5. QUANTO À ACUSAÇÃO

Tem incidência o princípio do promotor natural, segundo o qual o indivíduo deve ser acusado por órgão imparcial do Estado, previamente designado por lei, vedada a indicação de acusador para atuar em casos específicos.

6. QUANTO AO JUIZ DA CAUSA

No que respeita ao juiz, o princípio da imparcialidade demanda um magistrado imparcial e independente, sendo que dele emana o princípio do juiz natural.

Segundo Tornaghi (1989), pelo princípio do juiz natural, tem o réu o direito de ser julgado por um juiz previamente determinado por lei, vedando-se, assim, a designação de um juiz, após a prática do delito, para especificamente julgar seu autor. Cuida-se da proibição do juízo ou tribunal de exceção, previsto na Constituição Federal:

> Art. 5º [...]
> XXXVII – não haverá juízo ou tribunal de exceção;

Com a edição da Lei nº 12.694/1912, publicada em 25 de julho de 2012, com período de *vacatio legis* de noventa dias, sofreu flexibilização a definição do juiz natural da causa.

Dispôs o legislador que, para o julgamento dos crimes praticados por organizações criminosas, o juiz poderá decidir pela formação de colegiado para a prática de qualquer ato processual, limitando-se sua competência ao ato para o qual foi convocado, dentre eles: a decretação de prisão ou de medidas assecuratórias, concessão de liberdade provisória ou revogação de prisão, sentença; progressão ou regressão de regime de cumprimento de pena, concessão de liberdade condicional, transferência de preso para estabelecimento prisional de segurança máxima e inclusão do preso no regime disciplinar diferenciado.

Em interpretação autêntica, o legislador definiu o conceito de organização criminosa como:

> A associação, de 3 (três) ou mais pessoas, estruturalmente ordenada e caracterizada pela divisão de tarefas, ainda que informalmente, com objetivo de obter, direta ou indiretamente, vantagem de qualquer natureza, mediante a prática de crimes cuja pena máxima seja igual ou superior a 4 (quatro) anos ou que sejam de caráter transnacional (art. 2º).

7. PRINCÍPIOS APLICÁVEIS À ATUAÇÃO DO ESTADO

Pode-se apontar como princípios aplicáveis à atuação do Estado, os princípios do livre convencimento, impulso oficial, indeclinabilidade e colegialidade.

7.1 Princípio do Livre Convencimento ou Persuasão Racional

Para proferir suas decisões, o juiz forma seu convencimento livremente; contudo, tem a obrigação de fundamentá-las todas no processo.

7.2 Princípio do Impulso Oficial

De acordo com tal princípio, uma vez iniciada a ação penal, deve o juiz movimentá-la até o final, conforme o procedimento previsto em lei, até a decisão final.

7.3 Princípio da Indeclinabilidade

O princípio da indeclinabilidade liga-se, estritamente, ao princípio do impulso oficial, e pode ser traduzido como a obrigação do juiz da causa em proferir sua decisão. Evita-se, assim, o sobrestamento do processo por razões escusas.

7.4 Princípio da Colegialidade

Decorre tal princípio, por sua natureza, do princípio do duplo grau de jurisdição.

ATENÇÃO!

Deve-se entender que, além da possibilidade de revisão da pretensão não acolhida pelo juiz da causa, por instância superior, tem o jurisdicionado direito a uma decisão proferida por órgão colegiado; portanto, composto por um grupo de magistrados, aos quais se atribuirá o debate e posterior julgamento.

8. PRINCÍPIOS PRÓPRIOS DO TRIBUNAL DO JÚRI

8.1 Princípio da Plenitude de Defesa

Plenitude de defesa, conforme Nucci (2011), não se confunde com ampla defesa; antes, a contém, já que no Tribunal do Júri busca-se oferecer ao acusado a ampliação da possibilidade de defesa, a fim de alcançar a perfeição nas duas fases do processo no Tribunal do Júri.

Questão de concurso

(Cespe/STM/Analista Judiciário/Execução de Mandados/Específicos/2011) De acordo com a doutrina e a jurisprudência, os princípios da ampla defesa e da plenitude de defesa são sinônimos, visto que ambos têm por escopo assegurar ao acusado o acesso aos instrumentos normativos hábeis ao exercício da defesa.

Comentários:

A plenitude de defesa é exercida no Tribunal do Júri, onde poderão ser usados todos os meios de defesa possíveis para convencer os jurados, inclusive argumentos não jurídicos. A ampla defesa, por seu turno, é exercida tanto em processos judiciais como em administrativos, entende-se pela defesa técnica, relativa aos aspectos jurídicos.

Gabarito: errada

8.2 Sigilo das Votações

Previsto na Constituição Federal:

> Art. 5º [...]
> XXXVIII - é reconhecida a instituição do júri, com a organização que lhe der a lei, assegurados:
> *b)* o sigilo das votações;

Para Stoco (1986), o sigilo das votações visa a assegurar a imparcialidade do jurado, o qual deve decidir segundo seu próprio convencimento, livre de influências externas ao julgamento.

8.3 Soberania dos Vereditos

> Art. 5º [...]
> XXXVIII - é reconhecida a instituição do júri, com a organização que lhe der a lei, assegurados:
> *c)* a soberania dos veredictos;

Como esclarece Capez (2010), uma vez proferida a decisão pelo conselho de jurados, seu mérito não poderá ser revisto, nem pelo juiz-presidente nem pelo Tribunal de Apelação, sendo que, neste último caso, em face do duplo grau de jurisdição, há a possibilidade de, em se reconhecendo eventual nulidade, determinar-se a realização de novo julgamento.

8.4 Competência para Julgamento dos Crimes Dolosos Contra a Vida

> Art. 5º [...]
> XXXVIII - é reconhecida a instituição do júri, com a organização que lhe der a lei, assegurados:
> *d)* a competência para o julgamento dos crimes dolosos contra a vida.

ATENÇÃO!

Esclarece Nucci (2011) que se cuida de definição da competência **mínima**, não exclusiva, do Tribunal do Júri, transferindo-se para o povo o julgamento dos chamados crimes capitais, não por possibilitarem a pena de morte, mas por terem como objeto tutelado a própria vida. Nesses casos, o réu será julgado pelos seus iguais, visando à realização da justiça, material e popular.

CAPÍTULO 3
A Lei Processual no Espaço

1. PRINCÍPIO DA TERRITORIALIDADE

Seguindo a mesma regra prevista no art. 5º do Código Penal, dispõe o Código de Processo Penal:

> Art. 1º O processo penal reger-se-á, em todo o território brasileiro, por este Código, ressalvados:
> [...]

ATENÇÃO!

A adoção do princípio da territorialidade, contudo, não afasta a jurisdição de Tribunal Penal Internacional a que tenha o Brasil aderido por convenção, ressalvando-se a hipótese de o agente tratar-se de brasileiro nato.

> CF, art. 5º [...]
> § 4º O Brasil se submete à jurisdição de Tribunal Penal Internacional a cuja criação tenha manifestado adesão.
> [...]
> LI - nenhum brasileiro será extraditado, salvo o naturalizado, em caso de crime comum, praticado antes da naturalização, ou de comprovado envolvimento em tráfico ilícito de entorpecentes e drogas afins, na forma da lei;

1.1 Exceções à Regra do Princípio da Territorialidade

1.1.1 Imunidades diplomáticas

O Brasil é signatário da Convenção de Viena, o que confere aos representantes diplomáticos de outros países, diplomatas e cônsules, imunidade processual. Cometido um crime em território nacional, aqui não será punido.

1.1.2 Jurisdição política

Para o julgamento dos crimes de responsabilidade não se aplicam as regras previstas no Código de Processo Penal, nem tem o Poder Judiciário tal atribuição. É o que dispõe a Constituição Federal:

> Art. 52. Compete privativamente ao Senado Federal:
> I – processar e julgar o Presidente e o Vice-Presidente da República nos crimes de responsabilidade, bem como os Ministros de Estado e os Comandantes da Marinha, do Exército e da Aeronáutica nos crimes da mesma natureza conexos com aqueles;
> II – processar e julgar os Ministros do Supremo Tribunal Federal, os membros do Conselho Nacional de Justiça e do Conselho Nacional do Ministério Público, o Procurador-Geral da República e o Advogado-Geral da União nos crimes de responsabilidade;

1.1.3 Justiça Militar

A Justiça Militar possui regras próprias, tanto no tocante ao Direito material, Código Penal Militar (Decreto-Lei nº 1.001/1969), quanto ao Direito Processual Penal, Código de Processo Penal Militar (Decreto-Lei nº 1.002/1969).

CAPÍTULO 4
A Lei Processual no Tempo

As normas de processo penal têm vigência imediata, a partir de sua publicação no *Diário Oficial da União*, aplicando-se, inclusive, aos processos já em andamento. O que não importa a invalidação dos atos praticados sob a vigência de lei anterior.

> CPP, art. 2º A lei processual penal aplicar-se-á desde logo, sem prejuízo da validade dos atos realizados sob a vigência da lei anterior.

ATENÇÃO!

A lei processual, quando não heterotópica, ou seja, aquela que traz efeitos materiais, relativos ao direito de locomoção do cidadão, direito de punir do Estado ou garantia do acusado, tem vigência imediata, de caráter irretroativo, regulando o restante do processo. No caso da norma processual mista, seu critério de aplicação é o de Direito Penal, isto é, se for benéfica, é retroativa; se prejudicial, aplica-se após sua vigência.

CAPÍTULO 5

Sujeitos da Relação Processual

Conforme Capez (2010), caracterizando-se o processo penal como instrumento para a resolução imparcial de pretensões conflitantes, punitivas e absolutórias, apresenta, necessariamente, pelo menos, três sujeitos: o autor e o réu, nos polos contrastantes da relação processual; e como sujeito imparcial, o juiz, representando o interesse coletivo orientado para a justa resolução do litígio.

1. JUIZ

Cabe ao magistrado, dotado do poder de jurisdição, dizer o direito ao caso concreto, colocando-se como sujeito na relação processual, contudo, sem figurar como parte. Possui o juiz poderes administrativos e jurisdicionais.

É sua atribuição, a partir da aplicação do princípio do impulso oficial, conduzir o desenvolvimento dos atos oficiais até que seja proferida a sentença.

Na opinião de Pacelli (2011), em um processo penal garantista, o juiz deve ser mero receptor da argumentação, tanto da acusação quanto da defesa, para, após, proferir sua decisão baseada na verdade que as partes levaram ao processo judicial.

1.1 Causas de impedimento e suspeição

Considera-se impedido de atuar o juiz que é parcial, por impedimento ou suspeição, situação essa que é presumida no art. 252 e prevista no art. 254 do CPP, respectivamente.

ATENÇÃO!

O vínculo entre o magistrado e o objeto do litígio gera o impedimento, enquanto a suspeição caracteriza-se pelo vínculo entre o juiz e a parte, ou entre o juiz e a questão discutida no feito.

2. MINISTÉRIO PÚBLICO

Dispõe a Constituição Federal:

> Art. 127. O Ministério Público é instituição permanente, essencial à função jurisdicional do Estado, incumbindo-lhe a defesa da ordem jurídica, do regime democrático e dos interesses sociais e individuais indisponíveis.
> [...]
> Art. 129. São funções institucionais do Ministério Público:
> I – promover, privativamente, a ação penal pública, na forma da lei;

Dispõe o CPP:

> Art. 257. Ao Ministério Público cabe:
> I – promover, privativamente, a ação penal pública, na forma estabelecida neste Código;
> II – fiscalizar a execução da lei.

No processo penal, especificamente, o Ministério Público ocupa a posição de sujeito processual, ao lado do juiz e do acusado, além de ser também parte, pois, na qualidade de titular da ação penal pública, apresenta em juízo a pretensão punitiva do Estado.

Mazzilli (1987) esclarece que o Ministério Público guarda, contudo, uma particularidade, no que tange à sua posição processual. Considera-se que o *Parquet* ocupa a posição imparcial no processo, já que não está obrigado a pleitear a condenação de quem sabe inocente, nem mesmo de oferecer denúncia contra quem não existir provas suficientes.

CURIOSIDADE!

A expressão *parquet* advém do francês e significa, na língua de origem, assoalho. Até hoje, em um exercício de galicismo, no Brasil, os pequenos tacos de madeira utilizados para se fazer os pisos são chamados de *parquet*.
Cuida-se, na realidade, de uma metonímia, o emprego de um termo no lugar de outro, já que o Ministério Público, na França, antes de adquirir sua posição ao lado do juiz, sustentava a acusação de pé, sobre o assoalho.

ATENÇÃO!

Nas ações penais privadas, o Ministério Público atua como *custos legis*, ou seja, fiscal da lei, cabendo-lhe a análise da presença dos pressupostos processuais e condições da ação, requerendo diligências para o esclarecimento da verdade e promovendo a realização do processo na forma da lei, bem como, em caso de condenação do querelado, provocando a execução da sanção penal aplicada.

3. PRINCÍPIOS

No exercício de suas atribuições legais e constitucionais, o Ministério Público é regido pelos seguintes princípios:

a) Unidade;

b) Indivisibilidade;

c) Independência funcional.

3.1.1 Princípio da unidade

Os integrantes do Ministério Público podem substituir-se uns aos outros na prática de determinado ato, já que o membro funciona no processo não em nome próprio, mas no da instituição.

3.1.2 Princípio da indivisibilidade

Neste princípio, atuam os integrantes do Ministério Público em nome da instituição.

3.1.3 Princípio da independência funcional

O órgão do Ministério Público, no exercício de suas funções, não se sujeita à ordem do Procurador-Geral, ou de quaisquer dos integrantes dos poderes do Estado, dos quais possui total independência, não afastando, contudo, a subordinação de natureza administrativa à Procuradoria Geral do órgão a que pertença, ou do Conselho Nacional do Ministério Público - CNMP.

O Ministério Público, na opinião de Mazzilli (1987), não pode desistir do processo penal, não porque o direito material ou processual que está em jogo não o permita, mas, sim, porque, embora em tese se pudesse admitir a desistência, o legislador penal optou voluntariamente por vedá-la. No processo penal, o legislador vedou a desistência da ação ou dos recursos pelo Ministério Público porque, como é ele o titular privativo da ação penal pública, se desistisse da ação ou do recurso, estaria aberta a porta para pressões e impunidade, até mesmo ou principalmente nos crimes mais graves, praticados pelas mais altas autoridades ou pelos mais ricos empresários. E como hoje, na ação penal pública, a legitimação ativa do Ministério Público exclui a de outros, ninguém poderia sucedê-lo ou substituí-lo diante da desistência efetuada.

4. ACUSADO

Trata-se do sujeito passivo, e também parte da relação processual.

Ao longo do processo de formação de culpa, em sentido amplo, ganha diferentes qualificações: indiciado, no inquérito policial; denunciado, antes do recebimento da denúncia; querelado, em caso de ação penal privada; acusado ou réu, após o recebimento da ação penal pública.

ATENÇÃO!

Tem aptidão para figurar no polo passivo da relação processual penal tanto a pessoa física, maior de 18 anos, portanto imputável, quanto a pessoa jurídica, nos crimes contra a ordem econômica e financeira, contra a economia popular e contra o meio ambiente.

4.1 Direitos do Acusado

Constituem direitos do acusado no processo penal:

a) o direito ao silêncio;

b) o de ser citado;

c) o de ser intimado e notificado;

d) o de não ser preso, senão por ordem de autoridade judiciária competente, com exceção da prisão em flagrante e nos casos de crime militar ou transgressão militar;

e) o de prestar fiança nos crimes afiançáveis;

f) o de obter sua liberdade provisória, quando preenchidos os requisitos legais;

g) o de recorrer de toda e qualquer decisão;

h) ao devido processo legal;

i) à ampla defesa;

j) o de não ter prova ilícita produzida contra si;

k) o de não ser identificado criminalmente, se já identificado civilmente;

l) o de não ser considerado culpado antes do trânsito em julgado da sentença condenatória;

m) o de ser assistido pela família e por advogado, quando preso.

A esse propósito, manifestou-se o Supremo Tribunal Federal:

> *Habeas corpus*. Necessidade de respeito, pelo Poder Público, às prerrogativas jurídicas que compõem o próprio estatuto constitucional do direito de defesa.

A garantia constitucional do *due process of law* como expressiva limitação à atividade persecutória do estado (investigação penal e processo penal). O conteúdo material da cláusula de garantia do *due process*. Interrogatório judicial. Natureza jurídica. Meio de defesa do acusado. Possibilidade de qualquer dos litisconsortes penais passivos formular reperguntas aos demais corréus, notadamente se as defesas de tais acusados se mostrarem colidentes - prerrogativa jurídica cuja legitimação decorre do postulado constitucional da ampla defesa - precedente do Supremo Tribunal Federal (pleno). Magistério da doutrina. Pedido deferido. A essencialidade do postulado do devido processo legal, que se qualifica como requisito legitimador da própria *persecutio criminis*. - O exame da cláusula referente ao *due process of law* permite nela identificar alguns elementos essenciais à sua configuração como expressiva garantia de ordem constitucional, destacando-se, dentre eles, por sua inquestionável importância, as seguintes prerrogativas: a) direito ao processo (garantia de acesso ao Poder Judiciário); b) direito à citação e ao conhecimento prévio do teor da acusação; c) direito a um julgamento público e célere, sem dilações indevidas; d) direito ao contraditório e à plenitude de defesa (direito à autodefesa e à defesa técnica); e) direito de não ser processado e julgado com base em leis *ex post facto*; f) direito à igualdade entre as partes; g) direito de não ser processado com fundamento em provas revestidas de ilicitude; h) direito ao benefício da gratuidade; i) direito à observância do princípio do juiz natural; j) direito ao silêncio (privilégio contra a autoincriminação); l) direito à prova; e m) direito de presença e de "participação ativa" nos atos de interrogatório judicial dos demais litisconsortes penais passivos, quando existentes. - O direito do réu à observância, pelo Estado, da garantia pertinente ao *due process of law*, além de traduzir expressão concreta do direito de defesa, também encontra suporte legitimador em convenções internacionais que proclamam a essencialidade dessa franquia processual, que compõe o próprio estatuto constitucional do direito de defesa, enquanto complexo de princípios e de normas que amparam qualquer acusado em sede de persecução criminal, mesmo que se trate de réu estrangeiro, sem domicílio em território brasileiro, aqui processado por suposta prática de delitos a ele atribuídos. O interrogatório judicial como meio de defesa do réu. Em sede de persecução penal, o interrogatório judicial - notadamente após o advento da Lei nº 10.792/2003 - qualifica-se como ato de defesa do réu, que, além de não ser obrigado a responder a qualquer indagação feita pelo magistrado processante, também não pode sofrer qualquer restrição em sua esfera jurídica em virtude do exercício, sempre legítimo, dessa especial prerrogativa. Doutrina. Precedentes. Possibilidade jurídica de um dos litisconsortes penais passivos, invocando a garantia do *due process of law*, ver assegurado o seu direito de formular reperguntas aos corréus, quando do respectivo interrogatório judicial. - Assiste, a cada um dos litisconsortes penais passivos, o direito - fundado em cláusulas constitucionais (CF, art. 5º, incisos LIV e LV) - de formular reperguntas aos demais corréus, que, no entanto, não estão obrigados a respondê-las, em face da prerrogativa contra a autoincriminação, de que também são titulares. O desrespeito a essa franquia individual do réu, resultante da arbitrária recusa em lhe permitir a formulação de reperguntas, qualifica-se como causa geradora de nulidade processual absoluta, por implicar grave transgressão ao estatuto constitucional do direito de defesa. Doutrina. Precedente do STF. (*HC* nº 94.601, Rel. Min. Celso de Mello, Segunda Turma, julgado em 4/8/2009, DJe 171, divulg. em 10/9/2009, publicado em 11/9/2009. EMENT VOL-02373-02, p. 00240, RTJ, VOL-00211, p. 00379)

5. DEFENSOR

A ampla defesa, garantida pela Constituição Federal (art. 5º, LV), divide-se, no processo penal, em:

a) autodefesa; e

b) defesa técnica.

A autodefesa, de exclusiva titularidade do réu, por sua vez, subdivide-se em direito de audiência e direito de presença.

a) **Direito de audiência**: a possibilidade de o acusado, pessoalmente, convencer o juiz (interrogatório - art. 185 e segs. do CPP).

b) **Direito de presença**: a oportunidade de estar presente aos atos do processo, a fim de conhecer as provas produzidas contra si.

Na opinião de Nucci (2011), enquanto a autodefesa é um ônus, dela podendo abrir mão o acusado, a defesa técnica é indispensável, sob pena de nulidade absoluta do processo.

Defensor é o advogado, profissional com habilitação específica, que tem a função de promover a defesa técnica do acusado; na ausência do qual não se assegura o direito ao contraditório nem a igualdade processual.

Reconhece a Constituição Federal a importância do advogado como instrumento da democracia.

> Art. 133. O advogado é indispensável à administração da justiça, sendo inviolável por seus atos e manifestações no exercício da profissão, nos limites da lei.

ATENÇÃO!

A defesa técnica não se trata de um direito subjetivo do acusado, portanto disponível, mas de obrigação legal, o que permite ao juiz da causa a nomeação de advogado dativo, mesmo contra a vontade do réu.

> CF, art. 5º [...]
>
> LXIII - o preso será informado de seus direitos, entre os quais o de permanecer calado, sendo-lhe assegurada a assistência da família e de advogado;

ATENÇÃO!

Deve-se ressaltar a característica especial da representação do advogado no processo penal, que a exerce com autonomia em relação à vontade do acusado; podendo, mesmo, atuar contra sua vontade.

5.1 Pluralidade de Réus e Advogados

O Superior Tribunal de Justiça entende possível, em casos de delação, a intervenção do advogado em interrogatório de réu diverso daquele que defende (precedentes do STJ/STF). Em prestígio à multifacetada cláusula do *due process of law*, é de se estender tal compreensão para os casos de ausência de delação. A contribuição de todas as partes do processo para a escorreita busca da verdade consagra o teor do art. 188 do Código de Processo Penal, conforme precedentes do Supremo Tribunal Federal.

6. ASSISTENTE DE ACUSAÇÃO

Greco Filho (2010) conceitua assistência de acusação como a posição ocupada pelo ofendido quando ingressa no processo, atuando ao lado do Ministério Público, no polo ativo da relação processual.

O assistente de acusação tem sua posição classificada como a de parte contingente ou desnecessária, ou seja, aquela cuja participação a lei permite, mas que é prescindível ao processo.

ATENÇÃO!

Só há assistência da acusação em ação penal pública, condicionada ou incondicionada, pois em ação penal de iniciativa privada o ofendido funciona como parte principal.

O assistente será admitido enquanto não passar em julgado a sentença e receberá a causa no estado em que se achar (CPP, art. 269). Assim, a partir do recebimento da denúncia, até o trânsito em julgado da decisão, pode haver o ingresso do assistente.

Do despacho que admitir, ou não, o assistente, não caberá recurso, devendo, entretanto, constar dos autos o pedido e a decisão (CPP, art. 273). Esclarece Nucci (2011), no entanto, caber, de acordo com a doutrina, a interposição de mandado de segurança, por se tratar de direito líquido e certo do ofendido.

6.1 Poderes Processuais do Assistente

Conforme dispõe o art. 271 do CPP, compete ao assistente:

a) propor meios de prova;

b) requerer perguntas às testemunhas;

c) aditar o libelo e os articulados;

d) participar do debate oral; e

e) arrazoar os recursos interpostos pelo Ministério Público, ou por ele próprio, nos casos dos arts. 584, § 1º, e 598.

De acordo com a jurisprudência do STJ, o rol do art. 271 do CPP é taxativo, de forma que o assistente da acusação exerce os poderes estritamente dentro dos limites conferidos por esse dispositivo legal. Os poderes para interpor e arrazoar os recursos restringem-se aos previstos nos dispositivos legais referidos no Código de Processo Penal, quais sejam, recurso em sentido estrito e recurso de apelação.

ATENÇÃO!

A legitimidade do assistente de acusação para apelar, igualmente, quando inexistente recurso do Ministério Público, é ampla, podendo impugnar tanto a sentença absolutória quanto a condenatória, visando ao aumento da pena imposta, já que a sua atuação justifica-se pelo desejo legítimo de buscar justiça, e não apenas eventual reparação cível.

CAPÍTULO 6
Inquérito Policial

1. CONCEITO

Segundo Nucci (2011), inquérito policial é um procedimento administrativo, de caráter persecutório, preparatório da ação penal, composto de diligências investigativas realizadas pela polícia judiciária para a apuração da materialidade e autoria de uma infração penal.

2. DESTINATÁRIOS

O inquérito policial tem como destinatário precípuo o Ministério Público, o qual, na qualidade de titular da ação penal pública, poderá formar sua convicção quanto à responsabilidade penal do investigado.

Destina-se, também, imediatamente, ao ofendido, nos casos de ação penal privada; e, mediatamente, ao juiz, que decidirá acerca das medidas cautelares eventualmente necessárias e do recebimento da denúncia ou queixa-crime.

3. PRESIDÊNCIA

A atribuição para presidir o inquérito policial, salvo algumas exceções, é outorgada aos delegados de polícia de carreira (CF, art. 144, §§ 1º e 4º), integrantes do quadro da Polícia Federal ou da Polícia Civil dos Estados ou do Distrito Federal.

Já a atribuição para a lavratura do auto de prisão em flagrante é da autoridade do lugar em que se efetivou a prisão (CPP, arts. 290 e 308), devendo os atos subsequentes ser praticados pela autoridade do local em que restou constatada a consumação delitiva.

4. CLASSIFICAÇÃO DAS INFRAÇÕES PENAIS

A autoridade policial ao receber a notícia do cometimento de um crime, após a necessária investigação, lhe dará uma definição jurídica, classificando-o. Em suma, atribuirá ao fato constatado, preliminarmente, um tipo penal, previsto no Código Penal ou legislação extravagante.

A classificação levada a efeito pela autoridade policial, na lição de Capez (2010), contudo, não vincula nem o Ministério Público nem o juiz. Favorece, no entanto, o conhecimento dos procedimentos a serem adotados, bem como traz reflexos na concessão de fiança e no estabelecimento inicial da competência, dentre outros.

> CPP, art. 322. A autoridade policial somente poderá conceder fiança nos casos de infração cuja pena privativa de liberdade máxima não seja superior a 4 (quatro) anos

5. EXCLUSIVIDADE DO INQUÉRITO POLICIAL

O inquérito policial realizado pela polícia judiciária não é a única forma de investigação criminal (CPP, art. 4º, parágrafo único). Pode-se citar algumas outras, a título de exemplo:

a) inquérito policial militar, instaurado por autoridade militar para apuração de infrações de competência da Justiça Militar;

b) investigações efetuadas pelas Comissões Parlamentares de Inquérito - CPI, as quais têm poderes de investigação próprios das autoridades judiciais;

c) inquérito civil público, instaurado pelo Ministério Público para a proteção do patrimônio público e social, do meio ambiente e de outros interesses difusos e coletivos (CF, art. 129, III).

5.1 Investigação pelo Ministério Público

Trata-se de matéria não pacificada, nem na doutrina nem na jurisprudência; todavia, traz-se à colação a mais recente decisão oriunda do Supremo Tribunal Federal, que deverá analisar a questão em Plenário, dando sua palavra final:

> *Habeas corpus*. Trancamento de ação penal. Falta de justa causa. Existência de suporte probatatório mínimo. Reexame de fatos e provas. Inadmissibilidade. Possiblidade de investigação pelo Ministério Público. Delitos praticados por policiais. Ordem denegada. 1. A presente impetração visa o trancamento de ação penal movida em face dos pacientes, sob a alegação de falta de justa causa e de ilicitude da denúncia por estar amparada em depoimentos colhidos pelo Ministério Público. [...] 5. É perfeitamente possível que o órgão do Ministério Público promova a colheita de determinados elementos de prova

que demonstrem a existência da autoria e da materialidade de determinado delito. Tal conclusão não significa retirar da Polícia Judiciária as atribuições previstas constitucionalmente, mas apenas harmonizar as normas constitucionais (arts. 129 e 144) de modo a compatibilizá-las para permitir não apenas a correta e regular apuração dos fatos supostamente delituosos, mas também a formação da *opinio delicti*. 6. O art. 129, inciso I, da Constituição Federal, atribui ao *parquet* a privatividade na promoção da ação penal pública. Do seu turno, o Código de Processo Penal estabelece que o inquérito policial é dispensável, já que o Ministério Público pode embasar seu pedido em peças de informação que concretizem justa causa para a denúncia. 7. Ora, é princípio basilar da hermenêutica constitucional o dos "poderes implícitos", segundo o qual, quando a Constituição Federal concede os fins, dá-se os meios. Se a atividade-fim – promoção da ação penal pública – foi outorgada ao *parquet* em foro de privatividade, não se concebe como não lhe oportuniza a colheita de prova para tanto, já que o CPP autoriza que "peças de informação" embasem a denúncia. 8. Cabe ressaltar que, no presente caso, os delitos descritos na denúncia teriam sido praticados por policiais, o que, também, justifica a colheita dos depoimentos das vítimas pelo Ministério Público. 9. Ante o exposto, denego a ordem de *habeas corpus*. (*HC* nº 91.661, Rel. Min. Ellen Gracie, Segunda Turma, julgado em 10/3/2009, DJe 064, divulgado em 2/4/2009, public. em 3/4/2009, Ement. vol. 2355-02, p. 279, RTJ vol. 211, p. 324, RMDPPP v. 5, nº 29, 2009, p. 103-109, LEXSTF v. 31, nº 364, 2009, p. 339-347).

Questão de concurso

(Cespe/TJ-PB/Juiz/2011) No que se refere ao inquérito policial, assinale a opção correta.

a) Não se pode negar o acesso de advogado constituído pelo indiciado aos autos de procedimento investigatório, ainda que nele esteja decretado o sigilo, estendendo-se tal prerrogativa a atos que, por sua própria natureza, não dispensem a mitigação da publicidade.

b) Nas comarcas em que houver mais de uma circunscrição policial, a autoridade com exercício em uma delas poderá, nos inquéritos que conduza, ordenar diligências em circunscrição de outra, desde que por intermédio de carta precatória.

c) Permite-se a utilização de inquéritos policiais em curso para agravar a pena-base do agente reincidente que responda a processo criminal.

d) Consoante a jurisprudência do STF, ainda que não se permita ao Ministério Público a condução do inquérito policial propriamente dito, não há vedação legal para que este órgão proceda a investigações e colheita de provas para a formação da *opinio delicti*.

e) O arquivamento do inquérito por falta de embasamento para a denúncia pode ser ordenado pela autoridade judiciária ou policial; nesse caso, a polícia judiciária, se de outras provas tiver notícia, poderá proceder a novas pesquisas.

Comentários:

No tocante à fixação da pena-base, a Súmula nº 444 do STJ consagrou o seguinte entendimento: "É vedada a utilização de inquéritos policiais e ações penais em curso para agravar a pena-base". Já, no que diz respeito ao acesso do advogado aos autos do inquérito policial, a Súmula Vinculante nº 14 do STF dispõe: "É direito do defensor, no interesse do representado, ter acesso amplo aos elementos de prova que, já documentados em procedimento investigatório realizado por órgão com competência de polícia judiciária, digam respeito ao exercício do direito de defesa. O advogado tem direito de ter acesso àquilo que já foi juntado ao inquérito policial e não às diligências que estão em andamento".

Gabarito: e

6. CARACTERÍSTICAS

O inquérito policial tem, por natureza, as seguintes características:

a) escrito;
b) sigiloso;
c) oficial;
d) oficioso;
e) autoritário;
f) indisponível;
g) inquisitivo.

6.1 Procedimento Escrito

Tendo em vista sua finalidade, o fornecimento de elementos para eventual ajuizamento da ação penal não se admite outra forma, que não a escrita, para o inquérito policial.

> CPP, art. 9º Todas as peças do inquérito policial serão, num só processado, reduzidas a escrito ou datilografadas e, neste caso, rubricadas pela autoridade.

6.2 Procedimento Sigiloso

Para Muccio (2011), o inquérito policial não está sujeito ao princípio da publicidade, que norteia o processo penal. Em regra, o sucesso das investigações policiais depende, sobremaneira, do sigilo que as envolve, haja vista a impossibilidade de o investigado tomar medidas que tornem infrutíferas as diligências investigatórias.

> CPP, art. 20. A autoridade assegurará no inquérito o sigilo necessário à elucidação do fato ou exigido pelo interesse da sociedade.

O sigilo não se estende ao Ministério Público nem ao juiz. E, no tocante ao advogado, pode este consultar os autos do inquérito policial, mesmo em caso de decretação do sigilo nas investigações pela autoridade judiciária.

ATENÇÃO!

Não se dará, contudo, ciência prévia ao advogado constituído das investigações a serem realizadas pela autoridade policial, nem conhecimento daquelas que se encontram em pleno desenvolvimento, porém ainda não documentadas.

> Súmula Vinculante nº 14.
> É direito do defensor, no interesse do representado, ter acesso amplo aos elementos de prova que, já documentados em procedimento investigatório realizado por órgão com competência de polícia judiciária, digam respeito ao exercício do direito de defesa.

6.3 Procedimento Oficial

O inquérito policial é instaurado e presidido, em regra, pela autoridade policial, não se incumbindo dele o ofendido, ou terceiro particular, mesmo nos casos de crime de ação penal privada.

6.4 Procedimento Oficioso

Para Nucci (2011), trata-se de uma consequência lógica da adoção do princípio da obrigatoriedade da ação penal pública. A autoridade policial tem a obrigação de instaurar inquérito policial para apuração das circunstâncias do cometimento de crime, cujo processamento se dá pelo oferecimento de ação penal pública incondicionada, independente de provocação de terceiros.

> CPP, art. 5º Nos crimes de ação pública o inquérito policial será iniciado:
> I – de ofício;

6.5 Autoritariedade

O inquérito policial é presidido por uma autoridade pública, delegado de polícia de carreira, por exigência constitucional (CF, art. 144, § 4º).

6.6 Indisponibilidade

Após sua instauração, o inquérito policial não pode mais ser arquivado pela autoridade policial.

> CPP, art. 17. A autoridade policial não poderá mandar arquivar autos de inquérito.

6.7 Inquisitivo

O inquérito policial tem natureza inquisitiva, nele não se observando o contraditório.

No procedimento de investigação instaurado pela autoridade policial, o indiciado não é sujeito de direitos, mas um objeto de investigação, razão pela qual não se admite que este apresente qualquer pretensão na produção de provas ou condução das investigações. Cabe ao delegado de polícia conduzir o inquérito policial com discricionariedade.

> CPP, art. 14. O ofendido, ou seu representante legal, e o indiciado poderão requerer qualquer diligência, que será realizada, ou não, a juízo da autoridade.

Acentua o caráter inquisitivo do inquérito policial a impossibilidade de se arguir a suspeição da autoridade policial (CPP, art. 107).

7. INÍCIO DO INQUÉRITO POLICIAL

Praticada a infração penal, deverá a autoridade policial instaurar o inquérito policial para sua devida apuração; contudo, para isso, é preciso que o delegado de polícia tome conhecimento do fato.

Notitia criminis é o nome que se dá à ciência da autoridade policial da prática de infração penal, podendo ser classificada em:

a) direta, imediata ou espontânea;

b) indireta, mediata ou provocada; e

c) coercitiva.

A *notitia criminis* é direta quando o próprio delegado, durante investigações, descobre a prática de infração penal.

> CPP, art. 5º Nos crimes de ação pública o inquérito policial será iniciado:
> I - de ofício;

É indireta quando a autoridade policial toma conhecimento do fato criminoso por meio de comunicação formal do delito, oficial (requisição da autoridade competente) ou particular (requerimento do ofendido - *delatio criminis*, ou de terceiro).

> CPP, art. 5º Nos crimes de ação pública o inquérito policial será iniciado:
> II - mediante requisição da autoridade judiciária ou do Ministério Público, ou a requerimento do ofendido ou de quem tiver qualidade para representá-lo.
> [...]
> § 3º Qualquer pessoa do povo que tiver conhecimento da existência de infração penal em que caiba ação pública poderá, verbalmente ou por escrito, comunicá-la à autoridade policial, e esta, verificada a procedência das informações, mandará instaurar inquérito.
> § 4º O inquérito, nos crimes em que a ação pública depender de representação, não poderá sem ela ser iniciado.
> § 5º Nos crimes de ação privada, a autoridade policial somente poderá proceder a inquérito a requerimento de quem tenha qualidade para intentá-la.

ATENÇÃO!

A *notitia criminis* tem cognição coercitiva no caso de prisão em flagrante, quando a autoridade policial toma conhecimento do fato por meio da apresentação do autor da infração penal na delegacia de polícia.

7.1 Crimes de Ação Penal Pública Incondicionada

Nos crimes de ação penal pública incondicionada, a instauração do inquérito policial dá-se de ofício ou por meio de requisição da autoridade judiciária ou do Ministério Público.

7.2 Crimes de Ação Penal Pública Condicionada

7.2.1 Representação

Nos crimes de ação penal pública condicionada, a instauração do inquérito policial depende da representação da vítima ou de seu representante legal. Na opinião de Pacelli (2011), cuida-se de hipótese de aplicação do princípio da oportunidade no processo penal, já que o ofendido pode deixar de oferecê-la se lhe convier.

ATENÇÃO!

O ofendido só pode oferecer a representação se maior de 18 anos; se menor, caberá a seu representante legal fazê-la.

A representação é a simples manifestação, inequívoca, da vontade da vítima ou de seu representante legal, de querer ver o autor do crime punido, como demonstra o julgado do Tribunal de Justiça do Distrito Federal:

> Apelação criminal. Estupro. Condenação. Recurso da defesa. Preliminar de ilegitimidade do Ministério Público por ausência de representação. Manifestação inequívoca da vítima. Improcedência. Mérito. Pedido de absolvição por insuficiência de provas. Ausência de elementos conclusivos no exame de corpo de delito. Palavra da vítima. Autoria e materialidade comprovadas. Desclassificação. Forma tentada. importunação ofensiva ao pudor. Inviabilidade. Recurso conhecido e não provido. 1. A representação a que se refere o art. 225 do Código Penal não depende de forma especial, bastando que a ofendida ou seu representante se dirija à autoridade competente para notificar o delito, como no caso dos autos, pois é de se presumir que, com essa atitude, pretenda a adoção das providências cabíveis. [...] 6. Recurso conhecido e não provido para manter a sentença condenatória do apelante nas sanções do art. 213, *caput*, do Código Penal, à pena de 6 (seis) anos de reclusão, em regime inicial fechado. (Acórdão nº 521.232, 20100112028729APR, Rel. Roberval Casemiro Belinati, 2ª Turma Criminal, julgado em 14/7/2011, DJ 26/7/2011, p. 218)

7.2.2 Requisição do Ministro da Justiça

A requisição do Ministro da Justiça ocorre em alguns casos como crime cometido por estrangeiro contra brasileiro fora do Brasil; crimes contra a honra de chefe de governo estrangeiro; crimes contra a honra do Presidente da República, dentre outros. A instauração do inquérito policial depende da requisição do Ministro da Justiça.

7.3 Crime de Ação Penal Privada

No caso dos crimes de ação penal privada somente o ofendido poderá requerer a instauração de inquérito policial. Nem o Ministério Público nem a autoridade judiciária poderá requisitar a instauração da investigação.

7.4 Peças que Poderão dar Início ao Inquérito Policial

a) Portaria, no caso de instauração de ofício;

b) auto de prisão em flagrante, em qualquer delito;

c) requerimento do ofendido ou de seu representante legal, na ação penal pública incondicionada ou ação penal privada;

d) requisição do Ministério Público ou da autoridade judiciária, na ação penal pública incondicionada; ou na condicionada, quando acompanhada da representação;

e) representação do ofendido ou de seu representante legal, ou requisição do ministro da justiça, na ação penal pública condicionada.

7.5 Indiciamento

Esclarece Capez (2010) que indiciar significa apontar alguém como autor de um fato criminoso. Indiciamento, portanto, na esfera policial, é a imputação a alguém da autoria de um crime, a partir dos indícios colhidos no inquérito policial.

A partir do indiciamento, o até então suspeito de um crime passa a ser tratado como provável autor do fato criminoso, sobre ele se concentrando a investigação policial. Não se trata de um ato discricionário da autoridade policial, que deverá basear-se em provas suficientes para tanto.

7.5.1 Interrogatório do indiciado

O indiciado será interrogado pela autoridade policial, quando possível sua localização, reservando-se-lhe o direito ao silêncio (CF, art. 5º, LXIII).

7.5.2 Identificação datiloscópica

Cuida-se da colheita das impressões digitais do indiciado, visando à sua correta identificação.

A Constituição Federal excepcionou a identificação criminal, ao assim dispor:

> Art. 5º [...]
> LVIII – o civilmente identificado não será submetido a identificação criminal, salvo nas hipóteses previstas em lei;

Conforme Nucci (2011), o dispositivo constitucional citado tem eficácia contida, já que estabelece princípio geral passível de redução por meio da legislação ordinária, sendo que dessa redução já se incumbiu a Lei do Crime Organizado (Lei nº 9.034/1995):

> Art. 5º A identificação criminal de pessoas envolvidas com a ação praticada por organizações criminosas será realizada independentemente da identificação civil.

E, posteriormente, a Lei nº 12.037/2009:

> Art. 3º Embora apresentado documento de identificação, poderá ocorrer identificação criminal quando:
> I – o documento apresentar rasura ou tiver indício de falsificação;
> II – o documento apresentado for insuficiente para identificar cabalmente o indiciado;
> III – o indiciado portar documentos de identidade distintos, com informações conflitantes entre si;
> IV – a identificação criminal for essencial às investigações policiais, segundo despacho da autoridade judiciária competente, que decidirá de ofício ou mediante representação da autoridade policial, do Ministério Público ou da defesa;
> V – constar de registros policiais o uso de outros nomes ou diferentes qualificações;
> VI – o estado de conservação ou a distância temporal ou da localidade da expedição do documento apresentado impossibilite a completa identificação dos caracteres essenciais.
> [...]
> Art. 5º A identificação criminal incluirá o processo datiloscópico e o fotográfico, que serão juntados aos autos da comunicação da prisão em flagrante, ou do inquérito policial ou outra forma de investigação.

7.6 Conclusão do Inquérito Policial

7.6.1 Prazo

Quando o indiciado estiver em liberdade, a autoridade policial deverá concluir as investigações no prazo de 30 dias, contados a partir do recebimento da *notitia criminis* (CPP, art. 10, *caput*).

Se o indiciado estiver preso, o prazo para a conclusão do inquérito é de dez dias, contados a partir do dia da efetivação da prisão.

ATENÇÃO!

No caso de decretada a prisão temporária (Leis n°s 7.960/1990 e 8.072/1990), o tempo de prisão será acrescido ao prazo de encerramento do inquérito.

A par da regra geral para o caso de indiciado preso (dez dias), prevê a legislação em vigor prazos especiais:

a) Lei n° 11.343/2006 (Lei de Entorpecentes): 30 dias para o indiciado preso; 90 dias para o solto.

b) Lei n° 1.521/1951 (Crimes contra a Economia Popular): dez dias para o indiciado solto ou preso.

c) Crimes de competência da Justiça Federal: 15 dias para o indiciado preso, prorrogáveis por igual período.

O prazo para a conclusão do inquérito policial é de obediência estrita no caso do indiciado preso; todavia, a jurisprudência pátria tem reconhecido a compensação de prazo, quando não se verificar prejuízo ao indivíduo preso. A título de exemplo:

> Recurso ordinário em *habeas corpus*. Processual Penal. Excesso de prazo na conclusão do inquérito superado. Recebimento da denúncia. Aferição no momento do julgamento. Relator. Juntada de documentos pertinentes à causa. Possibilidade. 1. Deflagrada a ação penal, resta superada a alegação de excesso de prazo na conclusão do inquérito policial e no recebimento da denúncia. 2. O recebimento é aferido na data do julgamento do *writ*, pois, se quando da impetração já tivesse havido a admissão da exordial acusatória, sequer haveria razão para o ajuizamento de *habeas corpus* questionando a demora na conclusão do inquérito policial e no oferecimento da denúncia. [...] 5. Recurso ordinário desprovido. (*RHC* n° 22.302/RR, Rel. Min. Laurita Vaz, Quinta Turma, julgado em 15/9/2009, DJe 5/10/2009)

7.6.1.1 Dilação do prazo

A dilação do prazo para a conclusão do inquérito policial não é possível em caso de indiciado preso. O prazo, neste caso, é fatal, peremptório.

É, no entanto, admitida no inquérito por indiciado solto (CPP, art. 10, § 3º).

7.6.2 Relatório

Encerradas as investigações, solto ou preso o indiciado, a autoridade deverá fazer o relatório final do inquérito policial, no qual constará tudo o que tiver sido apurado no curso do procedimento administrativo (CPP, art. 10, § 1º).

7.7 Nulidade no Inquérito Policial

O inquérito policial, por sua natureza informativa, não vincula a ação penal. O processo penal pode subsistir sem o inquérito policial, bastando encontrem-se presentes os requisitos necessários ao oferecimento da ação penal: prova da existência do crime (materialidade) e indícios suficientes de autoria.

Para Greco Filho (2010), na qualidade de peça informativa, eventuais defeitos do inquérito policial não afetam a relação processual, que guarda dele independência.

7.8 Dispensabilidade

Esclarece Capez (2010) que o inquérito policial pode ser dispensado, bastando que, para isso, sejam oferecidos ao Ministério Público ou ao ofendido, no caso de ação penal de iniciativa privada, documentos capazes de comprovar materialidade e autoria delitivas.

7.9 Valor Probatório do Inquérito Policial

O juiz não pode condenar autor de infração penal só com a prova do inquérito, já que, nele, não se observa o princípio constitucional do contraditório. Faz-se necessária a jurisdicionalização da prova, ou seja, a repetição da prova produzida na fase inquisitiva, em juízo, sob o manto do contraditório e da ampla defesa, esclarece Nucci (2011).

> CPP, art. 155. O juiz formará sua convicção pela livre apreciação da prova produzida em contraditório judicial, não podendo fundamentar sua decisão exclusivamente nos elementos informativos colhidos na investigação, ressalvadas as provas cautelares, não repetíveis e antecipadas.

7.10 Arquivamento

O arquivamento do inquérito policial é ato privativo da autoridade judiciária, cabendo o pedido ao Ministério Público, que deverá promovê-lo de forma fundamentada (CPP, art. 28).

ATENÇÃO!

O juiz não pode determinar o arquivamento de ofício, sem prévia manifestação do Ministério Público (CF, art. 129, I).

Arquivado o inquérito por falta de provas, a autoridade policial poderá, enquanto não incidir a prescrição da pretensão punitiva, proceder a novas pesquisas.

> Súmula nº 524 do STF.
> Arquivado o inquérito policial, por despacho do juiz, a requerimento do promotor de justiça, não pode a ação penal ser iniciada, sem novas provas.

ATENÇÃO!

Da decisão que determina o arquivamento do inquérito policial não cabe recurso.

7.11 Apuração da Infração Penal de Menor Potencial Ofensivo (Lei nº 9.099/1995)

Nas infrações de menor potencial ofensivo, contravenções, ou crimes cuja pena máxima não exceder a dois anos, de competência dos Juizados Especiais Criminais, o instrumento utilizado para a apuração tem o nome de Termo Circunstanciado.

Cuida-se de procedimento administrativo no qual a autoridade policial descreverá, sumariamente, os elementos mínimos necessários à formação da opinião do Ministério Público, órgão responsável pelo oferecimento dos benefícios previstos na Lei nº 9.099/1995 (arts. 76 e 89).

Se desconhecido o autor do fato, não for localizado ou recusar-se a comparecer à delegacia, deve a autoridade policial instaurar inquérito policial.

CAPÍTULO 7
Ação Penal

1. CONCEITO

Afrânio Silva Jardim (1997) conceitua a ação penal como o direito da sociedade, representada pelo Ministério Público, ou da vítima, de ingressar em juízo, solicitando a aplicação de sanção penal a autor de crime.

2. ESPÉCIES DE AÇÃO PENAL

Sob a ótica da legitimação ativa, ou seja, do titular do direito de ação, classifica-se a ação penal em pública e privada.

a) **Pública**: o autor é o Ministério Público.

b) **Privada**: o autor é a vítima ou seu representante legal.

É o que dispõe o Código Penal:

> Art. 100. A ação penal é pública, salvo quando a lei expressamente a declara privativa do ofendido.

2.1 Ação Penal Pública

A ação penal pública, por sua vez, subdivide-se em:

a) **Pública incondicionada**: o Ministério Público age de ofício.

b) **Pública condicionada**: o Ministério Público somente estará autorizado a agir a partir da representação do ofendido ou da requisição do Ministro da Justiça.

Dispõem, respectivamente, o Código Penal e o Código de Processo Penal:

> CP, art. 100. [...]
> § 1º A ação pública é promovida pelo Ministério Público, dependendo, quando a lei o exige, de representação do ofendido ou de requisição do Ministro da Justiça.

> CPP, art. 24. Nos crimes de ação pública, esta será promovida por denúncia do Ministério Público, mas dependerá, quando a lei o exigir, de requisição do Ministro da Justiça, ou de representação do ofendido ou de quem tiver qualidade para representá-lo.

2.2 Ação Penal Privada

A ação penal pública é a regra geral, e a ação penal privada, a exceção.

O Estado, excepcionalmente, confere à vítima o direito de ação, embora mantenha o direito de punir, já que o interesse imediato violado, muitas vezes a intimidade, é do próprio ofendido, sustenta Nucci (2011).

ATENÇÃO!

O critério básico para saber se a punição de um crime se dá por ação penal pública ou privada depende da existência de expressa disposição legal quanto ao procedimento. Se o legislador nada dispõe a respeito, a ação é pública; do contrário, será pública condicionada ou privada, conforme o caso.

> CP, art. 100. [...]
>
> § 2º A ação de iniciativa privada é promovida mediante queixa do ofendido ou de quem tenha qualidade para representá-lo.

Outra hipótese reconhecida de ação penal privada é a ação penal subsidiária da pública, em que seria o caso de haver uma ação pública, mas o direito de agir transfere-se ao ofendido, face à omissão do Ministério Público.

3. CONDIÇÕES DA AÇÃO PENAL

A apreciação do pedido de prestação jurisdicional no processo penal e a aplicação de sanção penal a autor de crime dependem da existência de determinados requisitos inerentes à ação, seja ela pública ou privada.

Essas condições podem ser assim classificadas:

a) possibilidade jurídica do pedido;

b) interesse de agir;

c) legitimação para agir;

d) justa causa.

3.1 Possibilidade Jurídica do Pedido

Segundo Capez (2010), entende-se por possibilidade jurídica do pedido a previsão legal, em abstrato, da pretensão punitiva apresentada em juízo, ou seja, alguém só poderá ser punido pelo cometimento de um crime, caso haja tipo legal que descreva, abstratamente, a conduta praticada pelo sujeito.

3.2 Interesse de Agir

O interesse de agir processual está presente quando surge a necessidade de se obter, por meio do processo, a proteção ou reparação pretendida para o bem da vida (vida, patrimônio, honra etc.) lesionado, ou ameaçado de lesão, pela conduta do autor da infração penal.

De acordo com Nucci (2011), há de se observar a efetividade do processo em hipóteses em que se verifica a possibilidade (ou não) de satisfação da pretensão punitiva no futuro. Assim, o processo deve se mostrar, desde o início, apto a ser efetivo, eficaz e, consequentemente, útil.

ATENÇÃO!

Hipótese em que se observa a possível falta de utilidade na atividade processual penal é em casos de previsão da prescrição da pena em perspectiva ou probabilidade de aplicação futura da prescrição retroativa.

3.3 Legitimação para Agir

Legitimação para agir é a legitimidade para ocupar, na relação processual, tanto a qualidade de autor (polo ativo) quanto a de réu (polo passivo).

Para Greco Filho (2010), partes legítimas no processo são os titulares dos interesses materiais em conflito. De um lado, o Estado querendo fazer valer seu direito de punir, o *jus puniendi*; de outro, a pessoa apontada como autora da infração penal, zelando pelo seu querido direito à liberdade.

Questão de concurso

(FGV/PC-AP/Delegado de Polícia/2010) Relativamente ao tema ação penal, analise as afirmativas a seguir.

I – Diz-se que a parte tem interesse juridicamente tutelado para propor a ação, quando poderá obter uma melhora concreta na sua situação jurídica em decorrência do acolhimento do seu pedido (utilidade) e quando não lhe seja possível atingir tal melhora a não ser que recorra ao Judiciário (necessidade).

II – O conceito de legitimidade ativa no processo penal significa que, sendo certo que determinados crimes são processados mediante ação pública e outros mediante ação privada, somente pode ajuizar a respectiva ação aquele que tiver legitimidade (MP ou querelante).

III – A denúncia ou queixa será rejeitada quando faltar justa causa para o exercício da ação penal.

Assinale

a) se somente a afirmativa I estiver correta.
b) se somente a afirmativa II estiver correta.
c) se somente a afirmativa III estiver correta.
d) se somente as afirmativas II e III estiverem corretas.
e) se todas as afirmativas estiverem corretas.

Comentários:

O binômio interesse/necessidade, no processo penal, em regra, é absolutamente presumido, uma vez que o Estado tomou para si a tutela penal e proibiu que se faça justiça com as próprias mãos, erigindo esta conduta, inclusive, a categoria de infração penal (CP, art. 345). Essa presunção, no entanto, é mitigada, uma vez que a Lei nº 9.099/1995 prevê a possibilidade de, nos crimes de menor potencial ofensivo, oferecer o Ministério Público proposta de transação penal ao autor da infração. De modo que, havendo a transação, não haverá, por conseguinte, a necessidade de propositura da ação penal.

Gabarito: e

3.4 Justa Causa

Esclarece Nucci (2011) que os institutos da justa causa e do interesse de agir guardam, entre si, grandes semelhanças; contudo, possuem, cada um a seu turno, significado próprio.

Se a ação penal, pública ou privada, encontra-se desprovida de mínimos indícios que permitam ao magistrado exercer um juízo prévio sobre a viabilidade técnica, a plausibilidade, a perspectiva remota de sucesso, essa está destinada à rejeição, por ausência de interesse de agir.

No entanto, quando é possível vislumbrar desde logo a arbitrariedade, a total ausência de justiça ou razoabilidade da acusação, parece mais razoável falar-se na falta de justa causa para a ação penal.

ATENÇÃO!

Hipótese em que se observa a possível falta de justa causa na atividade processual penal dá-se no reconhecimento do princípio da insignificância pelo juiz da causa, quando do conhecimento da ação penal.

4. AÇÃO PENAL PÚBLICA INCONDICIONADA

4.1 Titularidade

Nos casos de crimes de ação penal pública incondicionada, o titular é o Ministério Público, o qual, tendo imediato interesse na repressão de crimes e aplicação do Direito Penal objetivo, inicia o processo com o oferecimento da denúncia.

A Constituição Federal atribui, com exclusividade, a propositura da ação penal pública, incondicionada ou condicionada, ao Ministério Público.

> Art. 129. São funções institucionais do Ministério Público:
> I – promover, privativamente, a ação penal pública, na forma da lei;

4.2 Princípios

4.2.1 Obrigatoriedade

O Ministério Público tem o dever legal de oferecer a ação penal, presentes os seus requisitos, sempre que tiver ciência da prática de um crime de ação penal pública incondicionada.

Conforme Capez (2010), não cabe ao *parquet* exercer julgamento de conveniência da propositura da ação penal em tais casos, já que, embora agindo em nome próprio, defende interesse alheio, o interesse do Estado no exercício de sua pretensão punitiva.

Os elementos, ou requisitos, para o oferecimento da ação penal são dois:

a) materialidade delitiva; e

b) indícios de autoria.

Quando a autoria não é conhecida, ou tênues os indícios encontrados, não há que se falar em justa causa para o oferecimento da ação penal, dando-se o mesmo se ausente prova da materialidade ou quando presente causa extintiva da punibilidade

(CP, art. 107). Não é, portanto, ofensivo ao princípio da obrigatoriedade o pedido de arquivamento de inquérito policial, nesses casos, na opinião de Nucci (2011).

O princípio da obrigatoriedade da ação penal encontra-se mitigado pela Lei dos Juizados Especiais Criminais (Lei nº 9.099/1995), a qual prevê a possibilidade de transação penal entre o Ministério Público e o autor do fato, nas infrações de menor potencial ofensivo. Nesses casos, o Ministério Público poderá deixar de ajuizar a ação penal se, verificadas determinadas condições subjetivas, ao crime não for cominada pena privativa de liberdade superior a dois anos. Cuida-se da aplicação do princípio da discricionariedade regrada.

4.2.2 Indisponibilidade

Oferecida a ação penal, dela não pode desistir o Ministério Público (CPP, art. 42), o mesmo se aplicando aos recursos (CPP, art. 576).

Tal princípio, em face da Lei nº 9.099/1995, não se aplica aos crimes cuja pena privativa de liberdade mínima não exceda a um ano (art. 89). Oferecida a denúncia, verificadas as condições legais subjetivas e objetivas, deverá o Ministério Público oferecer a proposta de suspensão condicional do processo, a qual, uma vez aceita pelo denunciado, e cumpridas as condições impostas, importará na extinção da punibilidade do autor da infração penal.

4.2.3 Oficialidade

O princípio da oficialidade consiste no fato de a ação penal ser promovida por um órgão do Estado, público, oficial, à exceção dos casos de ação privada subsidiária.

4.2.4 Autoritariedade

Em decorrência do princípio da oficialidade, o princípio da autoritariedade consiste no fato de que são autoridades públicas os encarregados da persecução penal, tanto na fase pré-processual, o delegado de polícia, quanto em juízo, o membro do Ministério Público.

4.2.5 Oficiosidade

Os encarregados da persecução penal, delegado de polícia e membro do Ministério Público, devem agir de ofício, ou seja, independentemente de provocação, ao tomar ciência do cometimento de crime de ação penal pública incondicionada.

4.2.6 Indivisibilidade

Segundo Capez (2010), todos os autores ou partícipes do fato criminoso devem por ele responder. Em face do princípio da obrigatoriedade, não tem o Ministério Público discricionariedade para escolher, entre os autores, aqueles contra quem oferecerá denúncia e os que dela ficarão excluídos.

Todavia, considerando o Ministério Público insuficientes os elementos probatórios colhidos no curso da investigação criminal, em relação a um dos coautores ou partícipes, poderá requisitar a realização de novas diligências, deixando de denunciá-lo junto com os demais; e, nem por isso, considera-se violado o aludido princípio.

4.2.7 Intranscendência

Consiste na responsabilização penal pessoal do autor do fato. A ação penal só poderá ser proposta contra a pessoa a quem se imputa a prática do delito.

ATENÇÃO!

Fica afastada, dessa feita, a possibilidade de fazer parte do polo passivo da relação processual penal aquele que tem responsabilidade civil exclusiva, ou seja, o terceiro a quem caberia o pagamento de eventual indenização.

5. AÇÃO PENAL PÚBLICA CONDICIONADA

Ação penal pública condicionada é aquela cujo exercício está subordinado à manifestação de vontade da vítima, à representação ou à requisição do Ministro da Justiça.

5.1 Titularidade

O titular da ação penal pública condicionada é o Ministério Público, por força do princípio da oficialidade.

5.2 Princípios

Aplicam-se à ação penal pública condicionada os mesmos princípios da ação penal pública incondicionada (obrigatoriedade, oficialidade, indisponibilidade, indivisibilidade, intranscendência e autoritariedade).

A obrigatoriedade, todavia, só será verificada após a satisfação da condição da ação, qual seja, o oferecimento da representação da vítima ou requisição do Ministro da Justiça.

Pacelli (2011) esclarece que a indisponibilidade impede que o Ministério Público, uma vez oferecida a denúncia, desista da ação penal, mesmo que o ofendido se retrate da representação, ou o Ministro da Justiça, da requisição. A alteração da vontade desses últimos não afeta o poder-dever do Ministério Público, em face do princípio da obrigatoriedade.

A oficiosidade não é verificada, isso porque não pode o Ministério Público agir de ofício, carecendo da satisfação da condição que é a verificação da representação da vítima ou requisição do Ministro da Justiça.

5.3 Representação

Consiste na manifestação inequívoca da vontade da vítima, ou de seu representante legal, para autorizar o início do processo penal em juízo.

ATENÇÃO!

Trata-se de condição objetiva de procedibilidade, condição especial da ação penal pública. E, muito embora tenha natureza processual, sujeita-se às regras do Direito Penal intertemporal, já que sua ausência dá ensejo à causa extintiva da punibilidade, a decadência (CP, art. 107, IV).

5.3.1 Legitimidade para ofertar a representação

A representação será oferecida pelo ofendido ou seu representante legal.

Se o ofendido tiver menos de 18 anos ou sofrer de doença mental, o direito de representação cabe exclusivamente a seu representante legal.

Ao completar 18 anos, adquire o ofendido plena capacidade para o exercício da representação, somente a exercendo o representante legal, em caso de doença mental.

A pessoa jurídica também poderá representar, fazendo-o por meio da pessoa indicada no estatuto ou contrato social (CPP, art. 37).

Na ausência por decisão judicial, ou morte, do ofendido, têm legitimidade para representar as pessoas elencadas no art. 24, § 1º, do CPP: cônjuge, ascendente, descendente ou irmão.

A representação também poderá ser feita por procurador com poderes especiais (CPP, art. 39, *caput*).

Se o ofendido for incapaz e não possuir representante legal, o juiz, de ofício ou a requerimento do Ministério Público, nomeará curador especial para analisar a conveniência de oferecer a representação (CPP, art. 33).

Na opinião de Tourinho Filho (1998), será, também, nomeado curador especial ao ofendido incapaz, mesmo possuindo representante legal, quando se verificar a colidência de interesses entre estes. Há colidência de interesses quando o representante legal do ofendido deixa de ofertar a representação por motivos imorais, escusos; quando atende à sua satisfação pessoal, emocional ou financeira, em detrimento dos interesses do representado. Verifica-se, por exemplo, quando o pai deixa de oferecer representação contra o estuprador da filha menor, porque dele recebeu uma compensação financeira.

ATENÇÃO!

A nomeação de curador especial, contudo, não transforma a ação penal condicionada em incondicionada, cabendo a esse julgar a conveniência do oferecimento da representação, sempre levando em consideração, em primeiro lugar, o interesse do ofendido incapaz.

A natureza jurídica do curador especial é a de substituto processual, porque age em nome próprio na defesa de interesse alheio, podendo exercer a função qualquer pessoa maior de 18 anos.

5.3.2 Autoridade destinatária

A representação pode ser feita diretamente ao delegado de polícia, ao juiz, bem como ao órgão do Ministério Público (CPP, art. 39). Poderá ter forma escrita ou oral, a qual deverá ser reduzida a termo, isto é, transformada em escrita.

5.3.3 Procedimento

Conforme a autoridade a quem apresentada, a representação terá o seguinte rito:

a) Se apresentada à autoridade policial: instauração de inquérito (CPP, art. 39, § 3º).

b) Se feita ao Ministério Público: oferecimento da denúncia, na presença dos requisitos (CPP, art. 39, § 5º), ou requisição de instauração do inquérito policial.

c) Se feita ao juiz: requisição da instauração de inquérito policial (CPP, art. 39, § 4º), ou encaminhamento ao Ministério Público, a quem deverá analisar a presença dos elementos para o oferecimento da denúncia (CPP, art. 40).

5.3.4 Prazo

O direito de representação deverá ser exercido pelo ofendido ou seu representante legal no prazo de seis meses (CPP, art. 38). Conta-se a partir da data em que o titular da representação, ofendido ou seu representante, toma conhecimento da autoria do fato delitivo.

Trata-se de prazo decadencial, material, portanto, que não se suspende nem se prorroga, computando-se o dia do começo e excluindo-se o dia do final (CP, art. 10).

ATENÇÃO!

O prazo da ação penal, todavia, não guarda relação com o prazo da representação. Mesmo que o inquérito policial demore mais que seis meses, oferecida a representação no prazo legal, não há impedimento para o oferecimento da ação penal.

5.3.5 Forma

A representação não tem forma especial, contudo, a ausência de narração do fato a tornará inócua (CPP, art. 39, *caput*, e §§ 1º e 2º).

5.3.6 Eficácia objetiva da representação

Feita a representação contra um dos autores, em caso de concurso de agentes, esta permite ao Ministério Público oferecer a denúncia também contra os demais, em face do princípio da indivisibilidade da ação penal. A tal efeito, dá-se o nome de eficácia objetiva da representação.

5.3.7 Não vinculação

Nucci (2011) esclarece que o titular da representação não está obrigado a, narrando os fatos, defini-lo juridicamente (por exemplo roubo, furto, estelionato etc.); e, caso o faça, a definição oferecida não vinculará o Ministério Público, titular da ação penal.

Ademais, a oferta da representação não obriga o Ministério Público ao oferecimento da denúncia, devendo, antes, ser analisada a presença dos elementos necessários ao oferecimento da ação penal (materialidade e autoria).

Dessa maneira, recebida a representação pelo Ministério Público, uma das seguintes medidas será tomada:

a) oferecimento da denúncia;

b) pedido de arquivamento do inquérito policial;

c) pedido de declaração da extinção da punibilidade (exemplo: decadência);

d) pedido de reconhecimento de causa impeditiva da validade da relação processual (por exemplo, coisa julgada).

5.3.8 Irretratabilidade

A representação é irretratável após o oferecimento da denúncia (CPP, art. 25; CP, art. 102).

Antes do oferecimento da ação penal, contudo, poderá a retratação ser feita pela mesma pessoa que a ofereceu.

ATENÇÃO!

Já a retratação da retratação, ou seja, a revigoração da representação, é admitida na jurisprudência, contanto que realizada no prazo originário de seis meses.

5.4 Lei Maria da Penha (Lei nº 11.340/2006)

Nos crimes de violência doméstica e familiar contra a mulher, traz a Lei Maria da Penha a previsão expressa da necessidade de representação para o oferecimento da ação penal pelo Ministério Público, ao tratar da possibilidade de sua retratação, tratando-se, portanto, de crime de ação penal pública condicionada:

> Art. 16. Nas ações penais públicas condicionadas à representação da ofendida de que trata esta lei, só será admitida a renúncia à representação perante o juiz, em audiência especialmente designada com tal finalidade, antes do recebimento da denúncia e ouvido o Ministério Público.

O art. 41 da Lei nº 11.340/2006, contudo, afasta a incidência da Lei dos Juizados Especiais Criminais em tais casos:

> Art. 41. Aos crimes praticados com violência doméstica e familiar contra a mulher, independentemente da pena prevista, não se aplica a Lei nº 9.099, de 26 de setembro de 1995.

A Lei Maria da Penha, ao vedar a incidência da Lei nº 9.099/1995, gerou questionamentos no sentido de continuar ou não o crime em estudo a ser de ação penal pública condicionada à representação da ofendida, tal como dispõe o art. 88 da Lei dos Juizados Especiais Criminais.

> Art. 88. Além das hipóteses do Código Penal e da legislação especial, dependerá de representação a ação penal relativa aos crimes de lesões corporais leves e lesões culposas.

ATENÇÃO!

Tal controvérsia se encerrou com o julgamento, no dia 9 de fevereiro de 2012, da Ação Declaratória de Constitucionalidade nº 19, quando o Supremo Tribunal Federal, por unanimidade e nos termos do voto do Relator, julgou procedente a ação declaratória para declarar a constitucionalidade dos arts. 1º, 33 e 41 da Lei nº 11.340/2006.

Resta pacificado o entendimento jurisprudencial a partir de tal decisão, no sentido de que a ação nos crimes de violência doméstica e familiar contra a mulher é ação pública incondicionada.

5.5 Crimes Contra a Dignidade Sexual

De acordo com o art. 225 do Código Penal, nos crimes contra a dignidade sexual, procede-se mediante representação, à exceção daqueles em que a vítima é menor de 18 anos ou vulnerável, quando, então, a ação é pública incondicionada.

5.6 Ação Penal Pública Condicionada à Requisição do Ministro da Justiça

A ação é pública, mas para que possa oferecer a denúncia o Ministério Público fica condicionado à requisição do Ministro da Justiça.

5.6.1 Crimes de ação penal pública condicionada à requisição do Ministro da Justiça

São poucas as hipóteses de requisição no Código Penal:

a) Crime cometido por estrangeiro contra brasileiro fora do Brasil (CP, art. 7º, § 3º, *b*).

b) Crimes contra a honra praticados contra o presidente da República (CP, art. 141, I, c/c o art. 145, parágrafo único).

c) Crimes contra a honra cometidos contra chefe de governo estrangeiro (CP, art. 141, I, c/c art. 145, parágrafo único).

Verifica-se outra hipótese no art. 141 do Código Penal Militar.

5.6.2 Considerações acerca dos crimes de ação penal pública condicionada à requisição do Ministro da Justiça

A lei não estabelece prazo para o oferecimento da requisição do Ministro da Justiça, considerando-se, assim, possível o ato, enquanto não extinta a punibilidade do autor do fato.

ATENÇÃO!

Não se admite a retratação da requisição ministerial, haja vista a inexistência de disposição legal a respeito.

Conforme Greco Filho (2010), a requisição do Ministro da Justiça é ato político que não obriga o Ministério Público ao oferecimento da denúncia, cabendo a ele, como titular exclusivo da ação penal, analisar a presença ou não dos requisitos de materialidade e autoria necessários ao seu oferecimento.

6. DENÚNCIA

Afrânio Silva Jardim (1997) conceitua denúncia como peça inicial da ação penal pública, seja ela incondicionada ou condicionada. Por meio dela, o Ministério Público inaugura a relação processual, deduzindo a pretensão punitiva do Estado.

6.1 Requisitos

O Código de Processo Penal traz os requisitos essenciais e não essenciais que deverão constar da denúncia.

> Art. 41. A denúncia ou queixa conterá a exposição do fato criminoso, com todas as suas circunstâncias, a qualificação do acusado ou esclarecimentos pelos quais se possa identificá-lo, a classificação do crime e, quando necessário, o rol das testemunhas.

Consideram-se essenciais os seguintes requisitos:
a) exposição do fato criminoso;
b) qualificação do acusado.

E não essenciais:
a) classificação do crime;
b) rol de testemunhas.

Identificam-se, no ordenamento jurídico, outros requisitos essenciais da denúncia:
a) endereçamento ou cabeçalho;
b) requerimento de citação e condenação do acusado;
c) quando escrita, ser escrita em português;
d) quando escrita, ser assinada pelo órgão do Ministério Público, Promotor de Justiça ou Procurador da República, com atribuição legal para tanto.

6.2 Exposição do Fato Criminoso com todas as suas Circunstâncias

A descrição deve ser precisa, não se admitindo a imputação vaga e imprecisa, que impossibilite ou dificulte o exercício da defesa.

De acordo com a lição de Tornaghi (1989), as circunstâncias podem ser visualizadas no seguinte adágio latino: *Quis*? *Quid*? *Ubi*? *Quibus Auxiliis*? *Cur*? *Quomodo*? *Quando*?

CURIOSIDADE!

Quis – quem, refere-se à pessoa do agente, seus antecedentes e personalidade.
Quid – que coisa, diz respeito ao fato propriamente dito, a conduta do agente.
Ubi - onde, relaciona-se ao lugar.
Quibus Auxiliis - vincula-se aos coautores ou partícipes.
Cur - por que, a motivação do crime.
Quomodo – de que maneira, reporta-se à forma de execução.
Quando – refere-se ao tempo do crime.

6.3 Qualificação do Acusado ou Esclarecimentos pelos quais se possa Identificá-lo

O fato criminoso só pode ser imputado ao suposto culpado, daí a necessidade de sua qualificação, pois não se concebe o processo senão contra pessoa certa.

Qualificar é o ato de atribuir características a determinada pessoa, individualizando-o. Dentre essas qualidades, ou características, podem-se apontar nome, sobrenome, apelido, pseudônimo, estado civil, filiação, cidadania, idade e sexo, números de documentos, ocupação e endereço.

Desconhecido o nome do autor da infração penal, mesmo assim pode-se oferecer denúncia contra ele, contanto que sejam oferecidos meios de identificá-lo.

ATENÇÃO!

Se o processo foi iniciado contra pessoa certa, o erro quanto ao seu nome, ou quanto a outros dados de sua qualificação, não invalida o processo, permitindo-se posterior aditamento da denúncia (CPP, art. 569).

Na hipótese de concurso de agentes, a denúncia deve especificar a conduta de cada um; contudo, a jurisprudência tem admitido o oferecimento de denúncia genérica, em relação aos coautores e partícipes, quando não se conseguir, por absoluta impossibilidade, identificar claramente a conduta de cada um no cometimento da infração penal.

6.4 Classificação do Crime

A classificação do delito, tipificação da conduta, significa atrelar a conduta do denunciado à hipótese prevista em abstrato no tipo penal, identificando a que pena estará sujeito.

Para Nucci (2011), cuida-se de requisito não essencial da ação penal, já que o juiz, na sentença, poderá atribuir definição jurídica diversa ao fato narrado na denúncia, ainda que a pena seja mais grave - *emendatio libelli* (CPP, art. 383).

6.5 Rol de Testemunhas

O rol de testemunhas não é requisito essencial da denúncia, já que o Ministério Público pode dispensar tal espécie de prova, diante da suficiência de outras, tais como periciais e documentais.

No entanto, entendendo ser necessária a produção de prova testemunhal em juízo, deverá arrolar as testemunhas que pretende ouvir, na denúncia, sob pena de preclusão.

6.6 Endereçamento

Este requisito está relacionado à competência do juízo para conhecer e julgar o fato. Não faz parte do art. 41 do CPP, mas é essencial. Todavia, o erro quanto ao juízo a quem é dirigida a denúncia não a torna inepta. A irregularidade é sanável com a remessa ou recebimento dos autos pelo juízo competente.

6.7 Pedido de Citação e Condenação do Acusado

A denúncia deve também conter o pedido de citação e de condenação do acusado, muito embora este último reste implícito com o oferecimento da ação penal.

6.8 Assinatura do Órgão do Ministério Público

Denúncia sem assinatura do órgão do Ministério Público, quando escrita, equivale a ato inexistente, sem condições de produzir efeitos jurídicos. Trata-se, contudo, de omissão sanável pelo autor da peça processual.

6.9 Prazo para Oferecimento da Denúncia

O prazo ordinário para o oferecimento da denúncia, nos termos do art. 46 do Código de Processo Penal, é de:

a) 5 (cinco) dias, se preso o indiciado;
b) 15 (quinze) dias, em caso de indiciado solto.

A legislação extravagante prevê outros prazos:

a) Crime eleitoral: 10 (dez) dias (Lei nº 4.737/1965).
b) Crime contra a economia popular: 2 (dois) dias (Lei nº 1.521/1951).
c) Abuso de autoridade: 48 (quarenta e oito) horas (Lei nº 4.898/1965).
d) Tráfico de drogas: 10 (dez) dias, solto ou preso o indiciado (Lei nº 11.343/2006).

6.10 Contagem do Prazo para Oferecimento da Denúncia

Trata-se de prazo processual, logo não se inclui o dia de início, computando-se o dia do vencimento (CPP, art. 798).

7. AÇÃO PENAL PRIVADA

Para Capez (2010), ação penal privada é a modalidade de ação em que o Estado transfere para o particular, ofendido, a propositura da ação penal. Difere-se da ação penal pública no tocante à legitimidade ativa.

ATENÇÃO!

Mesmo na ação penal privada, contudo, o Estado detém o monopólio da punição, transferindo unicamente o direito de ação. Atua o ofendido como substituto processual, já que defende interesse alheio em nome próprio.

7.1 Titularidade

Titular da ação penal privada é o ofendido ou seu representante legal (CP, art. 100, § 2º; CPP, art. 30).

Na ação penal privada, denominada queixa-crime, o autor tem o nome de querelante; o réu, querelado.

Se o ofendido for menor de 18 anos, ou mentalmente enfermo, ou retardado mental, e não tiver representante legal, ou colidirem os interesses deste com os daquele, o direito de queixa poderá ser exercido por curador especial, nomeado, de ofício ou a requerimento do Ministério Público, pelo juiz competente para o processo penal (CPP, art. 33).

ATENÇÃO!

No caso de morte do ofendido ou quando declarado ausente por decisão judicial, o direito de oferecer queixa ou prosseguir na ação passará ao cônjuge, ascendente, descendente ou irmão (CPP, art. 31), estendendo-se tal direito ao companheiro.

As pessoas jurídicas podem ajuizar queixa-crime, contanto que devidamente representadas por seus quadros sociais (CPP, art. 37).

7.2 Princípios

7.2.1 Princípio da oportunidade ou conveniência

A vítima tem o direito subjetivo, faculdade processual, portanto, de oferecer a queixa-crime de acordo com sua conveniência, respeitando o prazo legal para tanto.

7.2.2 Princípio da disponibilidade

Esclarece Nucci (2011) que, em decorrência do princípio da oportunidade, prosseguir na ação penal, ou não, é ato discricionário do ofendido. E, mesmo que leve o processo até a prolação da sentença, porém antes do trânsito em julgado, lhe é facultado extinguir a punibilidade do querelado por meio do perdão e da perempção (CPP, arts. 51 e 60).

7.2.3 Princípio da indivisibilidade

Muito embora tenha o ofendido a faculdade de oferecer a ação penal (princípio da oportunidade), uma vez o fazendo, em caso de pluralidade de autores, não poderá escolher dentre os ofensores quem irá processar.

7.2.4 Princípio da intranscendência

Consiste na responsabilização penal pessoal do autor do fato. A ação penal só poderá ser proposta contra a pessoa a quem se imputa a prática do delito.

ATENÇÃO!

Fica afastada, desta feita, a possibilidade de fazer parte do polo passivo da relação processual penal aquele que tem responsabilidade civil exclusiva, ou seja, o terceiro a quem caberia o pagamento de eventual indenização.

7.2.5 Espécies

A ação penal privada pode ser classificada em:

a) **Exclusivamente privada**: pode ser proposta pelo ofendido ou seu representante legal, caso menor ou incapaz.

b) **Personalíssima**: somente pode ser oferecida pelo ofendido (CP, art. 236, parágrafo único).

c) **Subsidiária da pública**: proposta nos crimes de ação penal pública quando o Ministério Público deixa de fazê-lo no prazo legal (CF, art. 5º, LIX).

ATENÇÃO!

No que toca à ação penal privada subsidiária da pública, é inaceitável que o ofendido, porque o inquérito foi arquivado a requerimento do Ministério Público, ingresse com a queixa-crime.

7.2.6 Prazo

O ofendido, ou seu representante legal, tem o prazo de seis meses para o oferecimento da queixa-crime, contado do dia em que venha a saber quem é o autor do crime; ou, no caso da ação penal privada subsidiária da pública, do dia em que se esgotar o prazo para o oferecimento da denúncia pelo Ministério Público (CPP, art. 38).

⚠ ATENÇÃO!

O prazo é decadencial, portanto, aplica-se a regra do art. 10 do Código Penal. Computa-se o dia de início, desprezando-se o dia final.

No caso de ofendido menor de 18 anos, o prazo da decadência só começa a ser contado do dia em que completar a maioridade, e não do dia em que tomou conhecimento da autoria delitiva.

Esclarece Mougenot (2009) que, na hipótese de crime continuado (CP, art. 71), o prazo incidirá isoladamente sobre cada crime. No crime permanente (consumação que se alonga no tempo), começa a partir do instante em que a vítima tomou conhecimento do autor do fato. Nos crimes habituais (profissionais), por fim, a partir do último ato.

7.2.7 Queixa-crime

A queixa-crime é a peça acusatória inicial da ação penal privada, a ela se aplicando os mesmos requisitos da denúncia (CPP, art. 41).

7.2.7.1 Aditamento da queixa

A queixa, ainda que a ação penal seja privativa do ofendido, poderá ser aditada pelo Ministério Público, a quem caberá intervir em todos os termos subsequentes do processo (CPP, art. 45).

⚠ ATENÇÃO!

O aditamento, contudo, não poderá servir para imputar novos crimes aos querelados, ou para estender o polo passivo, incluindo novos ofensores.

O prazo para o aditamento da queixa será de três dias, contado da data em que o órgão do Ministério Público receber os autos (CPP, art. 46, § 2º).

Tratando-se de ação penal privada subsidiária da pública, o Ministério Público poderá, além de aditar a queixa, repudiá-la, oferecendo denúncia substitutiva (CPP, art. 29).

7.2.8 Legitimidade concorrente

Nos casos de crime contra a honra de servidor público, em razão do exercício de suas funções, a legitimação para o oferecimento da ação penal é concorrente. Tanto o Ministério Público, uma vez oferecida a representação, pode oferecer a denúncia, quanto o ofendido, a queixa-crime.

Cuida-se de entendimento sumulado do Supremo Tribunal Federal.

> Súmula nº 714.
> É concorrente a legitimidade do ofendido, mediante queixa, e do Ministério Público, condicionada à representação do ofendido, para a ação penal por crime contra a honra de servidor público em razão do exercício de suas funções.

7.2.9 Renúncia

Caso o querelante, havendo vários ofensores, oferece a queixa-crime contra um ou alguns, sem abranger todos eles, opera-se a chamada renúncia tácita do direito de queixa, com a extinção da punibilidade dos que não foram processados (CP, art. 107, V), a qual se estende aos querelados, por força do princípio da indivisibilidade (CPP, art. 49). Todavia, desconhecida a identidade de um ou alguns dos ofensores, tal efeito não se produz, não se podendo atribuir tal fato ao querelante.

Questão de concurso

(Funiversa/PC-DF/Agente de Polícia/2009) Assinale a alternativa correta.

a) O representante legal do ofendido poderá ser autor da ação penal pública incondicionada quando o Ministério Público, em vez de oferecer denúncia, requerer diligências complementares à autoridade policial, o que é denominada ação penal privada subsidiária.

b) Considere a seguinte situação hipotética: Maria trabalhava como doméstica e morava nos fundos da casa de seu patrão, João, com a filha de treze anos de idade. João passou a molestar sexualmente a filha de Maria. Esta, ao flagrar ambos praticando relações sexuais, pegou uma arma de fogo e levou João preso. O delegado liberou João, face o acordo celebrado entre Maria e João, de permanência no emprego, e instaurou inquérito policial após decorrido o prazo decadencial para oferecimento da queixa. Nessa situação, deverá ser arquivado o inquérito.

c) O juiz declarará perempta a ação penal quando o querelante ou o substituto processual do Ministério Público, nos casos de ação penal privada subsidiária da pública, negligenciar no andamento do processo.

d) Tendo verificado o Ministério Público que foi proposta ação penal privada por meio de queixa dirigida a três dos quatro ofensores conhecidos, em virtude de perdão concedido expressamente, deverá manifestar-se pela renúncia do direito de queixa contra o excluído, que beneficiará a todos os ofensores.

e) Sendo encaminhadas ao magistrado peças contendo informações de crime de ação penal pública, poderá o juiz arquivá-las por ser manifesta e indiscutível a causa de exclusão da antijuridicidade, desde que abra vista em seguida ao Ministério Público.

Comentário:

No que toca ao perdão, após a instauração da queixa-crime, a vítima, por não mais desejar prosseguir com a ação em face de determinado réu, o oferecerá, de forma expressa ou tácita, devendo o que foi perdoado ser intimado para se manifestar quanto à sua aceitação; quedando-se inerte, o silêncio será considerado aceitação. Em face do princípio da indivisibilidade, que vigora na ação penal privada, o perdão oferecido a um ou a todos aproveita, exceto em relação àquele que o recusou.

Gabarito: d

7.2.10 Perdão

O perdão concedido a um dos querelados aproveitará a todos, sem que produza, todavia, efeito em relação ao que o recusar (CPP, art. 51).

É ato bilateral, posto que condicionado ao aceite do querelado. Equivale à desistência da demanda, o que somente pode ocorrer uma vez ajuizada a queixa-crime.

ATENÇÃO!

Enquanto a queixa não é recebida pelo juiz, cuida-se de renúncia; após, fala-se em perdão.

Não se aplica à ação penal privada subsidiária da pública. Caso o querelante desista de prosseguir, faz retornar a condução da ação ao Ministério Público.

7.2.11 Perempção

Esclarece Nucci (2011) que perempção vem de perimir, que significa extinguir. Logo, a perempção é a extinção da punibilidade do querelado quando o querelante demonstra desinteresse na continuidade da ação penal intentada.

Os casos possíveis encontram-se elencados no art. 60 do Código de Processo Penal.

8. AÇÃO CIVIL

Conforme Greco Filho (2010), embora independentes as responsabilidades civil e criminal, quando do fato criminoso decorrerem prejuízos, de ordem material ou moral, à vítima é assegurado o direito à indenização.

Se o fato constitui infração penal, certamente caracteriza ilícito civil, já que este configura grau menor de violação da ordem jurídica, cabendo, tão somente, a definição do dano e seu valor.

ATENÇÃO!

A obrigação de reparação do dano, por ser efeito genérico da condenação, não precisa ser expressamente declarada na sentença penal condenatória.

> CP, art. 91. São efeitos da condenação:
> I – tornar certa a obrigação de indenizar o dano causado pelo crime;

Transitada em julgado a sentença condenatória, poderão promover-lhe a execução, no juízo cível, para o efeito da reparação do dano, o ofendido, seu representante legal ou seus herdeiros (CPP, art. 63).

Esclarece Capez (2010) que a sentença penal condenatória transitada em julgado funciona, portanto, como título executivo judicial no juízo cível (CPC, arts. 475-N, II; e 575, IV), possibilitando ao ofendido obter a reparação do prejuízo sem a necessidade de propor ação civil de conhecimento.

O juiz, na sentença condenatória, poderá fixar um valor mínimo para reparação dos danos causados pela infração, considerando os prejuízos sofridos pela vítima, o que não afasta o direito do ofendido de pretender valor superior ao fixado, na sentença penal, no juízo cível (CPP, art. 387, IV).

Conforme Nucci (2011), como se tratam de responsabilidades independentes, a civil e a penal, nada obsta que a vítima ajuíze ação de reparação de danos antes da conclusão do processo criminal. Neste caso, o juiz civil pode suspender o curso do processo de sua competência até o julgamento definitivo da ação penal.

Todavia, o julgamento da ação civil torna-se prejudicado com o trânsito em julgado da ação penal condenatória, tendo em vista seu caráter definitivo.

8.1 Absolvição do Réu

A absolvição na ação penal só impedirá a ação civil *ex delicto* quando tiver sido categoricamente reconhecida a inexistência material do fato.

Hipóteses que **não impedem** a *actio civilis ex delicto*:
a) o despacho de arquivamento do inquérito ou das peças de informação;
b) a decisão que julgar extinta a punibilidade;
c) a sentença absolutória que decidir que o fato imputado não constitui crime;
d) a sentença absolutória por insuficiência de provas;
e) a sentença absolutória em face de causa excludente de culpabilidade.

Hipóteses que **impedem** a *actio civilis ex delicto*:
a) quando o juiz criminal reconhecer a inexistência do fato;
b) quando o juiz criminal reconhecer que o sujeito não participou do fato;
c) quando o juiz criminal reconhecer uma causa excludente da ilicitude (legítima defesa, estado de necessidade, exercício regular de direito ou estrito cumprimento do dever legal), causas que excluem a ilicitude penal e civil.

Também fará coisa julgada no cível a absolvição fundada nas seguintes hipóteses:
a) estar provada a inexistência do fato (CPP, art. 386, I);
b) estar provado que o réu não concorreu para a infração penal (art. 386, IV);
c) existirem circunstâncias que excluam o crime.

Não impedirão, igualmente, a propositura da ação civil, o despacho de arquivamento do inquérito ou das peças de informação; a decisão que julgar extinta a punibilidade; a sentença absolutória que decidir que o fato imputado não constitui crime (CPP, art. 67).

8.2 Exceções

Constituem exceções ao reconhecimento das excludentes de ilicitude como fator impeditivo da *actio civilis ex delicto*:

a) **Estado de necessidade agressivo**: se o agente sacrifica bem de terceiro inocente, este pode acioná-lo civilmente, restando ao causador do dano a ação regressiva contra quem provocou a situação de perigo (arts. 929 e 930 do CC).

b) **Legítima defesa**: se, por erro na execução (*aberratio ictus*), vem a ser atingido terceiro inocente, este terá direito à indenização contra quem o atingiu, ainda que este último estivesse em situação de legítima defesa, restando-lhe apenas a ação regressiva contra seu agressor (art. 930 c/c o art. 188, I, do CC).

Outrossim, agora no tocante à execução da sentença penal condenatória transitada em julgado, a revisão criminal, quando julgada procedente, eliminará o título executivo anterior (sentença condenatória), gerando as seguintes consequências:

a) se a execução não foi iniciada, não poderá mais se iniciar;

b) se já foi iniciada, o juiz deverá julgá-la extinta (inexigibilidade do título);

c) se a indenização já tiver sido satisfeita, caberá ação de restituição, onde a conduta será apurada (da mesma forma que a absolvição não impede a reparação, o mesmo ocorre com a revisão criminal).

8.3 Prazo Prescricional

O prazo prescricional para a *actio civilis ex delicto*, que será de três anos, não começa a correr enquanto não transitar em julgado a sentença penal condenatória (CC, art. 200).

8.4 Titularidade

Na lição de Nucci (2011), a legitimação para a ação civil, seja ela de execução ou de conhecimento, a *actio civilis ex delicto*, pertence ao ofendido, seus representantes legais ou herdeiros. Contudo, se a vítima for pobre, a seu requerimento poderá o Ministério Público, na qualidade de substituto processual, demandar a reparação em juízo, caso não haja Defensoria Pública constituída no juízo competente para o julgamento da ação civil.

A ação para ressarcimento do dano poderá ser proposta no juízo cível, contra o autor do crime e, se for o caso, contra o responsável civil (CPP, art. 64).

CAPÍTULO 8
Jurisdição

1. CONCEITO

Pacelli (2011) conceitua jurisdição como função que se confere ao Poder Judiciário de aplicar, por meio do processo e de seus órgãos, o direito objetivo a uma situação litigiosa em concreto.

Todo juiz, investido na sua função, possui jurisdição, que é a atribuição de compor os conflitos emergentes na sociedade, valendo-se da força estatal para fazer cumprir a decisão compulsoriamente.

É função precípua do Poder Judiciário a de julgar; esta, contudo, não lhe é exclusiva, conforme preceitua o art. 52 da CF:

> Compete privativamente ao Senado Federal:
> I – processar e julgar o Presidente e o Vice-Presidente da República nos crimes de responsabilidade, bem como os Ministros de Estado e os Comandantes da Marinha, do Exército e da Aeronáutica nos crimes da mesma natureza conexos com aqueles;
> II – processar e julgar os Ministros do Supremo Tribunal Federal, os membros do Conselho Nacional de Justiça e do Conselho Nacional do Ministério Público, o Procurador-Geral da República e o Advogado-Geral da União nos crimes de responsabilidade;

2. PRINCÍPIOS

2.1 Investidura

É pressuposto para o exercício da função jurisdicional que a pessoa seja investida na função de juiz, segundo os preceitos legais preexistentes.

2.2 Princípio da Titularidade ou da Inércia (*ne Procedat Judex ex Officio*)

Não haverá prestação da tutela jurisdicional se ela não for invocada, se não for exercido o direito de ação, pois o juiz não poderá dar início ao processo.

2.3 Princípio da Indeclinabilidade

Esclarece Nucci (2011) que o princípio da indeclinabilidade da jurisdição decorre do princípio da investidura. Investido de função jurisdicional, o juiz não pode deixar de prestá-la quando provocado. Tem assento constitucional:

> CF, art. 5º [...]
> XXXV – a lei não excluirá da apreciação do Poder Judiciário lesão ou ameaça a direito;

2.4 Indelegabilidade

Nenhum juiz pode delegar sua jurisdição a outro órgão, sob pena de violação ao princípio do juiz natural.

2.5 Improrrogabilidade

De acordo com o princípio da improrrogabilidade da jurisdição, não pode o juiz conhecer e julgar senão o que for de sua competência, segundo o disposto em lei.

Não se trata, contudo, de um princípio absoluto, comportando as seguintes exceções:

a) Casos de conexão e continência (CPP, arts. 76, 77 e 79).

b) Desclassificação na fase do sumário de culpa, no procedimento do júri (CPP, art. 74, § 2º).

c) Quando oposta e admitida a exceção da verdade, nos crimes contra a honra (CPP, art. 85).

d) Desaforamento (CPP, art. 427).

2.6 Princípio do Juiz Natural

Segundo Capez (2010), pelo princípio do juiz natural, tem o réu o direito de ser julgado por um juiz previamente determinado por lei, vedando-se, assim, a designação de um juiz, após a prática do delito, para especificamente julgar seu autor. Cuida-se da proibição do juízo ou tribunal de exceção, previsto na Constituição Federal:

> Art. 5º [...]
> XXXVII - não haverá juízo ou tribunal de exceção;

2.7 Princípio da Correlação entre a Imputação e a Sentença ou da Relatividade

A sentença deve corresponder ao pedido. Não pode haver julgamento *extra* ou *ultra petita*.

2.8 Princípio da Inevitabilidade ou da Irrecusabilidade

Consiste na impossibilidade da parte poder recusar o juiz que lhe é dado, conforme previsto na lei.

Não é absoluto, pois não é observado nos casos de impedimento, suspeição e incompetência do órgão jurisdicional.

2.9 Princípio da Unidade da Jurisdição

Greco Filho (2010) sustenta que a jurisdição é única em si e nos seus fins. A especialização da jurisdição por matéria (penal, cível, trabalhista, eleitoral, militar etc.) não afasta a função soberana de incumbência exclusiva do Poder Judiciário.

2.10 *Nulla Poena Sine Judicio*

É o princípio exclusivo da jurisdição penal, o *nulla poena sine judicio* significa que nula é a pena se não imposta por meio do processo.

3. DIVISÃO DA JURISDIÇÃO

Embora única, é possível falar em divisão da jurisdição, consoante o aspecto em que é examinada.

a) **Quanto à categoria**: inferior ou superior.
b) **Quanto à matéria**: penal e civil.
c) **Quanto à forma**: contenciosa e voluntária.
d) **Quanto à origem**: legal e convencional; ordinária e extraordinária.

Jurisdição superior é a que está estabelecida sobre outra, para reformar as suas decisões, quando as reconhece injustas. Inferior, por outro lado, é a que tem outra, superior, para quem dela se recorre.

A natureza do conflito intersubjetivo distingue a jurisdição em penal ou civil. À jurisdição penal reservam-se as causas de natureza penal; e à civil, as causas de natureza extrapenal.

Jurisdição contenciosa, ou jurisdição propriamente dita, é a aplicação da lei para a solução de litígio, o que envolve interesses contrapostos (lide). A voluntária, por seu turno, caracteriza uma administração pública de interesses privados.

Diz-se legal a jurisdição exercida pelos órgãos jurisdicionais; enquanto convencional é a que é exercida pelos árbitros.

ATENÇÃO!

A jurisdição ordinária, ou comum, é a que tem atribuição residual, enquanto a extraordinária tem na lei a delimitação de sua atuação.

CAPÍTULO 9
Competência

1. CONCEITO

Competência é o âmbito delimitado por lei em que o órgão do Estado exerce sua jurisdição.

Jurisdição é o poder, enquanto a competência é a permissão legal para exercer uma fração desse poder, com exclusão do resto, na lição de Tourinho Filho (1998).

2. ESPÉCIES

Um órgão jurisdicional não pode conhecer de todas as lides surgidas no território nacional. Conhecerá apenas os conflitos que se incluam no âmbito de sua competência.

Os critérios para definição da competência são:

a) **em razão da matéria** (*ratione materiae)*: estabelecida em razão da natureza do crime praticado.

b) **em razão da pessoa** (*ratione personae*): de acordo com a qualidade das pessoas incriminadas.

c) **em razão do lugar** (*ratione loci*): de acordo com o local em que foi praticado ou restou consumado o crime.

São improrrogáveis as competências *ratione personae* e *ratione materiae*, importando sua não observância em nulidade absoluta, a qual pode ser arguida a todo tempo, mesmo após o trânsito em julgado da sentença penal condenatória.

2.1 Da Competência *Ratione Materiae*

A natureza do conflito determina qual o órgão jurisdicional competente para dirimi-lo (Justiça Especial).

As Justiças Especiais têm sua competência fixada na Constituição Federal. Tudo quanto não for da competência das Justiças Especiais será da competência da Justiça Comum, a qual tem competência residual.

São especiais as Justiças Trabalhista, Eleitoral, Militar e Política (Senado Federal).

A Justiça Comum, por seu turno, se subdivide em Justiça Comum Federal e Justiça Comum Estadual.

Em razão da matéria, tudo o que não for da competência das Justiças Especiais, ou da Justiça Federal, será da competência da Justiça Estadual ou do Distrito Federal.

A seguir, são elencadas as competências das justiças especializadas.

2.1.1 Justiça Eleitoral

Julgamento das infrações penais dessa natureza (CF, arts. 118 a 121).

2.1.2 Justiça Militar

Processar e julgar os crimes militares definidos em lei.

2.1.3 Senado Federal (CF, art. 52)

Compete privativamente ao Senado Federal processar e julgar, nos crimes de responsabilidade:

a) o Presidente e o Vice-Presidente da República;

b) os Ministros de Estado e os Comandantes da Marinha, do Exército e da Aeronáutica;

c) Ministros do Supremo Tribunal Federal;

d) Membros do Conselho Nacional de Justiça e do Conselho Nacional do Ministério Público;

e) Procurador-Geral da República;

f) Advogado-Geral da União.

2.1.4 Justiça Federal (CF, art. 109, IV)

Aos juízes federais compete processar e julgar:

a) os crimes políticos e as infrações penais praticadas em detrimento de bens, serviços ou interesse da União ou de suas entidades autárquicas ou empresas públicas, excluídas as contravenções e ressalvada a competência da Justiça Militar e da Justiça Eleitoral;

b) os crimes previstos em tratado ou convenção internacional, quando, iniciada a execução no País, o resultado tenha ou devesse ter ocorrido no estrangeiro, ou reciprocamente;

c) os crimes contra a organização do trabalho e, nos casos determinados por lei, contra o sistema financeiro e a ordem econômico-financeira;

d) os *habeas corpus*, em matéria criminal de sua competência ou quando o constrangimento provier de autoridade cujos atos não estejam diretamente sujeitos a outra jurisdição;

e) os crimes cometidos a bordo de navios ou aeronaves, ressalvada a competência da Justiça Militar;

f) os crimes de ingresso ou permanência irregular de estrangeiro, a execução de carta rogatória, após o *exequatur*, e de sentença estrangeira, após a homologação, as causas referentes à nacionalidade, inclusive a respectiva opção, e à naturalização.

2.1.5 Crimes dolosos contra a vida

Ao Tribunal do Júri, da Justiça Estadual ou Federal, compete o julgamento dos crimes dolosos contra a vida (CF, art. 5º, XXXVIII).

2.2 Da Competência *Ratione Personae*

Fixada a competência em razão da matéria, cumpre verificar o grau do órgão jurisdicional competente, se juiz, tribunal ou tribunal superior. Essa delimitação é feita pela Constituição Federal de acordo com a prerrogativa de função.

Confere-se a algumas pessoas, devido à relevância da função que exercem, o direito de serem julgadas em foro privilegiado. Não se estabelece a preferência em razão da pessoa, mas da função.

A competência *ratione personae* está assim distribuída:

Presidente da República	Crime comum	STF (CF, art. 102, I, *b*)
	Crime de responsabilidade	Senado Federal (CF, art. 52, I)
Vice-Presidente	Crime comum	STF (CF, art. 102, I, *b*)
	Crime de responsabilidade	Senado Federal (CF, art. 52, I)
Deputados federais e Senadores	Crime comum	STF (CF, art. 102, I, *b*)
	Crime de responsabilidade	Câmara dos Deputados ou Senado Federal, respectivamente.
Ministros do STF	Crime comum	STF (CF, art. 102, I, *b*)
	Crime de responsabilidade	Senado Federal (CF, art. 52, II)

Procurador-Geral da República	Crime comum	STF (CF, art. 102, I, *b*)
	Crime de responsabilidade	Senado Federal (CF, art. 52, II)
Ministro de Estado	Crime comum	STF (CF, art. 102, I, *b*)
	Crime de responsabilidade	STF (CF, art. 102, I, *b*)
	Crime de responsabilidade conexo com o de Presidente da República	Senado Federal (CF, art. 52, I)
Ministros de Tribunais Superiores	Crime comum	STF (CF, art. 102, I, *b*)
	Crime de responsabilidade	STF (CF, art. 102, I, *b*)
Diplomatas	Crime comum	STF (CF, art. 102, I, *b*)
	Crime de responsabilidade	STF (CF, art. 102, I, *b*)
Governador	Crime comum	STJ (CF, art. 105, *a*)
	Crime eleitoral	STJ (CF, art. 105, *a*)
	Crime de responsabilidade	Conforme a Constituição Estadual
Desembargador	Crime comum	STJ (CF, art. 105, I, *a*)
	Crime de responsabilidade	STJ (CF, art. 105, *a*)
Procurador-Geral de Justiça	Crime comum	TJ
	Crime de responsabilidade	TJ
Promotores de Justiça e Juízes Estaduais	Crime comum	TJ
	Crime de responsabilidade	TJ
	Crime doloso contra a vida	TJ
	Crime eleitoral	TRE (CF, art. 96, III)
Membros do MP da União (MPF, MPT, MPM e MPDFT) e Juízes Federais	Crime comum	TRF (CF, art. 108, I, *a*)
	Crime de responsabilidade	TRF (CF, art. 108, I, *a*)
	Crime doloso contra a vida	TRF (CF, art. 108, I, *a*)
	Crime eleitoral	TRE
Deputados Estaduais	Crime comum	TJ
	Crime doloso contra a vida	Tribunal do Júri
	Crime de responsabilidade	Assembleia Legislativa Estadual
Prefeitos	Crime comum	TJ (CF, art. 29, X)
	Crime doloso contra a vida	TJ
	Crime federal	TRF (CF, art. 108, I, *a*)
	Crime eleitoral	TRE
	Crime de responsabilidade	Assembleia Legislativa Estadual

2.3 Conflito de Competência (*Ratione Materiae x Ratione Personae*)

Quando acontecer de uma competência originária *ratione personae* estar em conflito com a competência em razão da matéria, a competência por prerrogativa de função, quando prevista na Constituição Federal, deverá prevalecer.

Se um Senador da República comete um crime doloso contra a vida, a competência para julgamento será do Supremo Tribunal Federal, ainda que a competência do Tribunal do Júri tenha previsão constitucional.

ATENÇÃO!

Quando, no entanto, o foro especial for estabelecido em Constituição Estadual ou lei ordinária, o autor do crime doloso contra a vida deverá ser julgado pelo Tribunal do Júri, cuja competência é estabelecida na Constituição Federal. É o caso de deputado estadual que venha a cometer homicídio doloso.

> Súmula nº 721 do STF.
>
> A competência constitucional do Tribunal do Júri prevalece sobre o foro por prerrogativa de função estabelecido exclusivamente pela Constituição estadual.

Questão de concurso

(Cespe/MPE-RN/Promotor de Justiça/2009) Em relação à competência no âmbito do Direito Processual Penal, assinale a opção correta.

a) A competência para julgar conflito negativo de atribuições entre órgãos do MP de estados-membros diversos é do STJ.

b) Caso determinada autoridade do estado do Rio Grande do Norte, detentora de foro especial por prerrogativa de função no TJRN, cuja previsão encontra-se apenas na respectiva Constituição estadual, cometa crime doloso contra a vida, a competência para processá-la e julgá-la deve ser do tribunal do júri.

c) Por se tratar de hipótese de competência criminal absoluta, verificada a ocorrência de conexão entre delitos diversos, deve ser determinada a reunião dos processos, ainda que um deles já tenha sido julgado, sob pena de nulidade, que pode ser alegada a qualquer tempo e em qualquer grau de jurisdição.

d) Tratando-se de competência territorial pelo lugar da infração, em regra, o CPP adotou a teoria da atividade.

e) Em regra, observa-se a teoria do resultado para se firmar a competência no âmbito dos juizados especiais criminais estaduais.

Comentários:

Compete ao Supremo Tribunal Federal a solução de conflito de atribuições a envolver o Ministério Público Federal e o Ministério Público Estadual, bem como o conflito negativo de atribuições entre representantes do Ministério Público de Estados diversos.

Gabarito: b

Igualmente, esclarece Capez (2010), o foro por prerrogativa de função estabelecido nas constituições estaduais e leis ordinárias somente é válido perante as autoridades judiciárias locais, não podendo ser invocado no caso de cometimento de crimes eleitorais ou contra bens, interesses e serviços da União. Assim, se o Deputado Estadual cometer crime da competência da Justiça Federal, será julgado pelo Tribunal Regional Federal; e, em caso de crime eleitoral, pelo Tribunal Regional Eleitoral, em detrimento da competência por prerrogativa de função do Tribunal de Justiça do Estado do parlamentar.

2.4 Extensão da Prerrogativa de Função

A competência especial por prerrogativa de função não se estende ao crime cometido após a cessação definitiva do exercício funcional (Súmula nº 451 do STF), nem o foro privilegiado se estenderá para ex-ocupante de cargo ou mandato eletivo, seja o ato praticado um ilícito penal ou ato de improbidade administrativa.

⚠ ATENÇÃO!

No caso de concurso de agentes, em que um deles tiver foro privilegiado, todos os coautores e partícipes deverão ser julgados perante esse juízo especial, reunindo-se os processos por conexão ou continência.

> Súmula nº 704 do STF.
> Não viola as garantias do juiz natural, da ampla defesa e do devido processo legal a atração por continência ou conexão do processo do corréu ao foro por prerrogativa de função de um dos denunciados.

⚠ ATENÇÃO!

Nos processos por crime contra a honra, em que caiba exceção da verdade, se esta for oposta e o querelante gozar de privilégio de foro, o foro especial é o competente para apreciá-la.

2.5 Competência em Razão do Lugar (*Ratione Loci*)

Verificada a competência em razão da matéria, e da prerrogativa de função, cabe fixar a competência em razão do lugar, a fim de se definir qual dentre os órgãos judiciais será o responsável pelo julgamento do processo-crime.

A competência de foro é estabelecida, de modo geral, em atenção ao lugar onde ocorreu o delito (CPP, art. 70), subsidiariamente, pelo domicílio ou residência do réu, quando desconhecido o local da infração (CPP, art. 72).

Estabelecida a competência de foro, é por distribuição entre os juízes da jurisdição que se fixa a competência concreta daquele perante o qual se movimentará a ação penal (CPP, art. 75).

O legislador adotou a teoria do resultado (CPP, art. 70) para dirimir as dúvidas que possam surgir quando um crime é iniciado em uma comarca e consumado em outra. Considera-se juízo competente aquele que se verificou o resultado da conduta criminosa.

No caso dos crimes de menor potencial ofensivo (Lei nº 9.099/1995, art. 61), a competência para julgamento é do juízo em que foi praticada, executada, a ação criminosa (art. 63).

Já na queixa-crime, o querelante poderá preferir o foro do domicílio ou residência do querelado, em vez do foro do local do crime (CPP, art. 73).

ATENÇÃO!

Cabe esclarecer que, mesmo no caso de incompetência relativa (*ratione loci*), pode o juiz, de ofício, declinar de sua competência.

2.6 Prorrogação da Competência

Conforme Nucci (2011), a prorrogação de competência é a possibilidade de substituição da competência de um juízo por outro, sem gerar vício processual.

Nos casos de competência *ratione materiae* e *ratione personae*, a competência é improrrogável, porque ditada por razões de interesse público. Em face da improrrogabilidade, à competência dá-se o nome de absoluta.

O processo deve ser remetido ao juiz natural determinado por normas constitucionais ou processuais penais, sob pena de nulidade do feito.

A competência relativa, por seu turno, é a prorrogável, ou seja, aquela que possibilita às partes se submeterem a juiz originariamente incompetente.

ATENÇÃO!

A competência territorial é, por excelência, competência relativa. Não invocada a tempo a incompetência do foro, reputa-se competente o juízo que conduz o feito, não se admitindo qualquer alegação posterior de nulidade.

2.6.1 Espécies

A prorrogação da competência pode ser:

a) **Necessária**: ocorre nas hipóteses de conexão e continência (CPP, arts. 76 e 77).

b) **Voluntária**: ocorre nos casos de competência territorial (CPP, art. 108); e na queixa-crime (art. 73).

2.6.2 Competência por conexão

Conexão é o vínculo que se estabelece entre dois ou mais fatos que demanda a sua reunião num mesmo processo, a fim de serem julgados pelo mesmo juiz, propiciando uma produção de provas mais eficaz, evitando, assim, decisões contraditórias.

2.6.2.1 Espécies de conexão

A conexão, por sua vez, é classificada em:

a) **Intersubjetiva:**

- por simultaneidade (CPP, art. 76, I, primeira parte): duas ou mais infrações cometidas, ao mesmo tempo, por duas ou mais pessoas, sem estarem previamente combinadas (autoria colateral);
- por concurso (CPP, art. 76, I, segunda parte): duas ou mais infrações praticadas por várias pessoas, em concurso, em diferentes lugares e ocasiões;
- por reciprocidade (CPP, art. 76, I, parte final): duas ou mais infrações praticadas por várias pessoas, umas contra as outras.

b) **Objetiva ou material:** uma infração é praticada para facilitar a execução de outra (teleológica), ou para ocultar, garantir vantagem ou impunidade à outra (consequencial).

c) **Instrumental, probatória ou processual:** a prova de uma infração pode influir na outra.

2.6.3 Competência por continência

Na continência, não é possível a divisão em processos diferentes, porque uma causa está contida na outra.

São hipóteses de continência:

a) Duas ou mais pessoas forem acusadas pela mesma infração, cometida no mesmo lugar e tempo (CPP, art. 77, I; e CP, art. 29).

b) Em caso de concurso formal (CP, art. 70), *aberratio ictus* (erro na execução - CP, art. 73) e *aberratio delicti* (erro quanto ao crime - CP, art. 74).

2.6.4 Diferença entre crime único, conexão e continência

Vários fatos, um só delito (crime continuado, crime progressivo, crime plurissubsistente).	Crime único
Vários fatos, inúmeros delitos, elementos comuns entre eles.	Conexão
Fato único, vários crimes.	Continência

2.7 Competência por Prevenção

A competência é definida por prevenção quando dois juízes forem igualmente competentes para o julgamento da ação penal.

Na lição de Greco Filho (2010), cuida-se de uma prefixação da competência, que ocorre quando o juiz toma conhecimento da prática de uma infração penal antes de qualquer outro igualmente competente, e determina alguma medida ou pratique algum ato no processo ou inquérito.

> Súmula nº 706 do STF.
> É relativa a nulidade decorrente da inobservância da competência penal por prevenção.

2.7.1 Enumeração dos casos de aplicação da prevenção

a) Crimes ocorridos na divisa de duas ou mais jurisdições, sendo o limite entre eles incerto ou, ainda que seja certo, não se saiba precisar exatamente o lugar do delito ou, também, quando a infração atingiu mais de uma jurisdição (CPP, art. 70, § 3º).

b) Crimes continuados ou permanentes cuja execução se prolonga no tempo, podem atingir o território de mais de uma jurisdição (CPP, art. 71).

c) Quando o réu não possui domicílio certo ou tiver mais de uma residência (CPP, art. 72, § 1º), ou mesmo quando não for conhecido seu paradeiro (CPP, art. 72, *caput*).

d) Havendo mais de um juiz competente, no concurso de jurisdições, sem aplicação dos critérios de desempate previstos no art. 78, II, *a* e *b*.

2.8 Perpetuação da Jurisdição (*Perpetuatio Jurisdictionis*)

Verificada a reunião dos processos por conexão ou continência, ainda que no processo da sua competência própria venha o juiz ou tribunal a proferir sentença absolutória ou que desclassifique a infração para outra que não se inclua na sua competência, continuará competente em relação aos demais processos (CPP, art. 81).

Esclarece Nucci (2011) que tal regra não se aplica à desclassificação operada pelo júri popular, no julgamento dos crimes dolosos contra a vida. Se os jurados, ao votarem os quesitos, desclassificarem o crime para não doloso contra a vida, a competência para julgamento das infrações conexas passa ao juiz-presidente do Tribunal do Júri.

Quando a desclassificação se dá na fase de pronúncia, caberá a declinação da competência em favor da vara criminal (CPP, art. 419).

ATENÇÃO!

Quando o júri, por outro lado, absolver o acusado da imputação de crime doloso contra a vida, continuará competente para apreciação dos crimes conexos.

CRITÉRIOS PARA A FIXAÇÃO DA COMPETÊNCIA

QUADRO DE COMPETÊNCIA
Etapa I
Regra geral: competência de foro (*ratione loci*) Regra geral supletiva: domicílio do réu
Etapa II
Distribuição
EXCEÇÕES À DISTRIBUIÇÃO
Natureza da infração (por exemplo: júri e varas especializadas) Conexão e continência Prevenção
EXCEÇÕES À REGRA GERAL (estabelecidas na CF)
Matéria especial (*ratione materiae*) Prerrogativa de função (*ratione personae*)

2.9 Regras para a Separação de Processos

Muito embora as regras de conexão e continência existam para evitar decisões contraditórias, o Código de Processo Penal lhes traz exceções, isso quando a união de processos se mostra mais problemática que vantajosa.

2.9.1 Separação obrigatória

a) Justiça Militar e Justiça Comum (CPP, art. 79, I).
b) Justiça da Infância e Juventude e Justiça Comum (CPP, art. 79, II).
c) Superveniência de doença mental (CPP, art. 79, § 1º, c/c art. 152).
d) Réu foragido, quando não permitida a revelia (CPP, art. 79, § 2º, c/c art. 366).
e) Recusas no Júri (CPP, art. 79, § 2º, c/c art. 469).

2.9.2 Separação facultativa (CPP, art. 80)

a) Crimes ocorridos em tempo e lugar diferentes.
b) Número excessivo de réus presos.
c) Conveniência da instrução criminal.

2.9.3 Jurisdição comum e jurisdição militar

Haverá separação dos processos quando estiverem envolvidos crime comum e crime militar, ou quando houver coautoria entre militar e civil para a prática de um único crime.

Civis podem ser julgados pela Justiça Militar Federal, contudo, quando cometerem crimes previstos na Lei de Segurança Nacional ou no Código Penal Militar.

Crime praticado por civil contra instituição militar estadual, todavia, é da competência da Justiça Estadual (Súmula nº 53 do STJ). Vale dizer, a Justiça Militar Estadual jamais julga um civil.

Compete à Justiça Estadual militar processar e julgar o Policial Militar pela prática do crime militar; e à Comum, pela prática do crime comum ocorrido ao mesmo tempo (Súmula nº 90 do STJ).

ATENÇÃO!

Todos os militares que cometem crimes dolosos contra a vida de civil devem ser julgados pela Justiça Comum.

Militares não têm prerrogativa de função, logo, se um militar comete um crime em concurso com um civil, a competência será da Justiça Comum; assim como no caso de cometer um crime não previsto no Código Penal Militar (abuso de autoridade, facilitação de fuga de preso, acidente de trânsito etc.).

2.9.4 Justiça Comum e Justiça da Infância e Juventude

Nos fatos criminosos envolvendo o concurso de agentes entre maiores e menores ou a conexão, nem o maior poderá ser julgado pela Vara da Infância e Juventude, embora haja continência ou conexão, nem o menor seguirá para a esfera comum.

CAPÍTULO 10
Questões e Processos Incidentes

Conforme Capez (2010), as questões e processos incidentes referem-se à necessidade que tem a lei processual penal de solucionar eventualidades que podem surgir no curso do processo-crime, e que devem ser resolvidas pelo juiz antes da causa principal.

1. QUESTÕES PREJUDICIAIS

Questão prejudicial é a questão jurídica incidente no curso da ação penal, que versa a respeito do crime objeto do processo, mas que pode fugir à competência do juiz da causa.

1.1 Elementos Essenciais

Identifica-se, na questão prejudicial, os seguintes elementos:

a) **Anterioridade lógica**: condiciona o julgamento do mérito da questão principal.

b) **Necessidade**: seu exame cuida-se de um antecedente necessário do mérito.

c) **Autonomia**: pode ser objeto de processo autônomo.

d) **Competência na apreciação**: é julgada pelo próprio juízo penal, podendo também o ser pelo cível.

1.2 Classificação

Quanto ao mérito, a questão prejudicial pode ser:

a) **Homogênea**: pertence ao mesmo ramo do direito a questão principal (prejudicada) e a prejudicial (exemplo: exceção da verdade, art. 138 do CP).

b) **Heterogênea**: referente a ramos diversos do direito (exemplo: anulação de casamento e crime de bigamia).

c) **Total**: consoante o grau de influência incidente sobre a questão prejudicada.

d) **Parcial**: quando diz respeito a circunstâncias.

Quanto ao efeito, a questão prejudicial pode ser:

a) **Obrigatória**: acarreta, necessariamente, a suspensão do processo.

b) **Facultativa**: o juiz tem a faculdade de suspender ou não o processo para aguardar o deslinde da questão prejudicial.

Quanto ao juízo competente para resolver a questão prejudicial:

a) **Não devolutivas**: homogêneas, cabendo ao juízo penal a solução.

b) **Devolutivas absolutas**: heterogêneas, cabendo ao juízo cível a solução da prejudicial.

c) **Devolutivas relativas**: a questão prejudicial poderá ou não ser julgada no juízo cível, a critério do juízo criminal.

Nas questões prejudiciais devolutivas absolutas, que versam sobre o estado civil das pessoas (casado, solteiro, vivo, morto, parente ou não) e constituem elementar ou circunstância do fato imputado, a suspensão do processo criminal se dá por tempo indeterminado.

Já nas devolutivas relativas, a suspensão é por prazo determinado, podendo, no entanto, ser prorrogada.

A suspensão da ação pode ser provocada pelo Ministério Público, pelo acusado ou decretada de ofício pelo juiz.

ATENÇÃO!

Parte da doutrina classifica a questão prejudicial em total ou parcial, de acordo com o grau de influência sobre a questão prejudicada. Se a questão prejudicial interfere na existência do próprio crime, diz-se tratar de prejudicial total; se, no entanto, apenas se relaciona com uma circunstância (qualificadora, atenuante, agravante, causa de aumento de pena etc.), diz-se parcial. No entanto, a classificação doutrinária majoritária é a que considera prejudiciais tão somente aquelas ligadas às elementares da infração penal. Assim, o curso do processo penal só ficará suspenso obrigatoriamente pela existência de uma questão prejudicial quando a decisão sobre a existência do crime depender da solução da controvérsia civil, sendo que nos outros casos (envolvendo a discussão quanto à existência de circunstância genérica ou especial), o juiz poderá ou não suspender o processo penal.

Como corolário do princípio da obrigatoriedade da ação penal, o Ministério Público poderá ajuizar a ação cível necessária para a solução da questão prejudicial que provoca a crise da instância (isto é, impede o curso da ação), esclarece Pacelli (2011).

1.3 Efeito Prejudicial e Prescrição

Antes de passar em julgado a sentença final, a prescrição não corre enquanto não resolvida, em outro processo, questão de que dependa o reconhecimento da existência do crime (CP, art. 116, I).

A decisão proferida no juízo cível que conclui pela inexistência de uma infração penal tem força vinculante para o juízo criminal, bem como faz coisa julgada no crime, no que toca à questão prejudicial ali decidida.

1.4 Recurso

Do despacho que determinar a suspensão cabe recurso em sentido estrito (CPP, art. 581, XVI).

Não cabe recurso, contudo, da decisão que nega a suspensão do processo.

1.5 Diferença entre Questão Prejudicial e Questão Preliminar

Esclarece Nucci (2011) que, enquanto a questão prejudicial constitui matéria intimamente ligada ao mérito da causa, necessitando ser julgada antes, a questão preliminar diz respeito ao próprio processo e seu regular desenvolvimento. Esta última não têm valor próprio, nem existência independente, muito embora necessitem ser conhecidas antes do mérito, impedindo sua apreciação (por exemplo, alegação de cerceamento de defesa, suspeição do juiz, nulidade etc.).

2. EXCEÇÕES

As exceções processuais são os meios pelos quais o acusado busca a extinção do processo sem o conhecimento do mérito, ou mesmo um atraso no seu andamento.

2.1 Espécies

As exceções podem ser:

a) **Peremptórias**: extinguem o processo (coisa julgada e litispendência).

b) **Dilatórias**: acarretam a prorrogação do curso do processo (suspeição e incompetência).

2.2 Suspeição

Destina-se à rejeição do juiz por alegada falta de imparcialidade no julgamento da causa, e pode ser alegada quando presentes os motivos elencados no art. 254 do Código de Processo Penal:

> Art. 254. O juiz dar-se-á por suspeito, e, se não o fizer, poderá ser recusado por qualquer das partes:
> I – se for amigo íntimo ou inimigo capital de qualquer deles;
> II – se ele, seu cônjuge, ascendente ou descendente, estiver respondendo a processo por fato análogo, sobre cujo caráter criminoso haja controvérsia;
> III – se ele, seu cônjuge, ou parente, consanguíneo, ou afim, até o terceiro grau, inclusive, sustentar demanda ou responder a processo que tenha de ser julgado por qualquer das partes;
> IV – se tiver aconselhado qualquer das partes;
> V – se for credor ou devedor, tutor ou curador, de qualquer das partes;
> VI – se for sócio, acionista ou administrador de sociedade interessada no processo.

Os princípios estampados no art. 5º, LIII, da Constituição Federal, não têm por fim assegurar somente um juiz previamente designado em lei para julgar o processo, mas também garantir que as partes contem com um julgador imparcial. Daí porque o exame da exceção de suspeição ou impedimento precede a qualquer outra. (MOUGENOT, 2009).

A suspeição pode ser alegada contra os juízes de qualquer instância, também os membros do Ministério Público e outras pessoas que intervêm no processo – intérpretes, peritos, funcionários da justiça, serventuários jurados (CPP, arts. 103 a 105).

Os membros do Ministério Público estão sujeitos aos mesmos impedimentos e suspeições dos magistrados, e não funcionarão nos processos em que o juiz ou qualquer das partes for seu cônjuge, ou parente, consanguíneo ou afim, em linha reta ou colateral, até o terceiro grau, inclusive.

No entanto, a participação de membro do Ministério Público na fase investigatória criminal não acarreta o seu impedimento ou suspeição para o oferecimento da denúncia (Súmula nº 234 do STJ).

Não cabe exceção de suspeição contra a autoridade policial, já que atua presidindo procedimento de natureza administrativa, anterior ao ajuizamento da ação penal. No entanto, o Código (CPP, art. 107) lhe impõe a obrigação de se declarar suspeito, quando for o caso.

ATENÇÃO!

A suspeição não poderá ser declarada nem reconhecida, quando a parte injuriar o juiz ou de propósito der motivo para criá-la (CPP, art. 256).

2.2.1 Efeitos da suspeição

Julgada procedente a suspeição, será afastado o juiz considerado suspeito, bem como anulados os atos processuais por ele determinados (CPP, art. 101).

2.3 Incompetência

A incompetência consiste na ausência de capacidade funcional do juiz.

O juiz, verificada sua incompetência, deve declinar, de ofício, a competência em favor do juízo adequado, mesmo em caso de incompetência relativa.

Caso o juiz não reconheça de ofício a sua incompetência, poderá ser arguida a exceção respectiva, figurando como legitimados para tanto o réu, o querelado e o Ministério Público, mas não o autor da ação.

Segundo Nucci (2011), tratando-se de incompetência relativa (territorial), a exceção deve ser arguida no prazo da defesa inicial (CPP, art. 396-A), sob pena de preclusão, enquanto a incompetência absoluta pode ser arguida a qualquer tempo.

Caso o juiz, não tendo reconhecido de ofício sua incompetência, venha a aceitar a correspondente exceção, desta decisão cabe recurso em sentido estrito (CPP, art. 581, II). Se, por outro lado, recusa a exceção de incompetência, desta não caberá recurso, mas o *habeas corpus* (CPP, art. 108, § 2º).

A teor do art. 567 do Código de Processo Penal, que reza "A incompetência do juízo anula somente os atos decisórios, devendo o processo, quando for declarada a nulidade, ser remetido ao juiz competente", podendo, conforme entendimento jurisprudencial, ser ratificado o recebimento da denúncia.

2.4 Litispendência

Esclarece Capez (2010), verificar-se-á a litispendência, no processo penal, quando se atribui a um mesmo acusado, mais de uma vez, a mesma prática criminosa em processos diferentes.

Fundamenta-se no princípio de que ninguém pode ser julgado duas vezes pelo mesmo fato (*non bis in idem*).

Caracteriza-se na presença concomitante dos seguintes elementos:

a) **Pedido**: aplicação de sanção penal.

b) **Partes**.

c) **Causa de pedir**: o fato criminoso.

Não verificada a presença simultânea dos elementos identificadores, não há que se falar em litispendência.

Não há prazo para a interposição da exceção, cabendo, até mesmo ao juiz, afirmá-la de ofício.

O acusado se defende dos fatos, não da qualificação jurídica; logo, se no segundo processo foi dada nova qualificação jurídica ao mesmo fato, objeto do primeiro processo, ainda assim resta caracterizada a litispendência.

ATENÇÃO!

A litispendência está caracterizada a partir do ajuizamento da segunda demanda, sendo prescindível a citação do réu, pois o CPP silenciou a esse respeito.

2.5 Ilegitimidade de Parte

Tal exceção abrange não só a titularidade do direito de ação (*ad causam*), mas também a capacidade de exercício (*ad processum*).

Pode-se arguir a exceção quando a queixa é oferecida em caso de ação pública; quando a denúncia é oferecida em hipótese de ação privada; quando o querelante é incapaz, não podendo estar em juízo; quando o querelante não é o representante legal do ofendido; quando o acusado é homônimo do autor do fato etc.

ATENÇÃO!

A exceção de ilegitimidade de parte pode ser arguida a qualquer tempo, já que a matéria não preclui diante do interesse público envolvido.

2.6 Coisa Julgada

A exceção de coisa julgada fundamenta-se, igualmente, no princípio do *non bis in idem*. Transitada em julgado uma decisão, impossível novo processo pelo mesmo fato.

A coisa julgada é a qualidade da decisão final que a torna irrecorrível e imutável.

Na lição de Nucci (2011), a coisa julgada é material quando o mérito da causa foi decidido, reconhecendo ou afastando a pretensão punitiva do Estado, não havendo mais a possibilidade de interposição de qualquer recurso, razão pela qual se torna imutável.

O mesmo autor esclarece que será formal quando somente imutável a decisão final de um processo, embora se possa ajuizar outra ação, conforme previsão legal (por exemplo, impronúncia do réu, no julgamento perante o Tribunal do Júri).

ATENÇÃO!

Para que se acolha a exceção de coisa julgada, é necessário que o mesmo pedido seja ajuizado pelo mesmo autor em face do mesmo réu, e sob o mesmo fundamento jurídico.

O fato principal deve ser avaliado concretamente, segundo a imputação feita, não se levando em conta a classificação apresentada pelo órgão acusatório, até mesmo porque o juiz pode alterá-la (CPP, art. 383).

Percebida a existência da coisa julgada, o juiz pode declará-la de ofício e extinguir o processo sem julgamento de mérito assim como as partes podem oferecer exceção, a qualquer tempo, por se tratar de matéria de interesse público.

Se o caso for de instauração de inquérito policial, com os mesmos elementos de processo criminal com decisão final transitada em julgado, a hipótese não é de exceção de coisa julgada, mas de *habeas corpus*, ante a ausência do recebimento de nova ação penal.

2.6.1 Diferença entre coisa julgada e preclusão

Tourinho Filho (1998) esclarece a diferença entre os conceitos de coisa julgada e preclusão. Cuida-se a preclusão da perda de uma faculdade ou de um direito processual que, por haver se esgotado ou por não ter sido exercido em tempo oportuno, fica extinto. Com isso, se garante o avanço progressivo da relação processual, ao mesmo tempo em que se impede o recuo para fases anteriores do procedimento.

ATENÇÃO!

Enquanto a coisa julgada diz respeito à matéria principal, no processo criminal, encerrando-o, a preclusão é a imutabilidade de matéria secundária, o que não acarreta a coisa julgada material.

2.7 Conflito de Jurisdição

Apresenta-se o conflito de jurisdição toda vez que um ou mais juízes tomam ou recusam tomar conhecimento do mesmo fato delituoso.

Pode-se apresentar como:

a) **Conflito positivo**: dois juízes se consideram igualmente competentes.

b) **Conflito negativo**: dois juízes se julgam igualmente incompetentes.

ATENÇÃO!

Como se sabe, o inquérito policial tem natureza administrativa, sendo atividade investigatória do Estado-Administração, destinada a dar lastro probatório mínimo a eventual pretensão punitiva. Se tal é a natureza do procedimento policial, outra não pode ser a natureza dos diversos atos que o compõem, na opinião de Afrânio Silva Jardim (1997). Mesmo os atos praticados pelo juiz no curso do inquérito têm a natureza administrativa, sendo, por isso, chamados por Tourinho Filho (1998) de anômalos, tendo em vista o sistema acusatório. Não são jurisdicionais, pois sem ação não há jurisdição. Inexiste possibilidade de conflito de competência ou jurisdição na fase inquisitorial, pela própria natureza dos atos que aí são praticados. Ficam expressamente ressalvadas as hipóteses de jurisdição cautelar, como, por exemplo, a decretação de prisão preventiva ou concessão de liberdade provisória (contracautela). O simples fato de os juízes, no inquérito, terem encaminhado os respectivos autos, a requerimento do MP, para outro órgão judicial não implica afirmar ou negar a sua competência, tratando-se de despachos de mero expediente ou ordinatórios.

Verifica-se, ainda, quando houver controvérsia sobre unidade de juízo, junção ou separação de processos.

A competência para solução dos conflitos de jurisdição é estabelecida na Constituição Federal, nas constituições dos estados, nas leis processuais e de organização judiciária e nos regimentos internos dos tribunais.

Compete ao Supremo Tribunal Federal processar e julgar, originariamente, os conflitos de competência entre o Superior Tribunal de Justiça e quaisquer tribunais, entre Tribunais Superiores, ou entre estes e qualquer outro tribunal (CF, art. 102, *o)*.

Ao Superior Tribunal de Justiça compete processar e julgar, originariamente, os conflitos de competência entre quaisquer tribunais, ressalvado o disposto no art. 102, I, *o*, bem como entre tribunal e juízes a ele não vinculados e entre juízes vinculados a tribunais diversos (CF, art. 105, *d*).

2.7.1 Conflito de atribuições

É o conflito entre membros do mesmo ramo do Ministério Público que, durante investigação policial, entendem que não são competentes para denunciar o indiciado.

Quando autêntico, não necessitando da participação do juiz, cabe ao órgão superior do Ministério Público dirimi-lo.

ATENÇÃO!

Por outro lado, quando o conflito se instala entre membros do Ministério Público da União e Ministério Público Estadual, a solução cabe ao Supremo Tribunal Federal, por interpretação extensiva do art. 102, I, *f*, da Constituição Federal.

CAPÍTULO 11
Provas

1. CONCEITO

Para Greco Filho (2010), provas é o conjunto de atos praticados pelas partes, pelo juiz e por terceiros, destinados a levar ao magistrado a convicção acerca da existência ou inexistência de um fato, da falsidade ou veracidade de uma afirmação.

Tem por finalidade, portanto, a formação da convicção do juiz acerca dos elementos essenciais para a solução do conflito processual penal. Para haver condenação, exige-se que o magistrado tenha chegado ao estado de certeza, não valendo a mera probabilidade.

Na opinião de Pacelli (2011), busca-se a verdade processual, ou seja, a verdade atingível ou possível, a qual emerge durante a lide, podendo corresponder, ou não, à realidade, embora seja com base nela que o magistrado deve proferir sua decisão.

2. OBJETO

Objeto da prova é toda circunstância, fato ou alegação referente ao litígio sobre os quais pesa incerteza, e que precisam ser demonstrados perante o juiz para o deslinde da causa.

3. FATOS QUE INDEPENDEM DE PROVA

São fatos que independem de prova:

a) **Fatos axiomáticos ou intuitivos**: evidentes.

b) **Fatos notórios**: cujo conhecimento faz parte do saber popular.

c) **Presunções legais**: conclusões decorrentes da própria lei.

d) **Fatos inúteis**: que não influenciam na apuração da verdade real.

e) **Fatos impossíveis**.

4. FATOS QUE DEPENDEM DE PROVA

Todos os demais fatos devem ser provados, mesmo quando incontroversos, ou seja, admitidos por ambas as partes no processo.

Para a produção da prova, necessita-se que ela seja:

a) **Admissível**: permitida pela lei.

b) **Pertinente**: guarde relação com o processo.

c) **Concludente**: visa esclarecer uma questão controvertida.

d) **Possível de realização.**

5. PROVA DO DIREITO

Esclarece Nucci (2011) que o direito, em regra, não carece de prova, na medida em que o magistrado é obrigado a conhecê-lo. Porém, toda vez que o direito invocado for estadual, municipal, alienígena ou consuetudinário, caberá à parte alegante a prova do mesmo.

6. PROVA PROIBIDA

Por expressa disposição constitucional (CF, art. 5º, LVI), são inadmissíveis, no processo, as provas obtidas por meios ilícitos.

Serão ilícitas todas as provas produzidas mediante a prática de crime ou contravenção, que violem o ordenamento jurídico constitucional e infraconstitucional (exemplo, a confissão obtida por tortura, a captação de conversa por meio de interceptação telefônica clandestina etc.).

Pode, ainda, acontecer que a prova não seja obtida por meio da realização de infração penal, mas seja considerada ilícita por afronta a princípio constitucional (exemplo, violação de domicílio, sigilo das comunicações, respeito à integridade física e moral do preso etc.).

ATENÇÃO!

Em sentido amplo, prova ilícita é a prova inidônea, imprestável, que não se reveste de qualquer aptidão jurídico-material, a qual, eivada de inconstitucionalidade, apresenta-se destituída de qualquer grau de eficácia jurídica.

Questão de concurso

(Cespe/TRF 5ª Região/Juiz/2009) A respeito das provas no Direito Processual Penal, à luz do entendimento do STF e da legislação respectiva, assinale a opção correta.

a) A gravação de conversa telefônica por um dos interlocutores não é considerada interceptação telefônica, ainda que tenha sido feita com a ajuda de um repórter, pois, nesse caso, a gravação é clandestina, mas não ilícita, nem ilícito é seu uso, em particular como meio de prova.

b) Por ser tema atinente às garantias constitucionais do processo, a análise da utilização, pelo magistrado *a quo*, de provas ilícitas para fundamentar a pronúncia do acusado dispensa o prequestionamento, podendo ser analisada de ofício em qualquer tempo e grau de jurisdição, não se aplicando o entendimento, sumulado pelo STF, de que é inadmissível o recurso extraordinário quando não ventilada, na decisão recorrida, a questão federal suscitada.

c) Suponha que a polícia, em diligência realizada sem autorização judicial, tenha apreendido instrumentos de crime que não investigava. Nessa situação hipotética, a prova colhida invalida o inquérito policial ou processo em curso, mas não impede que o agente seja investigado em face dos instrumentos encontrados, dada a aplicação do princípio da proporcionalidade às teorias do encontro fortuito de provas e dos frutos da árvore envenenada.

d) A recente reforma processual penal consagrou o entendimento, já consolidado na doutrina, de que se deve distinguir provas ilícitas e ilegítimas, consideradas estas as que violem normas processuais, e ilícitas, as que violem normas de direito material.

e) A acareação, uma vez requerida pela defesa, é direito do acusado, sendo passível de revisão criminal a sentença penal condenatória transitada na qual o juiz tenha indeferido o pedido de acareação formulado no momento oportuno, ainda que a sentença não se tenha fundado apenas no depoimento do corréu.

Comentários:

Gravação clandestina não se confunde com interceptação telefônica. De acordo com a jurisprudência do Supremo Tribunal Federal, é lícita a prova consistente no teor de gravação de conversa telefônica realizada por um dos interlocutores, mesmo que se trate de repórter, sem conhecimento do outro, se não há causa legal específica de sigilo nem de reserva da conversação, sobretudo quando se predestine a fazer prova, em juízo ou inquérito, a favor de quem a gravou.

Gabarito: a

7. PROVAS ILÍCITAS POR DERIVAÇÃO (*FRUITS OF THE POISONOUS TREE*)

Nucci (2011) conceitua as provas ilícitas por derivação como aquelas lícitas em si mesmas (ontologicamente lícitas), mas produzidas a partir de outra ilegalmente obtida. Ex.: obtenção, em juízo, de mandado de busca e apreensão para cumprimento em local que ficou conhecido graças à tortura do autor do crime.

Tais provas, por interpretação do art. 573, § 1º, do CPP, não poderão ser aceitas no processo criminal, já que contaminadas pelo vício da ilicitude em sua origem.

> Art. 573. [...]
> § 1º A nulidade de um ato, uma vez declarada, causará a dos atos que dele diretamente dependam ou sejam consequência.

ATENÇÃO!

Tal vedação, contudo, não se estende à sua utilização em favor do réu, tratando-se de solução de colisão de direitos fundamentais por meio do princípio da proporcionalidade.

7.1 Provas Derivadas Independentes

O art. 157, § 1º, do CPP prevê que,

> São também inadmissíveis as provas derivadas das ilícitas, salvo quando não evidenciado o nexo de causalidade entre umas e outras, ou quando as derivadas puderem ser obtidas por uma fonte independente das primeiras.

A prova derivada será considerada fonte autônoma, independente da prova ilícita, quando a conexão entre umas e outras for tênue, de modo a não se colocarem aquelas numa relação de causa e efeito, esclarece Capez (2010).

Na jurisprudência norte-americana, tem-se afastado a tese da ilicitude derivada quando o órgão judicial se convence de que, de qualquer modo, se chegaria, inevitavelmente, nas circunstâncias, a obter a prova por meio legítimo. O legislador considera, assim, fonte independente a descoberta inevitável.

Questão de concurso

(Cespe/TJ-AL/Juiz/2008) Acerca das provas, à luz do disposto no CPP, assinale a opção correta.

a) O juiz formará sua convicção pela livre apreciação da prova produzida em contraditório judicial. Os elementos informativos colhidos na investigação não poderão servir de fundamentos para a sua decisão, sob pena de nulidade absoluta.
b) Considerando que o MP é o titular da ação penal pública, é vedado ao juiz, antes do início da ação penal, ordenar a produção de qualquer tipo de prova.
c) São inadmissíveis as provas ilícitas, as quais devem ser desentranhadas do processo. O juiz que conhecer do conteúdo da prova declarada inadmissível não poderá proferir a sentença.
d) Preclusa a decisão de desentranhamento da prova declarada inadmissível, esta terá de ser inutilizada por força de decisão judicial, facultando-se às partes acompanhar o incidente.
e) São inadmissíveis as provas derivadas das ilícitas, ainda que não seja evidenciado o nexo de causalidade entre uma e outra, ou que as derivadas poderiam ter sido obtidas por uma fonte independente das primeiras.

Comentários:

Em regra, deve o juiz apreciar a ilicitude da prova e o seu desentranhamento antes da audiência de instrução criminal. Nesse caso, de acordo com a doutrina, o recurso cabível será o recurso em sentido estrito (art. 581, XIII, do CPP). Porém, caso a prova ilícita seja apresentada durante a audiência una de instrução e julgamento, a análise de sua ilicitude e consequente desentranhamento deverá se dar na própria sentença. Nesse caso, o recurso cabível é o de apelação, caso a sentença seja proferida em audiência ou dez dias após. Independentemente do recurso em sentido estrito e da apelação, também pode-se usar os remédios constitucionais. Ademais, a impossibilidade de utilização da prova ilícita pelo juiz não implica obrigatoriamente a destruição física de tal prova. Duas hipóteses em que esta prova não poderá ser destruída: 1ª) quando a prova pertença licitamente a alguém; 2ª) quando a prova ilícita constituir-se em corpo de delito não poderá ser destruída, devendo ser utilizada no processo penal contra o responsável por sua obtenção.

Gabarito: d

8. CLASSIFICAÇÃO DAS PROVAS

Quanto ao objeto, a prova pode ser assim classificada:

a) **Direta**: refere-se diretamente ao fato que se presta a provar.

b) **Indireta**: alcança o fato principal por dedução lógica.

Quanto ao efeito, a prova pode ser:

a) **Plena**: convincente para a formação do juízo de certeza do julgador.

b) **Indiciária**: traz um juízo de mera probabilidade da ocorrência do fato.

Quanto ao sujeito:

a) **Real**: consiste em coisa (*res*) material; distinta, portanto, do sujeito (*v.g.* lugar, arma etc.).

b) **Pessoal**: encontra sua origem em afirmações pessoais.

Quanto à forma:

a) **Testemunhal**: depoimento de pessoa estranha ao processo sobre fatos de seu conhecimento.

b) **Documental**: produzida por meio de documentos.

c) **Material**: obtida por meio químico, físico ou biológico (perícias em geral).

9. ÔNUS DA PROVA

Na lição de Greco Filho (2010), a prova não constitui uma obrigação processual e, sim, um ônus. Enquanto na obrigação a parte tem o dever de praticar o ato, sob pena de violar a lei, no ônus o adimplemento é facultativo. Neste último, todavia, a parte arcará com o prejuízo decorrente de sua inação ou deixará de obter a vantagem que adviria de sua atuação.

Ônus da prova é, portanto, o encargo que têm os litigantes de provar, pelos meios admissíveis, a verdade dos fatos, sendo que a prova da alegação incumbe a quem a fizer (CPP, art. 156, *caput*).

Como regra, diz Capez (2010), no processo penal, o ônus da prova é da acusação, que apresenta a imputação em juízo por meio da denúncia ou queixa-crime.

Entretanto, o réu pode chamar a si o interesse de produzir prova, o que ocorre, por exemplo, quando alega em seu benefício uma causa excludente de ilicitude (exemplo: legítima defesa), não se devendo olvidar, contudo, a supremacia da presunção de não culpabilidade e, por conseguinte, do *in dubio pro reo.*

Em suma, esclarece Capez (2010), compete à acusação provar a existência do fato, a autoria, o nexo causal e a tipicidade (dolo ou culpa), enquanto à defesa, os fatos extintivos do processo (prescrição, decadência e outras causas extintivas da punibilidade), as alegações que fizer, como, por exemplo, o álibi, e as causas legais e supralegais de exclusão da ilicitude e da culpabilidade, uma vez que todo fato típico, a princípio, também será ilícito (caráter indiciário da ilicitude), e todo agente imputável se presume capaz.

ATENÇÃO!

A regra do ônus *probandi*, contudo, não é absoluta, já que é facultado ao juiz, supletivamente, porém de ofício, ordenar, mesmo antes de iniciada a ação penal, a produção antecipada de provas consideradas urgentes e relevantes, bem como determinar, no curso da instrução, ou antes de proferir sentença, a realização de diligências para dirimir dúvida sobre ponto relevante.

10. SISTEMAS DE APRECIAÇÃO

Quanto aos sistemas de apreciação da prova, eles podem assim ser classificados:

a) **Sistema da prova legal ou verdade formal**: a lei atribui a cada prova um valor.

b) **Sistema da íntima convicção**: a lei não fixa qualquer regra de valorização das provas.

c) **Sistema do livre convencimento ou verdade real**: o juiz tem liberdade para formar sua convicção, devendo fundamentar suas decisões.

O Código de Processo Penal adotou o sistema da livre convicção, do livre convencimento ou da verdade real, conforme o art. 155:

> O juiz formará sua convicção pela livre apreciação da prova produzida em contraditório judicial, não podendo fundamentar sua decisão exclusivamente nos elementos informativos colhidos na investigação, ressalvadas as provas cautelares, não repetíveis e antecipadas.

11. PRINCÍPIOS GERAIS DA PROVA

a) **Princípio da autorresponsabilidade das partes**: as partes assumem as consequências de sua inatividade, erro ou atos intencionais.

b) **Princípio da comunhão da prova**: as provas produzidas servem a ambos os litigantes e ao interesse da justiça.

c) **Princípio da oralidade**: deve haver predominância da palavra falada.

d) **Princípio da concentração**: busca-se concentrar toda a produção da prova na audiência.

e) **Princípio da publicidade**: os atos judiciais são públicos, admitindo-se, excepcionalmente, o segredo de justiça.

f) **Princípio do livre convencimento motivado**: o julgador tem liberdade de apreciação das provas constantes dos autos.

12. EXAME DE CORPO DE DELITO

Corpo de delito, na lição de Tourinho Filho (1998), é o conjunto de vestígios materiais deixados pela infração penal.

O exame de corpo de delito, por seu turno, é o auto em que os peritos descrevem suas observações, o qual se destina a comprovar a materialidade do delito.

12.1 Espécies

O exame de corpo de delito pode ser:

a) **Direto**: feito sobre o próprio corpo de delito (cadáver, veículo, porta arrombada etc.).

b) **Indireto**: advém de um raciocínio dedutivo sobre um fato narrado por testemunhas, sempre que impossível o exame direto.

Quando a infração deixar vestígios, será indispensável o exame de corpo de delito, direto ou indireto, não podendo supri-lo a confissão do acusado (CPP, art. 158). No entanto, tendo desaparecido os vestígios, a prova testemunhal poderá suprir-lhe a falta (CPP, art. 167).

O juiz não ficará adstrito ao laudo, podendo aceitá-lo ou rejeitá-lo, no todo ou em parte (CPP, art. 182).

13. PROVA EMPRESTADA

Prova emprestada, segundo Nucci (2011), é aquela produzida em determinado processo e a ele destinada, depois transportada, por traslado, para produzir efeito como prova em outro processo.

ATENÇÃO!

A prova emprestada não pode gerar efeito contra quem não tenha figurado como uma das partes no processo originário, não se admitindo, ademais, quando transplantada de inquérito policial, já que ausente o contraditório.

14. INTERROGATÓRIO

Pacelli (2011) conceitua interrogatório como o ato processual que confere oportunidade ao acusado de se dirigir diretamente ao juiz, apresentando a sua versão defensiva aos fatos que lhe foram imputados pela acusação, podendo inclusive indicar meios de prova, confessar ou permanecer em silêncio.

Muito embora o legislador trate o interrogatório do réu como meio de prova, tem reconhecido nele, a jurisprudência, seu caráter misto, sendo aceito como meio de prova e meio de defesa.

A defesa pessoal ou autodefesa subdivide-se em:

a) **Direito de audiência**: possibilidade de o interrogado influir na formação da certeza do julgador.

b) **Direito de presença**: oportunidade de o interrogado tomar contato pessoal com o juiz, alegações e provas.

14.1 Características

O interrogatório, como meio de prova e defesa, é dotado das seguintes características:

a) **Ato processual personalíssimo**: só o réu pode ser interrogado.

b) **Ato privativo do juiz**: somente o juiz poderá interrogar o acusado, muito embora se possibilite às partes oferecerem perguntas complementares (CPP, art. 188).

c) **Ato oral**.

d) **Ato não preclusivo**: o interrogatório não preclui, podendo ser realizado a qualquer momento, dada sua natureza de meio de defesa (CPP, art. 196).

14.2 Ausência de Interrogatório no Curso da Ação

A falta de interrogatório, quando possível, configura nulidade insanável do processo (CPP, art. 564, III, *e*).

14.3 Interrogatório por Videoconferência

Excepcionalmente, o juiz, por decisão fundamentada, de ofício ou a requerimento das partes, poderá realizar o interrogatório do réu preso por sistema de videoconferência, a fim de prevenir risco à segurança pública, quando exista fundada suspeita de que o preso integre organização criminosa ou de que, por outra razão, possa fugir durante o deslocamento; viabilizar a participação do réu no referido ato processual, quando haja relevante dificuldade para seu comparecimento em juízo, por enfermidade ou outra circunstância pessoal; impedir a influência do réu no ânimo de testemunha ou da vítima, desde que não seja possível colher o depoimento destas por videoconferência, ou responder à gravíssima questão de ordem pública (CPP, art. 185, § 2º).

14.4 Silêncio e Mentira do Réu

A legislação estabelece ao acusado a possibilidade de confessar, negar, silenciar ou mentir (CF, art. 5º, LXIII).

ATENÇÃO!

Ao réu, no entanto, é dado tão somente silenciar-se acerca do mérito da acusação, devendo responder por contravenção penal (LCP, art. 68), caso se negue a esclarecer sua qualificação pessoal (identificação).

15. CONFISSÃO

A confissão é a aceitação pelo réu da acusação que lhe é dirigida em um processo penal.

Na opinião de Greco Filho (2010), deve-se considerar confissão apenas o ato voluntário (livre manifestação da vontade), expresso (sem sombra de dúvidas) e pessoal.

Tem por características a divisibilidade e a retratabilidade, ou seja, o réu pode desdizer a confissão anterior, bem como essa pode se referir a toda a acusação ou somente parte dela. Num ou noutro, o juiz a apreciará fundado no exame das provas em conjunto.

Quando a infração deixar vestígios, será indispensável o exame de corpo de delito, direto ou indireto, não podendo supri-lo a confissão do acusado (CPP, art. 158).

15.1 Confissão Extrajudicial

A confissão extrajudicial, esclarece Pacelli (2011), não contando com as garantias constitucionais inerentes ao processo, especialmente o contraditório e a ampla defesa, é apenas um meio de prova indireto, um indício.

ATENÇÃO!

Deve ser reputada totalmente inconsistente para condenar uma pessoa, caso venha isolada no bojo dos autos. Necessita ser firmemente confrontada com outras provas e nitidamente confirmada pelas provas produzidas em juízo.

16. PROVA TESTEMUNHAL

Testemunha, segundo Capez (2010), é todo homem estranho ao processo chamado para falar sobre fatos que tenha visto ou ouvido falar a respeito do objeto do litígio.

No processo penal, é meio de prova, tanto quanto a confissão, os documentos, a perícia e outros elementos.

Uma vez chamada em juízo, tem o dever de dizer a verdade, sob pena de responsabilização pelo crime de falso testemunho (CP, art. 342).

> Art. 342. Fazer afirmação falsa, ou negar ou calar a verdade como testemunha, perito, contador, tradutor ou intérprete em processo judicial, ou administrativo, inquérito policial, ou em juízo arbitral:
> Pena - reclusão, de um a três anos, e multa.

16.1 Características

a) **Judicialidade**: só é prova testemunhal aquela produzida em juízo.

b) **Oralidade**: o depoimento será oral.

c) **Objetividade**: a testemunha deve depor sobre os fatos sem externar opiniões ou emitir juízos valorativos.

d) **Retrospectividade**: o testemunho dá-se sobre fatos passados.

e) **Imediação**: a testemunha deve dizer aquilo que captou imediatamente por meio dos sentidos.

f) **Individualidade**: cada testemunha presta o seu depoimento isolada da outra.

16.2 Quem pode ser Testemunha

Toda pessoa poderá ser testemunha (CPP, art. 202).

Mesmo as pessoas consideradas de má reputação, os menores de idade (mesmo os coautores do fato criminoso), interessadas no deslinde do processo, e mentirosos contumazes, podem ser testemunhas, devidamente compromissadas, embora o juiz tenha plena liberdade para avaliar a prova produzida.

ATENÇÃO!

O corréu não pode ser testemunha, pois não tem o dever de dizer a verdade sobre os fatos objeto do processo.

16.3 Ofendido

Ofendido é o sujeito passivo da infração, e, de acordo com o CPP, não é testemunha, estando dispensado do compromisso de dizer a verdade sobre os fatos.

O ofendido não precisa ser arrolado pelas partes para ser ouvido, devendo o juiz determinar, de ofício, a sua oitiva (CPP, art. 201, § 1º).

> Art. 201. Sempre que possível, o ofendido será qualificado e perguntado sobre as circunstâncias da infração, quem seja ou presuma ser o seu autor, as provas que possa indicar, tomando-se por termo as suas declarações.
>
> § 1º Se, intimado para esse fim, deixar de comparecer sem motivo justo, o ofendido poderá ser conduzido à presença da autoridade.

CAPÍTULO 12

Prisão Provisória e Medidas Cautelares

(ATUALIZADAS PELA LEI Nº 12.403/2011)

1. CONCEITO

A prisão provisória é a privação da liberdade do indivíduo que não decorre da imposição de sanção penal, determinada por ordem escrita de autoridade competente, ou em caso de flagrante delito.

Ninguém poderá ser preso senão em flagrante delito ou por ordem escrita e fundamentada da autoridade judiciária competente, em decorrência de sentença condenatória transitada em julgado ou, no curso da investigação ou do processo, em virtude de prisão temporária ou prisão preventiva (CPP, art. 283).

Afora as hipóteses elencadas (ordem escrita ou flagrante delito), a Constituição Federal permite a constrição cautelar da liberdade no crime militar próprio ou infração disciplinar militar (CF, art. 5º, LXI), e durante o estado de sítio (CF, art. 139, II).

Conforme Gomes e Marques (2011), a prisão provisória, prisão sem pena, trata-se de prisão de natureza puramente processual, imposta com finalidade cautelar, destina a assegurar o bom desempenho da investigação criminal, do processo penal ou da execução da pena, ou ainda a impedir que, solto, o sujeito continue praticando delitos.

Depende do preenchimento dos pressupostos do *periculum in mora* e do *fumus boni iuris.*

ATENÇÃO!

A prisão provisória e as demais medidas cautelares previstas na Lei nº 12.403/2011 não se aplicam à infração a que não for isolada, cumulativa ou alternativamente cominada pena privativa de liberdade (CPP, art. 283, § 1º).

1.1 Espécies

a) Prisão em flagrante (CPP, arts. 301 a 310).

b) Prisão preventiva (CPP, arts. 311 a 316).

c) Prisão decorrente da pronúncia (CPP, art. 413, § 3º).

d) Prisão em virtude de sentença condenatória recorrível (CPP, art. 387, parágrafo único).

e) Prisão temporária (Lei nº 7.960/1989).

1.1.1 Prisão civil

O Pacto de San José da Costa Rica, subscrito pelo Brasil, torna inaplicável a legislação com ele conflitante, não existindo base legal para a prisão civil do depositário infiel, sendo admitida apenas na hipótese de dívida alimentar.

1.1.2 Momento para a realização da prisão

A prisão poderá ser efetuada em qualquer dia e a qualquer hora, respeitadas as restrições relativas à inviolabilidade do domicílio (CPP, art. 283, § 2º).

Preceitua o art. 5º, XI, da CF/1988:

> A casa é asilo inviolável do indivíduo, ninguém nela podendo penetrar sem consentimento do morador, salvo em caso de flagrante delito ou desastre, ou para prestar socorro, ou, durante o dia, por determinação judicial.

Havendo situação de flagrante, pode qualquer um invadir o domicílio, de dia ou de noite, para efetuar a prisão. Não se tratando, todavia, de flagrância delitiva, a autoridade policial, devidamente munida de mandado judicial, somente estará legitimada a invadir o domicílio do morador durante o dia, compreendendo-se este como o período que vai do amanhecer ao anoitecer, sem horário fixo.

2. PRISÃO EM FLAGRANTE

Nucci (2011) conceitua flagrante delito como o crime cuja prática é surpreendida por alguém no próprio instante em que o autor executa a ação penal ilícita.

A prisão em flagrante é, portanto, a medida restritiva de liberdade, de natureza cautelar e processual, consistente na prisão, independente de ordem escrita do juiz competente, de quem é surpreendido cometendo, ou logo após ter cometido, um crime ou uma contravenção.

2.1 Espécies de Flagrante

a) **Flagrante próprio**: é aquele que o agente é pego cometendo a infração penal ou tendo acabado de cometê-la (CPP, art. 302, I e II).

b) **Flagrante impróprio**: é aquele que o agente é perseguido, logo após, pela autoridade, pelo ofendido ou por qualquer pessoa, em situação que faça presumir ser autor da infração (CPP, art. 302, III).

c) **Flagrante presumido**: é aquele que o agente é encontrado, logo depois, com instrumentos, armas, objetos ou papéis que façam presumir ser ele autor da infração (CPP, art. 302, IV).

d) **Flagrante compulsório**: é aquele que as autoridades policiais e seus agentes deverão prender quem quer que seja encontrado em flagrante delito (CPP, art. 301, 2ª parte).

e) **Flagrante facultativo**: é aquele que qualquer do povo poderá prender quem quer que seja encontrado em flagrante delito (CPP, art. 301, 1ª parte).

f) **Flagrante preparado**: ocorre quando o policial, ou terceiro, induz o autor à prática do crime, viciando a sua vontade, e, logo em seguida, o prende em flagrante.

g) **Flagrante esperado**: é aquele que a atividade do policial ou de terceiro consiste em simples aguardo do momento do cometimento do crime, sem qualquer atitude de induzimento ou instigação.

h) **Flagrante prorrogado**: consiste na postergação da prisão em flagrante do autor de crime, por conveniência da investigação policial, visando à identificação e responsabilização do maior número possível de pessoas envolvidas (Lei nº 9.034/1995, art. 2º, II; e Lei nº 11.343/2006, art. 53, II).

i) **Flagrante forjado**: é aquele que ocorre com a implantação de objeto de crime visando à incriminação do indivíduo.

2.1.1 Flagrante preparado

No tocante ao flagrante preparado, o Supremo Tribunal Federal editou a Súmula nº 145, com o seguinte teor:

> Não há crime, quando a preparação do flagrante pela polícia torna impossível a sua consumação.

2.2 Flagrante nas Várias Espécies de Crimes

a) **Crime permanente**: entende-se o agente em flagrante delito enquanto não cessar a permanência (CPP, art. 303).

b) **Crime habitual**: em princípio, não admite prisão em flagrante, pois o crime só se aperfeiçoa com a reiteração da conduta, o que não é passível de verificação em ato isolado.

c) **Crime de ação penal privada**: nada impede, devendo, contudo, o ofendido autorizar a lavratura do auto de prisão em flagrante, ou ratificá-lo no prazo da nota de culpa, sob pena de relaxamento.

d) **Crime continuado**: existem várias ações independentes, sobre as quais incide, isoladamente, a possibilidade de se efetuar a prisão em flagrante.

2.3 Sujeitos do Flagrante

a) **Sujeito ativo**: a pessoa que efetua a prisão (CPP, art. 301).

b) **Sujeito passivo**: indivíduo detido em situação de flagrância.

2.3.1 Pessoas que não podem ser presas em flagrante

a) Menores de 18 anos (CF, art. 228; CP, art. 27).

b) Diplomatas estrangeiros, em razão de convenções e tratados internacionais.

c) Presidente da República (CF, art. 86, § 3º).

d) Condutor que socorre vítima de acidente de trânsito (Lei nº 9.503/1997).

e) Todo aquele que se apresentar à autoridade policial, após o cometimento do delito, já que não existe flagrante de apresentação.

2.3.2 Pessoas que podem ser autuadas em flagrante, mas apenas nos crimes inafiançáveis

a) Membros do Congresso Nacional (CF, art. 53, § 2º).

b) Deputados estaduais (CF, art. 27, § 1º).

c) Magistrados (art. 33, II, LOMN).

d) Membros do Ministério Público (art. 40, III, da LONMP).

e) Advogados, no exercício da profissão (Lei nº 8.906/1994, art. 7º, § 3º).

2.3.3 Autores de contravenções e crimes de menor potencial ofensivo

Os autores de contravenções (Decreto-Lei nº 3.688/1941) e crimes de menor potencial ofensivo, aqueles cuja pena privativa de liberdade não excede a dois anos, ambos de competência dos Juizados Especiais Criminais, não se sujeitam à prisão em flagrante, caso sejam imediatamente encaminhados ao Juizado Especial Criminal ou assumirem o compromisso de lá comparecer (Lei nº 9.099/1995, arts. 61 e 69).

2.3.4 Autoridade competente

A autoridade competente para a lavratura do auto de prisão em flagrante é, em regra, a autoridade policial da circunscrição onde foi efetuada a prisão, e não a do local do crime. Não havendo autoridade no lugar em que se tiver efetuado a prisão, o preso será logo apresentado à do lugar mais próximo (CPP, art. 308).

2.4 Comunicação do Flagrante

A prisão de qualquer pessoa e o local onde se encontre serão comunicados imediatamente ao juiz competente, ao Ministério Público e à família do preso ou à pessoa por ele indicada (CPP, art. 306).

Em até 24 horas após a realização da prisão, será encaminhado ao juiz competente o auto de prisão em flagrante e, caso o autuado não informe o nome de seu advogado, cópia integral para a Defensoria Pública (CPP, art. 306, § 1º).

A comunicabilidade do preso em flagrante também tem assento constitucional.

> Art. 5º [...]
> LXII – a prisão de qualquer pessoa e o local onde se encontre serão comunicados imediatamente ao juiz competente e à família do preso ou à pessoa por ele indicada;

2.4.1 Nota de culpa

No prazo de até 24 horas será entregue ao preso, mediante recibo, a nota de culpa, assinada pela autoridade, com o motivo da prisão, o nome do condutor e os das testemunhas (CPP, art. 306, § 2º).

Cuida-se, igualmente, de preceito constitucional:

> Art. 5º [...]
> LXIV – o preso tem direito à identificação dos responsáveis por sua prisão ou por seu interrogatório policial;

2.4.2 Constrangimento ilegal no desrespeito do prazo previsto no art. 306 do CP Código de Processo Penal

Na opinião de Pacelli (2011), tratando-se a prisão de ato constritivo da liberdade do cidadão, não se deve admitir concessões quanto ao cumprimento do prazo previsto no art. 306 do Código de Processo Penal.

ATENÇÃO!

O juiz, o Ministério Público e a Defensoria, quando for o caso, devem ser comunicados da prisão em até 24 horas de sua efetivação, sob pena de configuração do constrangimento ilegal, o que acarretaria o relaxamento da prisão do autuado. A mesma consequência decorre da omissão da autoridade policial em entregar a nota de culpa no prazo legal.

2.4.3 Relaxamento da prisão em flagrante pela autoridade policial

Após a apresentação do detido à autoridade policial, ouvidos o condutor, as testemunhas, o próprio preso, e, eventualmente, a vítima, a autoridade policial poderá relaxar a prisão em flagrante, desde que não se verifiquem as fundadas suspeitas que justificariam a prisão do conduzido (CPP, art. 304, § 1º).

ATENÇÃO!

Mesmo relaxada, a autoridade policial está obrigada a fazer a comunicação da prisão à autoridade judiciária, cumprindo o art. 5º, LXII, da Constituição Federal.

2.5 Livrar-se Solto o Autuado

Livrar-se solto é a expressão utilizada pela lei processual penal para denominar os casos em que o autuado é detido por crime ou contravenção, cuja pena não comporta restrição da liberdade, ou, quando prevista, não ultrapassa os três meses.

> CPP, art. 309. Se o réu se livrar solto, deverá ser posto em liberdade, depois de lavrado o auto de prisão em flagrante.

2.6 Recebimento do Auto de Prisão em Flagrante

Reza o art. 310 do CPP:

> Ao receber o auto de prisão em flagrante, o juiz deverá fundamentadamente:
> I - relaxar a prisão ilegal;
> II - converter a prisão em flagrante em preventiva, quando presentes os requisitos constantes do art. 312 deste Código, e se revelarem inadequadas ou insuficientes as medidas cautelares diversas da prisão; ou
> III - conceder liberdade provisória, com ou sem fiança.

2.6.1 Relaxamento da prisão ilegal

Uma vez recebido o auto de prisão em flagrante, deverá o juiz relaxar a prisão do autuado quando constatada sua ilegalidade, seja pelo não atendimento do disposto no art. 302, seja no art. 306 e parágrafos, ambos do Código de Processo Penal.

Cuida-se de preceito constitucional:

> CF, art. 5º [...]
> LXV - a prisão ilegal será imediatamente relaxada pela autoridade judiciária.

2.6.2 Conversão da prisão em flagrante em prisão preventiva

Na lição de Tourinho Filho (1998), a prisão preventiva é a modalidade de prisão provisória, de natureza cautelar, por razões de necessidade, respeitados os requisitos estabelecidos em lei (garantia da ordem pública, da ordem econômica, por conveniência da instrução criminal, ou para assegurar a aplicação da lei penal quando houver prova da existência do crime e indício suficiente de autoria).

Verificados os requisitos previstos no art. 312 do CPP, deverá o juiz, fundamentadamente, converter a prisão em flagrante delito em prisão preventiva. Muito embora não se altere a condição cautelar da prisão com a conversão prevista em lei, com ela se adquire maior segurança jurídica, ao se condicionar sua revogação, com a consequente concessão de liberdade ao preso provisório, ao desaparecimento das circunstâncias que a legitimaram.

ATENÇÃO!

A conversão em prisão preventiva não se trata de efeito automático da prisão em flagrante, somente se aplicando quando não for o caso de relaxamento da prisão ou concessão de liberdade provisória, com ou sem fiança.

2.6.3 Concessão de liberdade provisória

Uma vez recebido o auto de prisão em flagrante, não sendo o caso de relaxamento da prisão ilegal, deverá o juiz conceder, de ofício, por meio de decisão fundamentada, a liberdade provisória ao preso, se não verificados no caso em concreto os requisitos que legitimariam a conversão da prisão em flagrante em prisão preventiva (CPP, art. 312).

2.6.4 Liberdade provisória na presença de descriminantes

Se o juiz verificar, pelo auto de prisão em flagrante, que o agente praticou o fato amparado por uma causa excludente de ilicitude (CP, art. 23, I a III) poderá, fundamentadamente, conceder ao acusado liberdade provisória, mediante termo de comparecimento a todos os atos processuais, sob pena de revogação (CPP, art. 310, parágrafo único).

3. PRISÃO TEMPORÁRIA (LEI Nº 7.960/1989)

Prisão temporária é a prisão provisória praticada no curso do inquérito policial, cuja finalidade é assegurar uma eficaz investigação policial, fundamentada na imprescindibilidade das investigações dos crimes especificados na Lei nº 7.960/1989.

Tem natureza cautelar, colocando-se, assim, ao lado da prisão em flagrante e da prisão preventiva, exigindo, portanto, o *fumus boni juris* e o *periculum in mora*, para sua decretação.

ATENÇÃO!

Ao contrário da prisão preventiva, a prisão temporária não pode ser decretada de ofício pelo juiz.

3.1 Hipóteses

Caberá prisão temporária quando imprescindível para as investigações do inquérito policial (Lei nº 7.960/1989, art. 1º, I - Requisito 1); quando o indiciado não tiver residência fixa ou não fornecer elementos necessários ao esclarecimento de sua identidade (Lei nº 7.960/1989, art. 1º, II - Requisito 2) e quando houver fundadas razões, de acordo com qualquer prova admitida na legislação penal, de autoria ou participação do indiciado nos crimes graves elencados na lei (Lei nº 7.960/1989, art. 1º, III - Requisito 3).

De acordo com entendimento doutrinário e jurisprudencial majoritário, deve-se interpretar, em conjunto, os requisitos 1 e 2 com o requisito 3. Ou seja, caberá prisão temporária quando o agente cometer um dos crimes elencados no inciso III do referido artigo (Requisito 3) e a prisão se mostrar imprescindível para as investigações do inquérito policial (Requisito 1), ou quando o agente cometer um dos crimes elencados no inciso III do referido artigo (Requisito 3) e não tiver residência fixa ou não fornecer elementos necessários ao esclarecimento de sua identidade (Requisito 2). Em suma, não se pode decretar a prisão temporária somente porque o inciso I foi preenchido, pois isso implicaria viabilizar a prisão por qualquer delito, mesmo os de menor potencial ofensivo.

3.2 Prazos

A prisão temporária será decretada pelo juiz, em face da representação da autoridade policial ou de requerimento do Ministério Público, e terá o prazo de cinco dias, prorrogável por igual período, em caso de extrema e comprovada necessidade (Lei nº 7.960/1989, art. 2º).

Nos crimes hediondos, bem como no tráfico de drogas, terrorismo e tortura, terá o prazo de 30 dias, prorrogável por igual período, em caso de extrema e comprovada necessidade (Lei nº 8.072/1990, art. 2º, § 4º).

3.3 Término do Prazo da Prisão Temporária

Findo o prazo estipulado na decisão judicial, deverá o indiciado ser imediatamente libertado pela própria autoridade policial, independentemente da expedição de alvará de soltura pelo juiz competente, salvo se decretada sua prisão preventiva, conforme reza a Lei n° 7.960/1989.

> Art. 2º [...]
> § 7° Decorrido o prazo de cinco dias de detenção, o preso deverá ser posto imediatamente em liberdade, salvo se já tiver sido decretada sua prisão preventiva.

Questão de concurso

(FCC/TRF 1ª Região/Analista Judiciário/Execução de Mandados/2011) A prisão temporária

a) não possibilita a liberação do agente pela autoridade policial sem alvará de soltura expedido pelo juiz que a decretou, ainda que tenha terminado o prazo de sua duração.
b) pode ser decretada pelo juiz de ofício, independentemente de representação da autoridade policial.

c) só pode ser decretada no curso da ação penal, se houver prova da materialidade do delito e indícios veementes da autoria.
d) é uma modalidade de prisão cautelar, cuja finalidade é assegurar uma eficaz investigação policial, quando se tratar da apuração de infração penal de natureza grave.
e) pode ser prorrogada tantas vezes quantas forem necessárias, desde que seja imprescindível para a investigação do delito.

Comentários:

A gravidade do delito por si só não enseja a decretação da prisão temporária, bem como das cautelares em geral, devendo obedecer ao art. 93, IX, da CF (motivação). Igualmente, a gravidade em abstrato do delito não pode servir de fundamentação, em hipótese alguma, para que seja decretada uma medida cautelar restritiva de liberdade. Necessário será tomá-la com base no fato concreto e demais requisitos previstos em lei.

Gabarito: d

3.4 Revogação da Prisão Temporária

No curso do prazo da prisão temporária, o juiz poderá revogá-la, de ofício, ou a requerimento da parte.

4. PRISÃO PREVENTIVA

A prisão preventiva é a modalidade de prisão provisória, de natureza cautelar, por razões de necessidade, respeitados os requisitos estabelecidos em lei (garantia da ordem pública, da ordem econômica, por conveniência da instrução criminal, ou para assegurar a aplicação da lei penal, quando houver prova da existência do crime e indício suficiente de autoria).

4.1 Caráter Suplementar da Prisão Preventiva

A prisão preventiva será determinada quando não for cabível a sua substituição por outra medida cautelar não privativa de liberdade, prevista no art. 319 (CPP, art. 282, § 6º).

4.2 Pressupostos

As medidas cautelares, dentre elas a prisão preventiva, deverão ser aplicadas observando-se a necessidade para aplicação da lei penal, para a investigação ou a instrução criminal e, nos casos expressamente previstos, para evitar a prática de infrações penais, bem como a adequação da medida à gravidade do crime, circunstâncias do fato e condições pessoais do indiciado ou acusado (CPP, art. 282).

São, pois, pressupostos da prisão preventiva:

a) Natureza da infração (alguns delitos não a admitem, dentre eles os culposos e aqueles cuja pena máxima não excede a quatro anos - CPP, art. 313, I).

b) Probabilidade de condenação (*fumus boni juris*): materialidade delitiva e indícios suficientes de autoria.

c) Perigo na demora (*periculum in mora*).

d) Controle jurisdicional prévio.

Questão de concurso

(FCC/TRE-CE/Analista Judiciário/Área Judiciária/2012) José, primário, de bons antecedentes e regularmente identificado, está sendo investigado em regular inquérito policial, acusado de praticar crime de contrabando na forma simples, punido com reclusão de um a quatro anos. Nesse caso,

a) o juiz poderá aplicar de ofício a José, durante a fase investigatória, uma das medidas cautelares substitutivas da prisão preventiva, desde que presentes os pressupostos legais para tanto.

b) o juiz poderá decretar, de ofício, durante a fase investigatória, presentes os requisitos legais, a prisão preventiva de José.

c) havendo prisão em flagrante e tratando-se de crime inafiançável, o juiz poderá conceder a José liberdade provisória.

d) havendo prisão em flagrante, a autoridade policial não poderá arbitrar a fiança ao réu, cabendo exclusivamente ao Magistrado fixá-la.

e) o juiz, em regra, não poderá decretar a prisão preventiva de José.

Comentários:

Com efeito, os arts. 282, § 2º, e 311, do CPP (alterados pela Lei nº 12.403/2011), estabelecem que, na fase das investigações criminais, a prisão preventiva não poderá ser decretada pelo juiz ex officio, *impondo-se, para tanto, que haja representação da autoridade policial ou requerimento do Ministério Público. Norberto Avena, contudo, compreende que essa vedação não impede o juiz de converter o flagrante legal em prisão preventiva, valendo-se ele, para tanto, da faculdade prevista no art. 310, II, do CPP (alterado pela Lei nº 12.403/2011). Em tal caso, portanto, reputa-se prescindível a existência de representação da autoridade policial ou de requerimento do Ministério Público. Tratando-se, contudo, de flagrante ilegal que tenha sido relaxado pelo juiz, torna-se evidente a impropriedade da sua conversão em prisão preventiva, quer de ofício, quer por meio de provocação de quem quer que seja. Isso porque o flagrante relaxado equivale a um flagrante anulado e não se pode converter um ato nulo em ato legal. Logo, na hipótese de relaxamento do flagrante, a decretação da preventiva não poderá decorrer de conversão, circunstância esta que afasta a incidência do art. 310, II, do CPP e, em consequência, elide a possibilidade do agir* ex officio *do magistrado.*

Gabarito: e

4.3 Prisão Cautelar e Estado de não Culpabilidade

Para Gomes e Marques (2011), a prisão preventiva não atrita de forma irremediável com a presunção de inocência, desde que a medida de cautela preserve o seu caráter de excepcionalidade e não perca sua qualidade instrumental.

Para sua decretação, não se exige prova plena, bastando que se demonstre, por indícios, a probabilidade de o réu ou indiciado ter sido o autor do fato delituoso. A dúvida, neste caso, milita em favor da sociedade, e não do réu (*in dubio pro societate*).

ATENÇÃO!

Em qualquer fase da investigação policial ou do processo penal, caberá a prisão preventiva decretada pelo juiz, de ofício, se no curso da ação penal, ou a requerimento do Ministério Público, do querelante ou do assistente, ou por representação da autoridade policial (CPP, art. 311).

4.4 Conversão de Ofício do Flagrante em Prisão Preventiva

Embora o art. 282, § 2º, do CPP traga a vedação da decretação de ofício da prisão preventiva no curso da investigação criminal, por outro, o art. 310, II, parece permitir a conversão de ofício da prisão em flagrante em preventiva, por ocasião do recebimento do auto de prisão em flagrante pelo juiz.

Faz-se necessária, para a solução do conflito aparente das normas elencadas, a análise do art. 311 do CPP, na sua redação reformada, bem como na vigente, atribuída pela Lei nº 12.403/2011. Dizia o antigo art. 311, ao regular a prisão preventiva:

> Em qualquer fase do inquérito policial ou da instrução criminal, caberá a prisão preventiva decretada pelo juiz, de ofício, a requerimento do Ministério Público, ou do querelante, ou mediante representação da autoridade policial.

Não havia, pela redação anterior, nenhum óbice à decretação *ex officio* da prisão preventiva no curso da investigação criminal. Com o advento da Lei nº 12.403/2011, o art. 311 foi reformulado e, na linha do que dispõe o citado art. 282, § 2º, dispõe expressamente que o juiz só pode decretar de ofício a prisão preventiva no curso da ação penal.

> Art. 311. Em qualquer fase da investigação policial ou do processo penal, caberá a prisão preventiva decretada pelo juiz, de ofício, se no curso da ação penal, ou a requerimento do Ministério Público, do querelante ou do assistente, ou por representação da autoridade policial.

A interpretação coordenada, pois, dos arts. 282, § 2º, e 311, do CPP, com a redação que lhes foi dada pela Lei nº 12.403/2011, indica uma vedação à decretação de ofício da prisão preventiva antes de iniciada a ação penal, ou seja, no período que engloba a investigação criminal, a prisão em flagrante e o eventual inquérito policial. Daí uma primeira conclusão no sentido da impossibilidade de conversão *ex officio* da prisão em flagrante em preventiva.

Não obstante tal entendimento, encontra-se jurisprudência em sentido contrário:

> *Habeas corpus*. Roubo qualificado. Prisão em flagrante convertida em preventiva, de ofício, pelo juiz. Possibilidade. Revogação. Inviabilidade. Decisão fundamentada. Garantia da ordem pública. Condições pessoais favoráveis. Irrelevância. Após as reformas trazidas pela Lei nº 12.403/2011, o juiz deve, obrigatoriamente, converter a prisão em flagrante em preventiva quando se fizerem presentes os requisitos dos arts. 312 e 313 do Código de Processo Penal, não se exigindo, para tal ato, a oitiva prévia do Ministério Público ou a instauração do contraditório. Inteligência do art. 310, II, do Código de Processo Penal. O decreto de prisão preventiva se mostra satisfatoriamente fundamentado quando o julgador aponta elementos concretos do caso em apuração que indicam a necessidade da medida extrema ante o risco patente que a soltura do paciente pode trazer à ordem pública. A existência de condições pessoais favoráveis do paciente, por si só, não garante eventual direito subjetivo à revogação da prisão preventiva decretada.
> Súmula: Denegaram a ordem. (TJMG, processo nº 061832991.2011.8.13.0000, Rel. Des. Renato Martins Jacob, julgado em 6/10/2011, DJe 18/10/2011).

4.5 Hipóteses em que pode ser Decretada a Prisão Preventiva

A prisão preventiva poderá ser decretada como (CPP, art. 312):

a) garantia da ordem pública;

b) garantia da ordem econômica;

c) por conveniência da instrução criminal;

d) para assegurar a aplicação da lei penal; ou

e) em caso de descumprimento de qualquer das obrigações impostas por força de outras medidas cautelares (CPP, art. 282, § 4º).

4.5.1 Garantia da ordem pública

Para Capez (2010), a prisão cautelar é decretada com a finalidade de impedir que o agente, solto, continue a delinquir, ou de acautelar o meio social, garantindo a credibilidade da justiça, em crimes que provoquem grande clamor popular.

ATENÇÃO!

A garantia da ordem pública deve ser vista, fundamentalmente, pelo binômio gravidade da infração mais repercussão social.

Os maus antecedentes ou a reincidência são circunstâncias que evidenciam a provável prática de novos delitos e, portanto, autorizam a decretação da prisão preventiva, assim como quando o crime se reveste de grande crueldade e violência, causando indignação na opinião pública.

O Supremo Tribunal Federal, contudo, entende que o argumento do clamor social, por si só, não se presta a fundamentar o decreto de prisão preventiva. Neste sentido:

> *Habeas corpus*. Crime hediondo. Prisão preventiva. Garantia da ordem pública e da instrução criminal. Credibilidade da Justiça e clamor público. Tentativas concretas de influenciar na coleta da prova testemunhal. Ordem denegada. 1. O conceito jurídico de ordem pública não se confunde com incolumidade das pessoas e do patrimônio (art. 144 da CF/1988). Sem embargo, ordem pública se constitui em bem jurídico que pode resultar mais ou menos fragilizado pelo modo personalizado com que se dá a concreta violação da integridade das pessoas ou do patrimônio de terceiros, tanto quanto da saúde pública (nas hipóteses de tráfico de entorpecentes e drogas afins). Daí sua categorização jurídico-positiva, não como descrição do delito nem cominação de pena, porém como pressuposto de prisão cautelar, ou seja, como imperiosa necessidade de acautelar o meio social contra fatores de perturbação ou de insegurança que

já se localizam na gravidade incomum da execução de certos crimes. Não da incomum gravidade abstrata desse ou daquele crime, mas da incomum gravidade na perpetração em si do crime, levando à consistente ilação de que, solto, o agente reincidirá no delito ou, de qualquer forma, representará agravo incomum a uma objetiva noção de segurança pública. Donde o vínculo operacional entre necessidade de preservação da ordem pública e acautelamento do meio social. Logo, conceito de ordem pública que se desvincula do conceito de incolumidade das pessoas e do patrimônio alheio (assim como da violação à saúde pública), mas que se enlaça umbilicalmente à noção de acautelamento do meio social. 2. É certo que, para condenar penalmente alguém, o órgão julgador tem de olhar para trás e ver em que medida os fatos delituosos e suas coordenadas dão conta da culpabilidade do acusado. Já no tocante à decretação da prisão preventiva, se também é certo que o juiz valora esses mesmos fatos e vetores, ele o faz na perspectiva da aferição da periculosidade do agente. Não propriamente da culpabilidade. Pelo que o *quantum* da pena está para a culpabilidade do agente assim como o decreto de prisão preventiva está para a periculosidade, pois é tal periculosidade que pode colocar em risco o meio social alusivo à possibilidade de reiteração delitiva (cuidando-se, claro, de prisão preventiva com fundamento na garantia da ordem pública). 3. **Não se acha devidamente motivado o decreto de prisão que, quanto à ordem pública, sustenta risco à credibilidade da justiça e faz do clamor público fundamento da custódia preventiva. É que tais fundamentos não se amoldam ao balizamento constitucional da matéria**. 4. Na concreta situação dos autos, esse ponto de fragilidade não se estende, porém, ao segundo fundamento do decreto de prisão preventiva. É falar: a segregação cautelar para o resguardo da instrução criminal não é de ser afastada pela carência de fundamentação idônea. Isso porque, no ponto, o decreto de prisão preventiva está assentado em manobras operadas pelo paciente para tentar alterar depoimentos de testemunhas. O que é suficiente para preencher a finalidade do art. 312 do Código de Processo Penal, no ponto em que autoriza a prisão preventiva para a preservação da instrução criminal, mormente nos casos de crimes dolosos contra a vida. Crimes cujo julgamento é timbrado pela previsão de atos instrutórios também em Plenário do Júri (arts. 473 a 475 do CPP). 5. Ordem denegada. (*HC* nº 102.065, Rel. Min. Ayres Britto, Segunda Turma, julgado em 23/11/2010, DJe 030, divulg. em 14/2/2011, public. em 15/2/2011, Ement. Vol. 2464-02, p. 366)

4.5.2 Garantia da ordem econômica

Busca-se, com a decretação da prisão preventiva, impedir que o agente, causador de seriíssimo abalo à situação econômico-financeira de uma instituição financeira ou órgão do Estado, permaneça em liberdade.

Segundo Nucci (2011), justifica-se a medida em face dos efeitos nefastos produzidos pelos crimes de colarinho branco a uma coletividade de pessoas, clientes de uma determinada instituição financeira, ou mesmo beneficiários da assistência social provida pelo Estado.

Mantém-se o binômio gravidade do delito mais repercussão social, de maneira a garantir que a sociedade fique tranquila pela atuação do Judiciário no combate à criminalidade invisível dos empresários e administradores de valores, públicos ou privados.

4.5.3 Conveniência da instrução criminal

Visa a impedir que o agente perturbe ou impeça a produção de provas, ameaçando testemunhas, vítima, juiz ou órgão do Ministério Público, apagando vestígios do crime, destruindo documentos.

Outra hipótese justificadora é a fuga do agente do distrito da culpa, visando a impedir seu reconhecimento, em audiência, pelo ofendido ou testemunhas.

4.5.4 Para assegurar a aplicação da lei penal

Permite que o Estado exerça, efetivamente, o seu *jus puniendi*, mediante a aplicação da sanção penal a quem fora condenado pela prática delituosa, após o devido processo legal.

ATENÇÃO!

A fuga do réu do distrito da culpa, visando a impedir a aplicação da lei penal, justifica o decreto ou a manutenção da custódia cautelar.

Segundo Capez (2010), nada obsta, contudo, que, no caso de fuga do autor do delito, seja a prisão preventiva decretada por mais de um fundamento (conveniência da instrução e garantia de aplicação da lei penal).

4.5.5 Descumprimento de qualquer das obrigações impostas por força de outras medidas cautelares (CPP, art. 282, § 4º)

A nova disciplina das medidas cautelares processuais penais, imposta pela Lei nº 12.403/2011, prevê, ao lado das prisões provisórias, a possibilidade de aplicação, isolada ou cumulativa, das chamadas medidas cautelares diversas da prisão. São elas (CPP, art. 319):

a) comparecimento periódico em juízo para justificar atividades;
b) proibição de acesso ou frequência a determinados lugares;
c) proibição de manter contato com pessoa determinada;
d) proibição de ausentar-se da Comarca;

e) recolhimento domiciliar no período noturno e nos dias de folga;

f) suspensão do exercício de função pública ou de atividade de natureza econômica ou financeira;

g) internação provisória do acusado nas hipóteses de crimes praticados com violência ou grave ameaça, quando os peritos concluírem ser inimputável ou semi-imputável (art. 26 do Código Penal) e houver risco de reiteração;

h) fiança, nas infrações que a admitem, para assegurar o comparecimento a atos do processo;

i) monitoração eletrônica.

Uma vez autuado em flagrante o autor do delito, e, posteriormente, colocado em liberdade, mediante a aplicação de uma ou mais medidas cautelares diversas da prisão, no caso de descumprimento de qualquer das obrigações impostas, o juiz, de ofício ou mediante requerimento do Ministério Público, de seu assistente ou do querelante, poderá substituir a medida, impor outra em cumulação, ou, em último caso, decretar-lhe a prisão preventiva.

4.6 Possibilidade de Decretação da Prisão Preventiva (CPP, art. 313)

Verificado um dos cinco elementos que justificam a decretação da prisão preventiva (CPP, art. 312), esclarece o legislador que a custódia cautelar do indiciado ou do acusado será admitida:

a) nos crimes dolosos punidos com pena privativa de liberdade máxima superior a quatro anos;

b) se tiver sido condenado por outro crime doloso, em sentença transitada em julgado, há menos de cinco anos;

c) se o crime envolver violência doméstica e familiar contra a mulher, criança, adolescente, idoso, enfermo ou pessoa com deficiência, para garantir a execução das medidas protetivas de urgência previstas na Lei Maria da Penha (Lei nº 11.340/2006, arts. 22 a 24); e

d) quando houver dúvida sobre a identidade civil da pessoa ou quando esta não fornecer elementos suficientes para esclarecê-la.

4.7 Duração da Prisão Preventiva

Para Pacelli (2011), inexiste prazo determinado, como ocorre com a prisão temporária, para a duração dessa modalidade de prisão cautelar. A regra é que, segundo critérios de razoabilidade, perdure até quando seja necessário, durante a instrução, não podendo ultrapassar, em caso de condenação, o trânsito em julgado da sentença.

Por outro lado, a prisão preventiva tem a finalidade de assegurar o bom andamento da instrução criminal, não podendo esta prolongar-se indefinidamente, por culpa do juiz ou por provocação do órgão do Ministério Público. Nesse sentido, assim diz o Superior Tribunal de Justiça:

> *Habeas corpus*. Processual Penal. Crimes previstos nos arts. 288, parágrafo único; 157, § 2º, incisos I, II e V e § 3º; 163, parágrafo único, inciso III; 129, c/c o art. 29, na forma dos arts. 69 e 71, todos do Código Penal. Prisão preventiva. Tese de excesso de prazo na formação da culpa. Demora injustificável. Constrangimento ilegal evidenciado. Ordem concedida. 1. É certo que o julgamento da ação penal não tem prazo fixado na lei processual. Todavia, em se tratando de réu preso, a demora injustificável e desarrazoada para a formação da culpa, considerando-se, sobretudo, a data da prisão cautelar do paciente (14/5/2004), sem previsão para a conclusão do feito, consubstancia constrangimento ilegal sanável pela via do *habeas corpus*. 2. Os princípios da razoabilidade e da proporcionalidade não podem ser invocados para justificar a evidente ineficiência do Estado-Juiz que, decorridos mais de sete anos da prisão, ainda não concluiu a fase instrutória. 3. Ordem concedida para determinar a expedição de alvará de soltura em favor do ora paciente, se por outro motivo não estiver preso, sem prejuízo de que outras medidas cautelares sejam adotadas pelo juízo condutor do processo, conforme ressaltado no voto. (*HC* nº 205.789/PA, Rel. Min. Laurita Vaz, Quinta Turma, julgado em 15/12/2011, DJe 1/2/2012)

4.8 Prisão Preventiva e Causas Excludentes de Ilicitude

A prisão preventiva, em nenhum caso, será decretada se o juiz verificar pelas provas constantes dos autos ter o agente praticado o fato acobertado pelas descriminantes da legítima defesa, estado de necessidade, exercício regular de direito e estrito cumprimento do dever legal, condições previstas no art. 23 do Código Penal.

4.9 Conversão da Prisão Preventiva em Prisão Domiciliar

A prisão domiciliar consiste no recolhimento do indiciado ou acusado em sua residência, só podendo dela ausentar-se com autorização judicial (CPP, art. 317).

Poderá o juiz substituir a prisão preventiva pela domiciliar quando o agente for:

a) maior de 80 anos;

b) extremamente debilitado por motivo de doença grave;

c) imprescindível aos cuidados especiais de pessoa menor de seis anos de idade ou com deficiência;

d) gestante a partir do sétimo mês de gravidez ou sendo esta de alto risco.

CAPÍTULO 13

Liberdade Provisória

(ATUALIZADA PELA LEI Nº 12.403/2011)

1. CONCEITO

Liberdade provisória é aquela liberdade concedida ao indiciado ou acusado, preso em flagrante, ou por força de mandado judicial, que já não apresenta a necessidade de ficar segregado cautelarmente no curso do processo.

Cuida-se de preceito constitucional:

> Art. 5º [...]
> LXVI - ninguém será levado à prisão ou nela mantido, quando a lei admitir a liberdade provisória, com ou sem fiança;

Ausentes os requisitos que autorizam a decretação da prisão preventiva, o juiz deverá conceder liberdade provisória, impondo, se for o caso, as medidas cautelares previstas no art. 319 do Código de Processo Penal.

1.1 Cabimento Restrito

A liberdade provisória é instituto processual compatível com a prisão em flagrante, a prisão decorrente de pronúncia e com a resultante de sentença condenatória recorrível.

ATENÇÃO!

Em se tratando de prisão preventiva ou prisão temporária, não há que se falar em liberdade provisória, mas em revogação da custódia cautelar por ausência dos pressupostos que legitimam sua manutenção.

1.2 Liberdade Provisória com Fiança

Fiança, na definição de Capez (2010), é o direito subjetivo do indiciado ou acusado de oferecer caução (garantia) como forma de assumir o cumprimento de suas obrigações processuais, e, com isso, obter sua liberdade provisória.

A fiança consiste no pagamento em dinheiro ou na entrega de valores ao Estado, e pode ser concedida desde a prisão em flagrante até o trânsito em julgado da sentença condenatória.

1.3 Competência para Concessão da Liberdade Provisória com Fiança

Compete à autoridade policial conceder fiança nos casos de infração cuja pena privativa de liberdade máxima não seja superior a quatro anos (CPP, art. 322).

Nos demais casos, as infrações penais cuja pena privativa de liberdade seja superior a quatro anos, a fiança será requerida ao juiz, que deverá decidir em 48 horas.

1.4 Vedação da Concessão de Liberdade Provisória com Fiança

Não será concedida fiança (CPP, art. 323):

a) nos crimes de racismo;

b) nos crimes de tortura, tráfico ilícito de entorpecentes e drogas afins, terrorismo e nos definidos como crimes hediondos;

c) nos crimes cometidos por grupos armados, civis ou militares, contra a ordem constitucional e o Estado Democrático.

Igualmente não será concedida fiança nos seguintes casos (CPP, art. 324):

a) aos que, no mesmo processo, tiverem quebrado fiança anteriormente concedida ou infringido, sem motivo justo, qualquer das obrigações a que se referem os arts. 327 e 328 do CPP;

b) em caso de prisão civil ou militar;

c) quando presentes os motivos que autorizam a decretação da prisão preventiva (art. 312).

1.4.1 Fiança e racismo

A proibição de concessão de fiança ao crime de racismo encontra previsão constitucional:

> Art. 5º [...]
> XLII – a prática do racismo constitui crime inafiançável e imprescritível, sujeito à pena de reclusão, nos termos da lei;

Os crimes de racismo encontram definição legal na Lei nº 7.716/1989. São aqueles resultantes de discriminação ou preconceito de raça, cor, etnia, religião ou procedência nacional.

A respeito, já decidiu o Supremo Tribunal Federal:

> *Habeas corpus*. Publicação de livros: antissemitismo. Racismo. Crime imprescritível. Conceituação. Abrangência constitucional. Liberdade de expressão. Limites. Ordem denegada. 1. Escrever, editar, divulgar e comerciar livros "fazendo apologia de ideias preconceituosas e discriminatórias" contra a comunidade judaica (Lei nº 7.716/1989, art. 20, na redação dada pela Lei nº 8.081/1990) constitui crime de racismo sujeito às cláusulas de inafiançabilidade e imprescritibilidade (CF, art. 5º, XLII). [...] 3. Raça humana. Subdivisão. Inexistência. Com a definição e o mapeamento do genoma humano, cientificamente não existem distinções entre os homens, seja pela segmentação da pele, formato dos olhos, altura, pelos ou por quaisquer outras características físicas, visto que todos se qualificam como espécie humana. Não há diferenças biológicas entre os seres humanos. Na essência são todos iguais. [...] 6. Adesão do Brasil a tratados e acordos multilaterais, que energicamente repudiam quaisquer discriminações raciais, aí compreendidas as distinções entre os homens por restrições ou preferências oriundas de raça, cor, credo, descendência ou origem nacional ou étnica, inspiradas na pretensa superioridade de um povo sobre outro, de que são exemplos a xenofobia, "negrofobia", "islamafobia" e o antissemitismo. [...] 14. As liberdades públicas não são incondicionais, por isso devem ser exercidas de maneira harmônica, observados os limites definidos na própria Constituição Federal (CF, art. 5º, § 2º, primeira parte). O preceito fundamental de liberdade de expressão não consagra o "direito à incitação ao racismo", dado que um direito individual não pode constituir-se em salvaguarda de condutas ilícitas, como sucede com os delitos contra a honra. Prevalência dos princípios da dignidade da pessoa humana e da igualdade jurídica. Ordem denegada. (*HC* nº 8.2424, Rel. Min. Moreira Alves, Rel. p/ Acórdão: Ministro Maurício Corrêa, Tribunal Pleno, julgado em 17/9/2003, DJ 19/3/2004, p. 17, Ement. Vol. 2144-03, p. 524)

1.4.2 Inafiançabilidade dos crimes de tortura, tráfico ilícito de drogas, terrorismo e crimes hediondos

A Constituição Federal prevê a inafiançabilidade desses crimes:

> Art. 5º [...]
> XLIII – a lei considerará crimes inafiançáveis e insuscetíveis de graça ou anistia a prática da tortura, o tráfico ilícito de entorpecentes e drogas afins, o terrorismo e os definidos como crimes hediondos, por eles respondendo os mandantes, os executores e os que, podendo evitá-los, se omitirem;

Os crimes de tortura estão definidos na Lei nº 9.455/1997; o tráfico de drogas na Lei nº 11.343/2006; o terrorismo encontra previsão legal na Lei de Segurança Nacional (Lei nº 7.170/1983, art. 20), enquanto os hediondos na Lei nº 8.072/1990.

Para Pacelli (2011), são absolutamente inconstitucionais todas as proibições *ex lege* (isto é, como mera decorrência da lei) de restituição da liberdade, face à violação da garantia individual da exigência de fundamentação judicial para toda e qualquer restrição de direitos no processo penal.

O Supremo Tribunal Federal polarizou-se no tocante ao exame da matéria:

> *Habeas corpus*. Constitucional. Processo Penal. Prisão em flagrante por **tráfico de drogas. Liberdade provisória: inadmissibilidade**. Ordem denegada. 1. **A proibição de liberdade provisória, nos casos de crimes hediondos e equiparados, decorre da própria inafiançabilidade imposta pela Constituição da República à legislação ordinária** (Constituição da República, art. 5º, XLIII): Precedentes. O art. 2º, II, da Lei nº 8.072/1990 atendeu ao comando constitucional, ao considerar inafiançáveis os crimes de tortura, tráfico ilícito de entorpecentes e drogas afins, o terrorismo e os definidos como crimes hediondos. Inconstitucional seria a legislação ordinária que dispusesse diversamente, tendo como afiançáveis delitos que a Constituição da República determina sejam inafiançáveis. Desnecessidade de se reconhecer a inconstitucionalidade da Lei nº 11.464/2007, que, ao retirar a expressão 'e liberdade provisória' do art. 2º, inc. II, da Lei nº 8.072/1990, limitou-se a uma alteração textual. A proibição da liberdade provisória decorre da vedação da fiança, não da expressão suprimida, a qual, segundo a jurisprudência do Supremo Tribunal Federal, constituía redundância. Mera alteração textual, sem modificação da norma proibitiva de concessão da liberdade provisória aos crimes hediondos e equiparados, que continua vedada aos presos em flagrante por quaisquer daqueles delitos. [...] 3. **Irrelevância da existência, ou não, de fundamentação cautelar para a prisão em flagrante por crimes hediondos ou equiparados**: Precedentes. [...] 5. Ordem denegada. (*HC* nº 103.715, Rel. Min. Cármen Lúcia, Primeira Turma, julgado em 23/11/2010, DJe 055, divulgado em 23/3/2011, public. em 24/3/2011, Ement. Vol. 2488-01, p. 65)

> *Habeas corpus*. Penal. Processual Penal e Constitucional. **Tráfico de entorpecentes. Segregação cautelar. Garantia da ordem pública. Ausência de indicação de situação fática**. Liberdade provisória indeferida com fundamento no art. 44 da Lei nº 11.343. **Inconstitucionalidade: necessidade de adequação desse preceito aos arts. 1º, inciso III, e 5º, incisos LIV e LVII, da Constituição do Brasil**. 1. Liberdade provisória indeferida com fundamento na vedação contida no art. 44 da Lei nº 11.343/2006, sem indicação de situação fática vinculada a qualquer das hipóteses do art. 312 do Código de Processo Penal. 2. **Entendimento respaldado na inafiançabilidade do crime de tráfi-**

co de entorpecentes, estabelecida no art. 5º, inciso XLIII, da Constituição do Brasil. Afronta escancarada aos princípios da presunção de inocência, do devido processo legal e da dignidade da pessoa humana. 3. Inexistência de antinomias na Constituição. Necessidade de adequação, a esses princípios, da norma infraconstitucional e da veiculada no art. 5º, inciso XLIII, da Constituição do Brasil. **A regra estabelecida na Constituição, bem assim na legislação infraconstitucional, é a liberdade. A prisão faz exceção a essa regra, de modo que, a admitir-se que o art. 5º, inciso XLIII, estabelece, além das restrições nele contidas, vedação à liberdade provisória, o conflito entre normas estaria instalado.** 4. **A inafiançabilidade não pode e não deve - considerados os princípios da presunção de inocência, da dignidade da pessoa humana, da ampla defesa e do devido processo legal - constituir causa impeditiva da liberdade provisória**. 5. Não se nega a acentuada nocividade da conduta do traficante de entorpecentes. Nocividade aferível pelos malefícios provocados no que concerne à saúde pública, exposta a sociedade a danos concretos e a riscos iminentes. Não obstante, a regra consagrada no ordenamento jurídico brasileiro é a liberdade; a prisão, a exceção. A regra cede a ela em situações marcadas pela demonstração cabal da necessidade da segregação *ante tempus*. **Impõe-se, porém, ao juiz o dever de explicitar as razões pelas quais alguém deva ser preso ou mantido preso cautelarmente.** Ordem concedida a fim de que o paciente seja posto em liberdade, se por algum motivo não estiver preso. (*HC* nº 98.103, Rel. Min. Joaquim Barbosa, Rel. p/ Acórdão: Min. Eros Grau, Segunda Turma, julgado em 16/3/2010, DJe 179, divulg. em 23/9/2010, public. em 24/9/2010, Ement Vol. 2416-02, p. 407, RMDPPP v. 7, nº 38, 2010, p. 105-111)

1.4.3 Inafiançabilidade nos crimes cometidos por grupos armados, civis ou militares, contra a ordem constitucional e o Estado Democrático

Tais crimes encontram previsão legal na Lei nº 7.170/1983, decorrendo da Constituição Federal a proibição de fiança:

> CF, art. 5º [...]
> XLIV - constitui crime inafiançável e imprescritível a ação de grupos armados, civis ou militares, contra a ordem constitucional e o Estado Democrático;

1.4.4 Quebramento da fiança

Significa que o beneficiário da fiança deixou de respeitar as condições fixadas pelo juiz para que pudesse aguardar o julgamento em liberdade.

Não será concedida fiança aos que, no mesmo processo, tiverem quebrado fiança anteriormente concedida ou infringido, sem motivo justo, pelo descumprimento da obrigação de comparecimento perante a autoridade, todas as vezes que for intimado para atos do inquérito e da instrução criminal e para o julgamento; ou mudado de residência, sem prévia permissão da autoridade processante; ou ausentar-se por mais de oito dias de sua residência, sem comunicar àquela autoridade o lugar onde será encontrado (CPP, art. 324).

1.4.5 Inafiançabilidade na prisão civil e militar

A respeito da prisão civil, dispõe a Constituição Federal:

> Art. 5º [...]
> LXVII – não haverá prisão civil por dívida, salvo a do responsável pelo inadimplemento voluntário e inescusável de obrigação alimentícia e a do depositário infiel;

Por força da reiterada jurisprudência, contudo, o Supremo Tribunal Federal editou a Súmula Vinculante nº 25:

> É ilícita a prisão civil de depositário infiel, qualquer que seja a modalidade do depósito.

ATENÇÃO!

Subsiste, pois, a restrição da concessão de fiança ao devedor de alimentos, o qual obterá a liberdade mediante o adimplemento da obrigação.

No tocante à prisão militar, o Código de Processo Penal Militar não prevê o instituto da fiança nos crimes de competência da Justiça Militar, crimes militares próprios.

Quando, porém, um militar comete um crime da competência da Justiça Comum, as regras previstas no art. 323 e segs. do Código de Processo Penal regulamentam a fiança.

1.4.6 Inafiançabilidade em caso de prisão preventiva

Dado o caráter supletivo da prisão preventiva (CPP, art. 282, § 4º), presentes os requisitos que a legitimam (CPP, arts. 312 e 313), não há que se falar em liberdade provisória.

CAPÍTULO 14
Citação e Intimações

1. CITAÇÃO

Segundo Nucci (2011), citação é o chamamento do réu a juízo, dando-lhe ciência do ajuizamento da ação, imputando a prática de uma infração penal, bem como oferecendo-lhe a oportunidade de se defender pessoalmente e por meio de defesa técnica.

O fundamento da existência do procedimento citatório reside nos princípios constitucionais do devido processo legal, contraditório e ampla defesa (CF, art. 5º, LIV e LV).

Compõe-se, pois, a citação de dois elementos básicos, cuja ausência importará em vício do ato, segundo Capez (2010):

a) cientificação do inteiro teor da acusação;

b) chamamento do acusado para vir apresentar sua defesa.

Cuida-se de ato personalíssimo, já que somente o acusado pode ser citado, mesmo nos casos de inimputabilidade, salvo quando instaurado incidente de insanidade mental ainda na fase inquisitorial do processo.

ATENÇÃO!

No tocante à pessoa jurídica, a citação será feita na pessoa de seu representante legal, conforme estatuto ou contrato social.

2. FORMAÇÃO DO PROCESSO

O processo terá completada a sua formação quando realizada a citação do acusado (CPP, art. 363).

Segundo Capez (2010), com a citação válida instaura-se o processo e passam a vigorar em sua integralidade os direitos, deveres e ônus processuais, bem como todos os princípios derivados do *due process of law*.

A falta ou a nulidade da citação, contudo, estará sanada, desde que o interessado compareça antes de o ato consumar-se, embora declare que o faz para o único fim de argui-la. O juiz ordenará, todavia, a suspensão ou o adiamento do ato, quando reconhecer que a irregularidade poderá prejudicar direito da parte (CPP, art. 570).

Questão de concurso

(Cespe/TJ-SE/Juiz/2008) Acerca da citação do réu no processo penal, assinale a opção correta.

a) O réu será considerado revel se, apesar de pessoalmente citado, deixar de comparecer injustificadamente, sendo que o processo seguirá sem a sua presença e haverá confissão ficta.

b) É válida a citação, por edital, de réu preso na mesma unidade da Federação em que o juiz exerce a sua jurisdição.

c) O acusado que, citado por edital, não comparecer nem constituir advogado terá seu processo suspenso, bem como interrompido o curso do prazo prescricional, devendo o juiz determinar a produção antecipada das provas consideradas urgentes e a prisão preventiva.

d) A citação válida torna prevento o juízo criminal, interrompe o curso do prazo prescricional e causa litispendência.

e) A falta da citação estará sanada desde que o acusado compareça, antes de o ato consumar-se, embora declare que o faz para o único fim de argui-la. Contudo, o juiz ordenará o adiamento do ato, quando reconhecer que a irregularidade poderá prejudicar direito da parte.

Comentários:

Conforme a Súmula nº 351, do STF, é nula a citação por edital de réu preso na mesma unidade da federação em que o juiz exerce a sua jurisdição. Todavia, é válida a citação por edital de réu preso em outra unidade da Federação quando o fato é desconhecido do juízo da causa.

Gabarito: e

3. CLASSIFICAÇÃO

A citação, no processo penal, pode ser:

a) **Real ou pessoal**: feita na pessoa do acusado, gerando a certeza de sua realização.

b) **Ficta ou presumida**: realizado por meio de publicação, ou afixação em local determinado, de edital contendo a ordem de citação.

4. FORMA

A forma usual de citação é o mandado, ordem escrita e emitida pelo juiz competente, cujo cumprimento cabe ao oficial de justiça, devendo este obter o ciente do acusado, mediante a entrega de cópia do aludido documento (CPP, art. 351).

Caso resida o autuado em comarca diversa da que está sendo processado, a citação se dará por meio de carta precatória, ou por meio de carta rogatória, se residente fora do país.

4.1 Citação por Precatória

Constitui um pedido do juízo processante (deprecante) ao juízo da localidade em que se encontra o denunciado (deprecado), para que esta autoridade proceda ao ato citatório, e, muitas vezes, ao próprio interrogatório do acusado.

O Superior Tribunal de Justiça tem entendimento sumulado acerca do procedimento para expedição e cumprimento da carta precatória.

> Súmula nº 273.
> Intimada a defesa da expedição da carta precatória, torna-se desnecessária intimação da data da audiência no juízo deprecado.

4.1.1 Precatória itinerante

Verificado que o réu se encontra em território sujeito à jurisdição de outro juiz, a este remeterá o juiz deprecado os autos para efetivação da diligência, desde que haja tempo para fazer-se a citação (CPP, art. 355, § 1º).

Caso se verifique que o acusado se oculta para não ser citado, não cabe ao juiz deprecado devolver a carta não cumprida ao deprecante, nos termos do art. 355, § 2º, do CPP, mas sim determinar a citação por hora certa, conforme o disposto no art. 362 do CPP.

5. CITAÇÃO DO MILITAR

A citação do militar far-se-á por intermédio do chefe do respectivo serviço (CPP, art. 358).

Do ofício requisitório, encaminhado ao superior hierárquico do denunciado devem constar os mesmos requisitos do mandado de citação, em respeito ao princípio da ampla defesa.

6. CITAÇÃO DO FUNCIONÁRIO PÚBLICO

O funcionário público será citado por mandado ou carta precatória, sendo exigida, no entanto, a concomitante expedição de ofício, dirigido ao chefe da repartição, em que se comunica o dia designado para o seu comparecimento em juízo, na qualidade de acusado (CPP, art. 359).

Tal providência visa a garantir a continuidade da prestação do serviço público, sendo prescindível, portanto, em caso de afastamento legal do funcionário público (férias, licença-prêmio etc.).

7. CITAÇÃO DO PRESO

Se o réu estiver preso, será pessoalmente citado, por meio de mandado, nos moldes do acusado solto (art. 360).

8. CITAÇÃO POR EDITAL

Se o réu não for encontrado, será citado por edital, com o prazo de 15 dias (CPP, art. 361).

Cuida-se de modalidade de citação ficta e excepcional. É ficta porque se presume que o réu dela tomou conhecimento, em face da impossibilidade de citação pessoal, e é excepcional, porque só pode ser adotada depois de esgotados todos os meios para localizar o acusado.

A respeito dos requisitos do edital de citação, tem o Supremo Tribunal Federal entendimento sumulado.

> Súmula nº 366.
> Não é nula a citação por edital que indica o dispositivo da lei penal, embora não transcreva a denúncia ou queixa, ou não resuma os fatos em que se baseia.

Comparecendo o acusado citado por edital, em qualquer tempo, ingressará no estado em que se encontrar o feito. Segundo Nucci (2011), não se reinicia a instrução por causa do réu recalcitrante, se já houver sido colhido depoimento de uma ou mais testemunhas. Tomará o acusado, portanto, parte do processo, assumindo-o no estágio possível, conforme o rito adotado (CPP, art. 363, § 4º).

9. CITAÇÃO POR HORA CERTA

Verificando que o réu se oculta para não ser citado, o oficial de justiça certificará a ocorrência e procederá à citação com hora certa, na forma estabelecida nos arts. 227 a 229 do Código de Processo Civil (CPP, art. 362).

Assim, quando, por três vezes, o oficial de justiça houver procurado o réu em seu domicílio ou residência, sem o encontrar, deverá intimar a qualquer pessoa da família, ou, em sua falta, a qualquer vizinho, que, no dia imediato, voltará, a fim de efetuar a citação, na hora que designar. No dia e hora designados, o oficial de justiça comparecerá ao domicílio ou residência do denunciado, a fim de realizar a diligência, e, caso lá não o encontre procurará informar-se das razões da ausência, dando por feita a citação.

Completada a citação com hora certa, se o acusado não comparecer, ser-lhe-á nomeado defensor dativo (CPP, art. 362, parágrafo único).

10. SUSPENSÃO DO PROCESSO

Se o acusado, citado por edital, não comparecer nem constituir advogado ficarão suspensos o processo e o curso do prazo prescricional, podendo o juiz determinar a produção antecipada das provas consideradas urgentes e, se for o caso, decretar prisão preventiva, nos termos do disposto no art. 312 (CPP, art. 366).

A Lei nº 11.719/2008, que institui a suspensão do processo no ordenamento jurídico, previa que o art. 363, § 2º, I, do Código de Processo Penal, tivesse a seguinte redação:

> Art. 363. [...]
> § 2º Não comparecendo o acusado citado por edital, nem constituindo defensor:
> I – ficará suspenso o curso do prazo prescricional pelo correspondente ao da prescrição em abstrato do crime objeto da ação (art. 109 do Código Penal), após, recomeçará a fluir aquele;

Ocorre, contudo, que o referido dispositivo foi vetado, haja vista ter se omitido no tocante à suspensão do processo, tratando, exclusivamente, da suspensão prescricional.

Subsiste, contudo, na doutrina a interpretação conforme a *mens legis*, ou seja, a prescrição ficaria suspensa pelo prazo máximo em abstrato previsto para o delito, sob pena de tornar o delito imprescritível, o que só é possível por determinação constitucional. Esse, ademais, é o entendimento sumulado do Superior Tribunal de Justiça.

> Súmula nº 415.
> O período de suspensão do prazo prescricional é regulado pelo máximo da pena cominada.

No entanto, o Supremo Tribunal Federal já se manifestou em sentido diverso:

> I. Controle incidente de inconstitucionalidade: reserva de plenário (CF, art. 97). "Interpretação que restringe a aplicação de uma norma a alguns casos, mantendo-a com relação a outros, não se identifica com a declaração de inconstitucionalidade da norma que é a que se refere o art. 97 da Constituição Federal" (cf. RE nº 184.093, Moreira Alves, DJ 5/9/1997). II. **Citação por edital e revelia: suspensão do processo e do curso do prazo prescricional, por tempo indeterminado – CPP, art. 366, com a redação da Lei nº 9.271/1996**. 1. **Conforme assentou o Supremo Tribunal Federal, no julgamento da Ext. nº 1.042, 19/12/2006, Pertence, a Constituição Federal não proíbe a suspensão da prescrição, por prazo indeterminado, na hipótese do art. 366 do CPP**. 2. **A indeterminação do prazo da suspensão não constitui, a rigor, hipótese de imprescritibilidade: não impede a retomada do curso da prescrição, apenas a condiciona a um evento futuro e incerto, situação substancialmente diversa da imprescritibilidade**. 3. Ademais, a Constituição Federal se limita, no art. 5º, XLII e XLIV, a excluir os crimes que enumera da incidência material das regras da prescrição, sem proibir, em tese, que a legislação ordinária criasse outras hipóteses. 4. **Não cabe, nem mesmo sujeitar o período de suspensão de que trata o art. 366 do CPP ao tempo da prescrição em abstrato, pois, "do contrário, o que se teria, nessa hipótese, seria uma causa de interrupção, e não de suspensão.**" 5. RE provido, para excluir o limite temporal imposto à suspensão do curso da prescrição. (RE nº 460.971, Rel. Min. Sepúlveda Pertence, Primeira Turma, julgado em 13/2/2007, DJ 30/3/2007, p. 76, Ement. Vol. 2270-05, p. 916, RMDPPP v. 3, nº 17, 2007, p. 108-113, LEXSTF v. 29, nº 346, 2007, p. 515-522)

ATENÇÃO!

Esclarece Tourinho Filho (1998) que essa discussão, contudo, não se aplica aos crimes de lavagem de dinheiro, tipificados na Lei nº 9.613/1998, a qual prevê expressamente a inaplicabilidade do disposto no art. 366 do Código de Processo Penal (art. 2º, § 2º).

Questão de concurso

(Fundep/MPE-MG/Promotor de Justiça/2011) Assinale a alternativa correta.

a) Ausente o citado por edital, suspende-se o processo e a prescrição, esta pelo prazo máximo da pena cominada, diante do princípio da prescritibilidade das ações.

b) Ausente o citado por edital, justifica-se a decretação da prisão preventiva, diante do abandono do distrito da culpa, o que coloca em risco a aplicação da lei penal.

c) Ausente o citado por edital, é impossível produzir prova, ainda que esta possa perecer, uma vez que se deve respeitar o contraditório efetivo.

d) Ausente o citado por edital, nos crimes de lavagem de dinheiro, o processo mantém seu curso, graças à excepcionalidade lesiva do crime econômico.

Comentários:

O relator Ministro Gilson Dipp, no julgamento de 17/2/2011, decidiu que a Segunda Turma do STJ deu provimento a recurso por entender que a produção antecipada de provas, conforme dispõe o art. 366 do CPP, não deve ser utilizada em todos os casos em que haja a suspensão do processo em razão da ausência do réu citado por edital. A providência deve ser resultante de uma avaliação do risco concreto do perecimento da prova e de impossibilidade de sua obtenção futura, caso não seja realizada antecipadamente. Logo, é uma medida excepcional que deve ser devidamente justificada. (Rel. Min. Gilson Dipp, julgado em 17/2/2011).

Gabarito: d

11. PRODUÇÃO ANTECIPADA DE PROVAS

Esclarece Capez (2010) que a produção antecipada de provas não é consequência natural da suspensão do processo por ausência do acusado, condicionada à discricionariedade do juiz, dependendo ela da comprovação do estado de urgência para sua produção.

Nem mesmo o esquecimento natural pelo decurso do tempo, característico da prova testemunhal, pode ser utilizado como argumento válido para tanto, conforme julgado do Supremo Tribunal Federal.

> *Habeas corpus*. Constitucional. Processual Penal. Produção antecipada de prova. Alegação de ofensa aos princípios do contraditório e da ampla defesa.

Habeas corpus concedido. 1. **A decisão que determina a produção antecipada da prova testemunhal deve atender aos pressupostos legais exigidos pela norma processual vigente** ("Art. 255. Se qualquer testemunha houver de ausentar-se, ou, por enfermidade ou por velhice, inspirar receio de que ao tempo da instrução criminal já não exista, o juiz poderá, de ofício ou a requerimento de qualquer das partes, tomar-lhe antecipadamente o depoimento"). 2. **Firme a jurisprudência deste Supremo Tribunal no sentido de que "[s] e o acusado, citado por edital, não comparece nem constitui advogado, pode o juiz, suspenso o processo, determinar produção antecipada de prova testemunhal, apenas quando esta seja urgente nos termos do art. 225 do Código de Processo Penal".** Precedentes. 3. Ordem concedida. (*HC* nº 96.325, Rel. Min. Cármen Lúcia, Primeira Turma, julgado em 19/5/2009, DJe 157, divulg. em 20/8/2009, public. em 21/8/2009, Ement. Vol. 2370-04, p. 762, RF v. 105, nº 404, 2009, p. 481-487)

12. AUSÊNCIA (REVELIA) NO PROCESSO PENAL

Uma vez citado ou intimado, o processo seguirá sem a presença do acusado que deixar de comparecer sem motivo justificado, ou, no caso de mudança de residência, não comunicar o novo endereço ao juízo (CPP, art. 367).

Defende Nucci (2011) que, no processo penal, não tem lugar o conceito de revelia, já que, neste, o réu ocupa posição diferenciada do que ocorre no processo civil. No processo penal, o não comparecimento do réu a qualquer ato processual não caracteriza contumácia, nem será tomado por verdade aquilo que não é contestado, face à vigência do princípio da não culpabilidade. Ademais, não obstante sua ausência, o réu sempre se fará representar por advogado constituído ou pela Defensoria Pública, participando, portanto, indiretamente dos atos processuais.

Presentes as circunstâncias previstas no art. 367 do CPP, o réu passará a ser tratado por ausente.

13. CARTA ROGATÓRIA

Estando o acusado no estrangeiro, em lugar sabido, será citado mediante carta rogatória, suspendendo-se o curso do prazo de prescrição até o seu cumprimento (CPP, art. 368).

Em países que não cumprem rogatória, ou desconhecido o paradeiro do acusado, a citação por edital é a que se impõe.

14. FALTA DE CITAÇÃO

A citação do acusado no processo penal é indispensável, mesmo que tenha ele conhecimento do processo por outro motivo, e sua falta é causa de nulidade absoluta do processo.

15. INTIMAÇÃO – CONCEITO

Na definição de Nucci (2011), intimação é o ato processual pelo qual se dá ciência à parte da prática de algum outro ato processual já realizado ou a realizar-se, importando ou não na obrigação de fazer ou não fazer alguma coisa.

15.1 Intimação do Defensor Constituído

O advogado constituído pelo acusado, querelante, ou pela vítima, que funciona como assistente de acusação, será intimado por publicação no *Diário Oficial*, devendo seu nome constar da publicação (CPP, art. 370, § 1º).

Nada obsta, porém, que as intimações sejam feitas por meio eletrônico àqueles devidamente cadastrados, em portal próprio, dispensando-se a publicação no órgão oficial de imprensa (Lei nº 11.419/2006, arts. 4º e 5º).

Exige-se, também, a intimação da expedição da carta precatória (CPP, art. 222), sob pena de nulidade relativa, mas não da data marcada pelo juízo deprecado para a realização do ato. Nesse sentido, reza a Súmula nº 273 do Superior Tribunal de Justiça:

> Súmula nº 273.
> Intimada a defesa da expedição da carta precatória, torna-se desnecessária intimação da data da audiência no juízo deprecado.

15.2 Intimação das Testemunhas

Segue o mesmo modelo usado para a citação, ou seja, a testemunha será intimada por mandado, não sendo aplicável a hipótese de intimação ficta, por edital.

ATENÇÃO!

Se, contudo, regularmente intimada, a testemunha deixar de comparecer sem motivo justificado, o juiz poderá requisitar à autoridade policial a sua apresentação ou determinar seja conduzida por oficial de justiça, que poderá solicitar o auxílio da força pública (CPP, art. 218).

15.3 Intimação Pessoal do Ministério Público e do Defensor Público

Constituem prerrogativas dos membros do Ministério Público, no exercício de sua função, receber intimação pessoal em qualquer processo e grau de jurisdição, por meio da entrega dos autos com vista (Lei nº 8.625/1993, art. 41, IV; e CPP, art. 370, § 4º).

ATENÇÃO!

A intimação do Defensor Público e do defensor nomeado será, igualmente, pessoal (CPP, art. 370, § 4º).

15.4 Intimação do Réu

Tratando-se de réu preso, a intimação será pessoal, por meio de mandado judicial cumprido por oficial de justiça.

No entanto, não há que se falar em nulidade por falta de intimação pessoal do réu da sentença, se o seu defensor foi intimado regularmente, uma vez que prevalece sempre a vontade deste último quanto a eventual recurso.

A respeito, a Súmula nº 705 do Supremo Tribunal Federal:

> Súmula nº 705.
> A renúncia do réu ao direito de apelação, manifestada sem a assistência do defensor, não impede o conhecimento da apelação por este interposta.

CAPÍTULO 15
Prazos

1. CONCEITO

Para Tornaghi (1989), prazo é o lapso de tempo dentro do qual é ordenada, proibida ou facultada a prática de um ato.

2. ESPÉCIES

I - Quanto à origem:

a) **Legal**: a ordem de proibição ou permissão tem origem na lei (CPP, art. 10).

b) **Judicial**: fixado pelo juiz (CPP, arts. 10, § 3º; 93, § 1º; 116, § 4º; 222).

c) **Convencional**: tem origem nas partes (não se encontra no processo penal).

II - Quanto ao tempo:

a) **Peremptório**: prazo durante o qual o ato deve ser praticado, por determinação legal (CPP, arts. 799, 801 etc.);

b) **Dilatório**: a lei veda a prática do ato (CPP, art. 479).

c) **Ordinatório**: o prazo durante o qual se pode praticar o ato, conforme disposição legal (CPP, art. 38).

III - Quanto às partes:

a) **Comum**: corre para ambas as partes (CPP, art. 600, § 3º).

b) **Particulares**: correm para apenas uma das partes (CPP, arts. 46, 396 etc.).

IV - Quanto aos efeitos:

a) **Próprios**: reclamam a prática do ato processual pela parte, durante seu transcurso, sob pena de preclusão (CPP, art. 422).

b) **Impróprios**: prazos que descumpridos pelos juízes, auxiliares, e, em certos casos, pelo órgão do Ministério Público, acarretam consequências de natureza disciplinar, e não processual (CPP, arts. 799, 800 etc.).

3. PRINCÍPIOS

3.1 Princípio da Igualdade

O princípio da igualdade de tratamento determina prazos iguais para acusação e para defesa, se o ato a ser praticado é idêntico.

3.2 Princípio da Brevidade

O princípio da brevidade reclama seja o ato processual praticado em prazo compatível com a boa realização da justiça. Segundo Muccio (2011), tal princípio impõe que os atos processuais sejam levados a termo dentro de um espaço-tempo razoável, a fim de que o procedimento não se arraste, mas que também, a pretexto de ser célere, não prejudique a segurança da justiça.

3.3 Princípio da Utilidade

Esse princípio leva em conta a relevância do ato para que a ele se dê maior ou menor prazo.

3.4 Princípio da Continuidade

Os prazos, no curso de sua duração, não são interrompidos.

3.5 Princípio da Improrrogabilidade

Os prazos são, em geral, improrrogáveis (peremptórios).

3.6 Princípio da Irredutibilidade

Os prazos fixados em lei não podem ser reduzidos.

3.7 Princípio da Preclusão

Este princípio impede que se retorne a realização do ato que não foi concluído no espaço-tempo estabelecido, permitindo ao processo caminhar em direção à prestação jurisdicional definitiva.

ATENÇÃO!

A preclusão é um fato processual impeditivo. Constitui a perda, a extinção ou a consumação de uma faculdade, seja porque a parte não a exerceu na ordem legal, ou porque realizou uma atividade incompatível com o exercício de outra, ou porque já foi exercida validamente.

4. CONTAGEM DOS PRAZOS

4.1 Prazo em Minutos

Na contagem do prazo, é preciso verificar a unidade de medida fixada pelo legislador. Se o prazo é fixado em minutos, a contagem será de minuto a minuto (CPP, arts. 403 e 554).

4.2 Prazo em Horas

Os prazos fixados em 24 ou mais horas são contados como dias.

Assim, o de 24 horas é um dia; o de 48, dois dias; e assim por diante (CPP, arts. 100, 306, 477 etc.).

No entanto, no tocante à nota de culpa, o prazo de 24 horas continua a ser contado minuto a minuto, sob pena de constrangimento ilegal (CPP, art. 306, §§ 1º e 2º).

4.3 Prazo em Dias

Fixado o prazo em dias, nele não se computará o dia do começo, incluindo-se, porém, o do vencimento (CPP, art. 798, § 1º).

Alguns prazos fixados em dias: CPP, arts. 39, § 5º; 46, 58, 100, 552, 588 etc.

4.4 Prazos em Meses e Anos

Considera-se ano o período de 12 meses contado do dia do início ao dia e mês correspondentes do ano seguinte.

Considera-se mês o período de tempo contado do dia do início ao dia correspondente do mês seguinte.

Quando no ano ou no mês do vencimento não houver o dia correspondente ao do início do prazo, este findará no primeiro dia subsequente.

5. FIXAÇÃO DA DATA INICIAL PARA CONTAGEM DE PRAZO (*DIES A QUO*)

Salvo os casos expressos em lei, os prazos correrão da intimação, da audiência ou sessão em que for proferida a decisão, se a ela estiver presente a parte, ou do dia em que a parte manifestar nos autos ciência inequívoca da sentença ou despacho (CPP, art. 798, § 5º).

No tocante à fixação do *dies a quo*, o Supremo Tribunal Federal tem o seguinte entendimento sumulado:

> Súmula nº 310.
> Quando a intimação tiver lugar na sexta-feira, ou a publicação com efeito de intimação for feita nesse dia, o prazo judicial terá início na segunda-feira imediata, salvo se não houver expediente, caso em que começará no primeiro dia útil que se seguir.

Questão de concurso

(FCC/TJ-PE/Técnico Judiciário/Área Judiciária e Administrativa/2012) Em um processo penal, a sentença condenatória foi proferida pelo juiz em audiência, com a presença do acusado e de seu defensor constituído. O prazo para o acusado recorrer começará a correr do dia

a) da intimação pessoal do acusado por Oficial de Justiça.

b) da audiência.

c) da intimação pessoal do defensor do acusado por Oficial de Justiça.

d) seguinte à intimação do Ministério Público.

e) seguinte ao decurso do prazo para recurso do Ministério Público.

Comentários:

Prevê a lei que os prazos correrão da intimação, da audiência ou sessão em que for proferida a decisão se a ela estiver presente a parte, do dia em que a parte manifestar nos autos ciência inequívoca da sentença ou despacho. Não prevendo a lei, expressamente, o termo inicial, é ele o fixado no dispositivo em exame. Assim, se a parte e seu defensor estiverem presentes quando da lavratura da sentença ou tiverem ciência inequívoca desta, é termo inicial o dia destes acontecimentos e não o de posterior intimação.

Gabarito: b

5.1 Contagem de Prazo na Intimação por Mandado ou Precatória

As dificuldades de acesso ao processo, estando a parte em outra comarca, permitiriam acolher a data da juntada aos autos do mandado, ou da precatória, para o início da contagem do prazo. Este, contudo, não é o entendimento sumulado do Supremo Tribunal Federal:

> Súmula nº 710.
> No Processo Penal, contam-se os prazos da data da intimação, e não da juntada aos autos do mandado ou da carta precatória ou de ordem.

6. FIXAÇÃO DA DATA FINAL PARA CONTAGEM DE PRAZO (*DIES AD QUEM*)

Não se computará no prazo o dia do começo, incluindo-se, porém, o do vencimento (CPP, art. 798, § 1º), contudo, se o prazo terminar em domingo ou dia feriado, considerar-se-á prorrogado até o dia útil imediato (CPP, art. 798, § 3º).

7. INTERRUPÇÃO E SUSPENSÃO DO PRAZO

Os princípios da peremptoriedade e continuidade, embora afirmados como regra, não são absolutos, esclarece Mougenot (2009).

Não correrão os prazos se houver impedimento do juiz, força maior ou obstáculo judicial oposto pela parte contrária (CPP, art. 798, § 4º).

ATENÇÃO!

Nesses casos, se o prazo já houver começado a fluir, ficará interrompido; se não houver, ficará suspenso; e, em qualquer caso, será devolvido, parcial ou totalmente, quando cessar a razão.

8. PRAZOS DO DEFENSOR PÚBLICO OU DATIVO

São computados em dobro, devendo haver intimação pessoal para o início do seu transcurso (Lei nº 1.060/1950, art. 5º, § 5º).

Se, no curso do processo, seja por vontade do réu ou renúncia do advogado, vier a Defensoria Pública a assumir a defesa do acusado, o prazo para a realização de ato processual, conforme o estado da causa, lhe será devolvido na íntegra, mesmo se já iniciado. Nesse sentido, reza o Superior Tribunal de Justiça:

> Processual Penal. Agravo de instrumento. Agravo regimental. Advogado constituído. Renúncia. Intervenção da defensoria pública estadual a pedido do recorrente. devolução do prazo recursal. Outorga de nova procuração ao advogado anteriormente constituído. Interposição. Intempestividade. Transmissão via fax. Razões incompletas. 1 – Requerida a devolução do prazo recursal à Defensoria Pública Estadual, a pedido do recorrente, a solicitação foi deferida e o defensor público devidamente intimado em 5/2/2009, conforme certidão de fl. 366. O início do prazo recursal se deu em 6/2/2009 (sexta-feira) e seu término ocorreu em 16/2/2009 (segunda-feira), passado o decêndio legal, em virtude da prerrogativa do prazo em dobro, prevista no art. 5º, § 5º, da Lei nº 1.060/1950. Afigura-se, portanto, intempestivo o agravo regimental interposto após o decurso do prazo legal. 2 – Ressalte-se que a devolução do prazo fora deferida à Defensoria Pública e não ao advogado constituído que já havia renunciado ao mandato, fato, inclusive, que ensejou a reabertura do prazo recursal. [...] 4 – Agravo regimental não conhecido. (AgRg no Ag 1092820/RJ, Rel. Min. Og Fernandes, Sexta Turma, julgado em 23/4/2009, DJe 25/5/2009)

A situação inversa, contudo, não opera os mesmos efeitos:

> Penal. Processual Penal. *Habeas corpus*. 1. Acórdão que modifica substancialmente a pena fixada em sentença. Defensoria Pública. Prazo para a interposição de recurso. Constituição de defensor particular. Petição protocolada dentro do prazo. Devolução do prazo. Pedido. Indeferimento. Constrangimento ilegal. Inexistência. Necessidade de atendimento do prazo legal. 2. Ordem denegada. 1. Se o paciente desconstituiu defensor público quando já em curso prazo para a interposição de recurso especial ou extraordinário, o advogado que ingressa nos autos deve respeitar o prazo já iniciado, interpondo, se for o caso, o recurso, dentro do prazo que ainda resta. 2. Ordem denegada. (*HC* nº 66.680/PR, Rel. Ministra Maria Thereza de Assis Moura, Sexta Turma, julgado em 23/4/2009, DJe 18/5/2009)

CAPÍTULO 16
Sentença

1. CONCEITO

Na definição de Nucci (2011), sentença é a decisão terminativa do processo e definitiva quanto ao mérito, abordando a questão relativa à pretensão punitiva do Estado, para julgar procedente ou improcedente a imputação.

2. NATUREZA JURÍDICA

Quanto à natureza jurídica, a sentença é:

a) **Condenatória**: quando julga procedente a pretensão punitiva do Estado, fixando a sanção penal devida a ser exigida do acusado.

b) **Declaratória**: quando absolver o acusado ou julgar extinta sua punibilidade.

c) **Constitutiva**: quando o Estado revê a situação do condenado, restituindo-lhe direitos perdidos pela força da condenação definitiva (exemplo: reabilitação - CP, art. 93).

Questão de concurso

(FCC/TRE-PR/Analista Judiciário/Área Judiciária/2012) A decisão que julga extinta a punibilidade do acusado classifica-se como sentença

a) absolutória.

b) condenatória.

c) declaratória.

d) constitutiva.

e) mandamental.

Comentários:

A sentença declaratória de extinção de punibilidade é uma decisão definitiva ou sentença em sentido próprio que encerra a relação processual, julga o mérito, mas não condena nem absolve. Em outras palavras, essa sentença aprecia o mérito da demanda, porém não de forma exauriente. É denominada de terminativa de mérito ou definitiva em sentido estrito, eis que se julga o mérito, se define o juízo, mas não se condena nem absolve o acusado.

Gabarito: c

3. CLASSIFICAÇÃO

As sentenças dividem-se em:

a) **Condenatórias**: julgam procedente, no todo ou em parte, a pretensão punitiva.

b) **Absolutórias**: não acolhem o pedido de condenação. Subdividem-se em:

- próprias: não impõem qualquer sanção ao acusado;
- impróprias: impõem medida de segurança.

c) **Terminativas de mérito**: julgam o mérito e extinguem o processo sem condenar ou absolver o acusado.

4. OUTROS ATOS JURISDICIONAIS

Além da sentença, objetivo do processo penal, outros atos jurisdicionais são assim classificados:

a) **Despachos**: decisões que dão andamento ao processo, sem resolver questão controvertida (exemplos: abertura de vistas, designação de audiência).

b) **Decisões interlocutórias**: soluções dadas pelo juiz sobre qualquer questão controversa, podendo ou não colocar fim ao processo. Estas, por sua vez, subdividem-se em:

- interlocutórias simples: dirimem controvérsia sem colocar fim ao processo (exemplos: decretação de preventiva, deferimento de busca e apreensão);
- interlocutórias mistas (com força de definitiva): resolvem controvérsia, pondo fim ao processo ou a uma fase processual (exemplos: pronúncia, acolhimento de exceção de coisa julgada).

c) **Decisões definitivas**: tomadas pelo juiz, colocando fim ao processo, sem decidir acerca da procedência ou improcedência da pretensão punitiva, porém com exame de mérito (exemplos: reconhecimento da prescrição, decadência, morte do réu).

5. REQUISITOS FORMAIS

Os requisitos formais da sentença são os seguintes:

a) **Relatório (CPP, art. 381, II)**: a história relevante do processo.

b) **Fundamentação (CPP, art. 381, III)**: indicação dos motivos de fato e direito que levaram à decisão.

c) **Conclusão ou dispositivo (CPP, art. 381, IV e V)**: decisão propriamente dita.

d) A data e a assinatura do juiz (Autenticação - CPP, art. 381, VI).

6. EMBARGOS DECLARATÓRIOS

Qualquer das partes poderá, no prazo de dois dias, pedir ao juiz que declare a sentença, sempre que nela houver obscuridade, ambiguidade, contradição ou omissão (CPP, art. 382).

Conforme Nucci (2011), obscuridade é o estado daquilo que é difícil de entender; ambiguidade é o estado daquilo que possui duplo sentido, gerando incerteza; contradição é a incoerência entre uma afirmação anterior e outra posterior; omissão é a lacuna ou esquecimento.

ATENÇÃO!

Embora a lei preveja embargos de declaração apenas contra sentença ou acórdão, qualquer decisão judicial pode ser embargada, enquanto não ocorrer preclusão.

Apesar de o Código de Processo Penal não dispor expressamente, os embargos declaratórios interrompem o prazo do recurso, aplicando-se, por analogia, o disposto no art. 538 do Código de Processo Civil.

6.1 Correção de Erro Material de Ofício

Muito embora a jurisprudência dominante entenda não só possível, como obrigatória, a correção de erro material na sentença, *ex officio*, quando tal emenda se faz possível por recurso exclusivo da defesa, gerando situação mais gravosa ao condenado, verifica-se a *reformatio in pejus*, vedada pelo ordenamento jurídico. Assim é o entendimento do Superior Tribunal de Justiça:

> *Habeas corpus*. Crime de atentado violento ao pudor. *Quantum* da pena. Recurso de apelação exclusivo da defesa. Erro material na parte dispositiva da sentença. Correção de ofício. *Reformatio in pejus*. Ocorrência. Majoração da pena-base. Reconhecimento expresso de circunstâncias judiciais desfavoráveis. Violência real. Majorante prevista no art. 9º da Lei nº 8.072/1990. Aplicabilidade. 1. A correção de ofício de erro material no dispositivo da sentença condenatória, em prejuízo do condenado, quando feito em recurso exclusivo da Defesa, consubstancia-se em *reformatio in pejus*, de acordo com a recente jurisprudência dos Tribunais Superiores. [...] 4. *Habeas corpus* parcialmente concedido para afastar a correção do erro material efetivada pelo acórdão impugnado. (*HC* nº 111.647/RJ, Rel. Ministra Laurita Vaz, Quinta Turma, julgado em 6/11/2008, DJe 1/12/2008)

7. EFEITOS DA SENTENÇA

Com a sentença, esgota-se o poder jurisdicional do magistrado que a prolatou, não podendo este praticar qualquer ato jurisdicional, a não ser a correção de erros materiais.

8. PRINCÍPIO DA CORRELAÇÃO

Entende-se que deve haver correlação entre o fato descrito na denúncia ou queixa e o fato pelo qual o réu é condenado.

Na lição de Nucci (2011), o juiz não pode julgar o acusado por crime ou circunstância que não lhe é imputado (*extra petita*); por menos ou mais do que lhe é imputado (*citra* e *ultra petita*).

ATENÇÃO!

> É de se chamar a atenção, contudo, que o acusado não se defende da capitulação que o Ministério Público ou ofendido dá ao crime, na denúncia ou queixa-crime, mas sim dos fatos narrados na inicial acusatória.

9. *EMENDATIO LIBELLI*

O juiz, sem modificar a descrição do fato contida na denúncia ou queixa, poderá atribuir-lhe definição jurídica diversa, ainda que, em consequência, tenha de aplicar pena mais grave (CPP, art. 383).

Capez (2010) afirma não existir qualquer limitação para a aplicação da regra, contida no art. 383, em segunda instância; entretanto, se a *emendatio libelli* importar em aplicação de pena mais grave, o tribunal não poderá dar a nova definição jurídica que implique prejuízo do réu, no caso de recurso exclusivo da defesa, sob pena de afronta ao princípio que veda a *reformatio in pejus*.

Se, em consequência de definição jurídica diversa, houver possibilidade de proposta de suspensão condicional do processo, o juiz encaminhará os autos ao Ministério Público, a quem compete oferecer a proposta de *sursis* processual (CPP, art. 383, § 1º; Lei nº 9.099/1995, art. 89). No entanto, operada a desclassificação do delito, por força de nova definição jurídica, tratando-se de infração da competência de outro juízo, a este serão encaminhados os autos (CPP, art. 383, § 2º). É o caso, por exemplo, da verificação da competência do Juizado Especial Criminal, de natureza constitucional, para a qual será declinada a competência para fins de aplicação dos benefícios constantes da Lei nº 9.099/1995, dentre eles, a transação penal (art. 76).

10. *MUTATIO LIBELLI*

Encerrada a instrução probatória, se entender cabível nova definição jurídica do fato, em consequência de prova existente nos autos de elemento ou circunstância da infração penal não contida na acusação, o Ministério Público deverá aditar a denúncia ou queixa, no prazo de cinco dias, se em virtude desta houver sido instaurado o processo em crime de ação pública, reduzindo-se a termo o aditamento, quando feito oralmente (CPP, art. 384).

Desse modo, segundo Capez (2010), não pode o juiz condenar o acusado por qualquer crime por conduta diversa daquela apontada na denúncia ou na queixa sem a providência determinada pelo art. 384, sob pena de nulidade.

E, quando se fala em queixa, refere-se o legislador à ação penal privada subsidiária, já que inadmissível o juiz determinar abertura de vista para o Ministério Público aditar a queixa-crime e ampliar a imputação na ação penal exclusivamente privada.

ATENÇÃO!

Igualmente, não se admite que a acusação seja ampliada a novos fatos por meio do aditamento à denúncia, uma vez que a *mutatio accusationis* se limita à nova definição jurídica do fato originalmente previsto na peça inaugural.

A *mutatio libelli*, todavia, não tem aplicação em segunda instância, conforme entendimento sumulado do Supremo Tribunal Federal.

Súmula nº 453.
Não se aplicam à segunda instância o art. 384 e parágrafo único do Código de Processo Penal, que possibilitam dar nova definição jurídica ao fato delituoso, em virtude de circunstância elementar não contida, explícita ou implicitamente, na denúncia ou queixa.

ATENÇÃO!

Independentemente da *mutatio libelli*, nos crimes de ação pública o juiz poderá proferir sentença condenatória, ainda que o Ministério Público tenha opinado pela absolvição, bem como reconhecer agravantes, embora nenhuma tenha sido alegada (CPP, art. 385).

Questão de concurso

(Cespe/DPE-MA/Defensor Público/2011) A respeito da sentença, assinale a opção correta.

a) O juiz pode dar nova classificação jurídica ao fato definido na denúncia ao prolatar a sentença (*emendatio libelli*), desde que mediante o prévio aditamento da denúncia e abertura de prazo para a defesa se manifestar.
b) O réu se defende dos fatos narrados na denúncia e não da classificação a eles atribuída pelo órgão acusador, podendo o julgador, no momento da sentença, corrigir a tipificação, atribuindo-lhe definição jurídica diversa, desde que não aplique pena mais grave que a contida na denúncia.
c) É lícito ao juiz, no ato de recebimento da denúncia, conferir definição jurídica aos fatos narrados na peça acusatória diversa da atribuída pelo MP, podendo, ainda, fazê-lo no momento da prolação da sentença, ocasião em que poderá haver *emendatio libelli* ou *mutatio libelli*.
d) Caso as circunstâncias dos delitos narradas na denúncia sejam idênticas às consideradas na sentença condenatória, alterada apenas a tipificação dos crimes, a hipótese é de impor as regras do instituto da *mutatio libelli*.
e) Não fere o princípio da correlação a inclusão na sentença de agravante legal não descrita na denúncia, mas demonstrada durante a instrução do feito, mormente se suscitada em sede de alegações finais da acusação pública.

Comentários:

Trata-se de matéria relacionada ao processo penal, no qual vigora o princípio da correlação entre a imputação e a sentença. Isto é, os fatos narrados na inicial (denúncia ou queixa) devem manter relação lógica com a sentença. Com a finalidade de alcançar o mencionado postulado normativo, é dado ao juiz dois instrumentos: a emendatio *e a* mutatio. *Luiz Flávio Gomes (2011) esclarece que, de acordo com a* emendatio libelli, *o juiz, quando da sentença, verificando que a tipificação não corresponde aos fatos narrados na petição inicial, poderá de ofício apontar sua correta definição jurídica. Na* emendatio, *os fatos provados são exatamente os fatos narrados. Por outro lado, verifica-se a* mutatio libelli, *quando o juiz concluir que o fato narrado na inicial não corresponde aos fatos provados na instrução processual; nesse caso, deve o juiz remeter o processo ao Ministério Público que deverá aditar a peça inaugural. Os fatos provados são distintos dos fatos narrados.*

Gabarito: e

11. SENTENÇA ABSOLUTÓRIA

Sentença absolutória é a que julga improcedente a pretensão punitiva do Estado.

Segundo Nucci (2011), dentre as absolutórias existem as denominadas impróprias, que apesar de não considerarem o réu um criminoso porque inimputável, impõe a ele medida de segurança, uma sanção penal constritiva à liberdade, mas no interesse da sua recuperação e cura.

11.1 Fundamentos

O Código de Processo Penal prevê sete hipóteses de absolvição, quando (CPP, art. 386):

a) estiver provada a inexistência do fato;

b) não houver prova da existência do fato;

c) o fato não constituir infração penal;

d) estiver provado que o réu não concorreu para a infração penal;

e) não existir prova de ter o réu concorrido para a infração penal;

f) existirem circunstâncias que excluam o crime ou isentem o réu de pena (arts. 20, 21, 22, 23, 26 e § 1º do art. 28, todos do Código Penal), ou mesmo se houver fundada dúvida sobre sua existência;

g) não existir prova suficiente para a condenação.

Absolvido, o réu poderá apelar da sentença para que se mude o fundamento legal de sua absolvição.

ATENÇÃO!

Na sentença absolutória, o juiz mandará, se for o caso, pôr o réu em liberdade; ordenará a cessação das penas acessórias provisoriamente aplicadas, bem como das medidas cautelares e provisoriamente aplicadas; e aplicará medida de segurança, se cabível (CPP, art. 386, parágrafo único).

12. SENTENÇA CONDENATÓRIA

O juiz, ao proferir sentença condenatória, mencionará as circunstâncias agravantes ou atenuantes definidas no Código Penal, e cuja existência reconhecer, além de outras circunstâncias apuradas e tudo o mais que deva ser levado em conta na aplicação da pena, de acordo com o disposto nos arts. 59 e 60 do Código Penal; aplicará as penas de acordo com essas conclusões; fixará valor mínimo para reparação dos danos causados pela infração, considerando os prejuízos sofridos pelo ofendido; atenderá, quanto à aplicação provisória de interdições de direitos e medidas de segurança; determinará sua publicação; e, por fim, decidirá, fundamentadamente, sobre a manutenção ou, se for o caso, imposição de prisão preventiva ou de outra medida cautelar, sem prejuízo do conhecimento da apelação que vier a ser interposta (CPP, art. 387, parágrafo único).

12.1 Intimação da Sentença

A intimação da sentença deverá ser feita ao réu, pessoalmente, esteja solto ou preso, por adoção do princípio da ampla defesa, bem como a seu defensor, fluindo o prazo recursal a partir da última intimação efetuada.

CAPÍTULO 17
Nulidades

1. CONCEITO

Segundo Frederico Marques (1997), a nulidade é uma sanção que, no processo penal, atinge a instância ou o ato processual que não estejam de acordo com as condições de validade impostas pelo Direito objetivo. É vício processual decorrente da inobservância de exigências legais capaz de invalidar o processo no todo ou em parte.

2. CLASSIFICAÇÃO

De acordo com sua relevância, os vícios processuais podem ser assim classificados:

a) **Irregularidade**: desatende as exigências formais, sem qualquer relevância.

b) **Nulidade relativa**: viola exigência estabelecida pelo ordenamento jurídico (infraconstitucional), estabelecida no interesse predominante das partes.

c) **Nulidade absoluta**: a formalidade desatendida constitui ofensa direta ao princípio constitucional do devido processo legal e seus desenvolvimentos.

d) **Inexistência**: a falta de qualidade de ato para existir como ato jurídico.

Questão de concurso

(FCC/DPE-RS/Defensor Público/2011) Sobre os vícios processuais, é incorreto afirmar.

a) São exemplos de atos inexistentes a sentença proferida por quem não é juiz ou a sentença a que falte a parte dispositiva.

b) Sobre a teoria dos vícios processuais o Código de Processo Penal adota destacadamente os princípios do prejuízo, da causalidade, do interesse e da convalidação.

c) Não viola as garantias do juiz natural, da ampla defesa e do devido processo legal a atração por continência ou conexão do processo do corréu ao foro por prerrogativa de função de um dos denunciados.

d) É absoluta a nulidade decorrente da inobservância da competência penal por prevenção.
e) É vedada a utilização de inquéritos policiais e ações penais em curso para agravar a pena-base.

Comentários:

No tocante às nulidades, segundo Grinover e Fernandes (2001), são aplicáveis o princípio do prejuízo, previsto no art. 563 do CPP; o princípio da irrelevância, previsto no art. 566 do CPP, segundo o qual o ato irregular inócuo, que não chegou a afetar o convencimento judicial, não tem por que ser declarado nulo; o princípio da causalidade, que se encontra presente no art. 573, §§ 1º e 2º do CPP, segundo o qual a nulidade do ato contamina os atos que dele dependam ou sejam consequência, ocorrendo a nulidade derivada; o princípio da falta de interesse, previsto no art. 565 do CPP, em que a decretação da invalidade do ato praticado, com sua consequente renovação deve estar igualmente sujeita a uma apreciação sobre as vantagens para quem invoca a irregularidade, cabendo apenas para as nulidades relativas, pois somente nelas que a invalidade depende da arguição do interessado; o princípio da instrumentalidade das formas, que preceitua não se declarar a nulidade se não houver interferido na apuração da verdade substancial ou na decisão da causa, até mesmo por economia processual e celeridade. Se os atos processuais têm como fim a realização da justiça, e este é conseguido apesar da irregularidade daqueles, não há razão para renová-lo (art. 566, CPP). Seguindo esta orientação, reza o art. 571, II, que as nulidades previstas no art. 564, II, d, *e IV,* e, g *e* h, *são consideradas sanadas se o ato tiver atingido o seu fim, mesmo que praticado de outra forma; e, por fim, o princípio da extensão, o qual prevê que, quando um ato é anulado, acarreta automaticamente a anulação dos atos subsequentes que dele dependam.*

Gabarito: d

3. IRREGULARIDADES

No tocante às irregularidades, podem-se apontar as seguintes características:
a) formalidade estabelecida em lei;
b) exigência sem qualquer relevância para o processo;
c) não visa garantir o interesse de nenhuma das partes;
d) tem um fim em si mesma;
e) a violação é incapaz de gerar qualquer prejuízo;
f) não invalida o ato e não traz qualquer consequência para o processo.

4. NULIDADES RELATIVAS

Às nulidades relativas podem-se atribuir as seguintes características:

a) estabelecidas no ordenamento jurídico infraconstitucional;

b) finalidade de resguardar um direito da parte;

c) interesse predominante das partes;

d) possibilidade de ocorrência de prejuízo;

e) necessidade de provar a ocorrência do efetivo prejuízo;

f) necessidade de arguição em tempo oportuno, sob pena de preclusão;

g) necessidade de pronunciamento judicial para o seu reconhecimento.

Muito embora a falta de defesa constitua nulidade absoluta no processo penal, sua deficiência depende da comprovação de efetivo prejuízo para gerar nulidade, conforme entendimento sumulado do Supremo Tribunal Federal.

> Súmula nº 523.
> No Processo Penal, a falta da defesa constitui nulidade absoluta, mas a sua deficiência só o anulará se houver prova de prejuízo para o réu.

5. NULIDADE ABSOLUTA

São características das nulidades absolutas:

a) ofensa direta ao princípio constitucional do devido processo legal;

b) a regra violada visa a garantir interesse de ordem pública, e não mero interesse das partes;

c) o prejuízo é presumido, e não precisa ser demonstrado;

d) não ocorre preclusão; pode ser alegada a qualquer tempo, bem como reconhecida de ofício pelo juiz;

e) depende de pronunciamento judicial para ser reconhecida.

Muito embora reconhecíveis de ofício, no curso do processo, as nulidades absolutas não podem ser reconhecidas em prejuízo do réu. Cuida-se de entendimento sumulado do Supremo Tribunal Federal.

> Súmula nº 160.
> É nula a decisão do tribunal que acolhe, contra o réu, nulidade não arguida no recurso da acusação, ressalvados os casos de recurso de ofício.

6. PRINCÍPIOS

6.1 Princípio do Prejuízo (*Pas de Nullités Sans Grief*)

Nenhum ato será declarado nulo, se da nulidade não resultar prejuízo para a acusação ou para a defesa (CPP, art. 563).

Tal princípio não se aplica à nulidade absoluta, já que, presumido o prejuízo, é desnecessária sua demonstração.

6.2 Princípio da Instrumentalidade das Formas e Economia Processual

Não será declarada a nulidade de ato processual que não houver influído na apuração da verdade substancial ou na decisão da causa (CPP, art. 566), nem se, praticado por outra forma, o ato tiver atingido o seu fim (CPP, art. 572, II).

6.3 Princípio da Causalidade ou da Sequencialidade

A nulidade de um ato, uma vez declarada, causará a dos atos que dele diretamente dependam ou sejam consequência (CPP, art. 573, § 1º).

⚠ ATENÇÃO!

Segundo Grinover, Scarance e Magalhães, a nulidade dos atos da fase postulatória do processo se propaga sempre para os demais atos, enquanto a nulidade dos atos de instrução, normalmente, não contamina os outros atos de aquisição de provas validamente realizados.

6.4 Princípio do Interesse

Nenhuma das partes poderá arguir nulidade a que haja dado causa, ou para que tenha concorrido, ou referente a formalidade cuja observância só à parte contrária interesse (CPP, art. 565).

⚠ ATENÇÃO!

Tal limitação, contudo, não se aplica ao Ministério Público que, obrigado a zelar pelo cumprimento da lei, pode sustentar nulidade que aproveite exclusivamente a defesa.

6.5 Princípio da Convalidação

Se não forem arguidas em tempo oportuno, as nulidades relativas estarão sanadas (CPP, art. 572, I). Os prazos preclusivos para tanto encontram-se elencados no art. 571 do Código de Processo Penal.

6.6 Princípio da Não Preclusão e do Pronunciamento de Ofício

As nulidades absolutas não precluem e podem ser reconhecidas independentemente de arguição pela outra parte.

Todavia, em grau de recurso, o tribunal não poderá conhecer de nulidade, relativa ou absoluta, que prejudique a situação do réu no processo, sem que esta tenha sido levantada como preliminar no recurso da acusação. É o que dispõe o Supremo Tribunal Federal.

> Súmula nº 160.
> É nula a decisão do tribunal que acolhe, contra o réu, nulidade não arguida no recurso da acusação, ressalvados os casos de recurso de ofício.

No entanto, sustenta a doutrina que, no caso de incompetência absoluta do juízo, o disposto no aludido enunciado não tem aplicação, devendo o tribunal, *ex officio*, reconhecer a nulidade do processo.

7. NULIDADES EM ESPÉCIE

O art. 564 do Código de Processo Penal elenca os casos de nulidade, os quais passamos a analisar.

7.1 Incompetência

Na incompetência absoluta, o juiz fica privado totalmente de seu poder jurisdicional, já que as hipóteses de competência absoluta (competência constitucional) são imodificáveis pela vontade das partes, pois a questão é predominantemente de ordem pública (princípio constitucional do juiz natural).

A incompetência absoluta não se convalida, pode ser reconhecida de ofício, e é causa geradora de nulidade absoluta do processo.

ATENÇÃO!

No entanto, Grinover, Scarance e Magalhães sustentam que a sentença absolutória proferida por juiz absolutamente incompetente, mesmo em se tratando de um ato inexistente, segundo a melhor doutrina, não pode ser anulada em prejuízo do réu. Cuida-se de um conflito de preceitos constitucionais (juiz natural x *favor rei*) que se resolve em favor do acusado.

A competência relativa (territorial), contudo, é prorrogável, sendo, portanto, sanável o vício se não alegado no momento oportuno. Cuida-se de hipótese de nulidade relativa. Assim é o entendimento sumulado do Supremo Tribunal Federal.

> Súmula nº 706.
> É relativa a nulidade decorrente da inobservância da competência penal por prevenção.

Os mesmos autores afirmam, ainda, que tanto a incompetência absoluta quanto a relativa (territorial) podem ser reconhecidas de ofício pelo juiz, haja vista o interesse público na colheita de provas no local onde se consumara o delito (CPP, art. 70 – princípio da verdade real). Esse, contudo, não é o entendimento do Superior Tribunal de Justiça.

> Súmula nº 33.
> A incompetência relativa não pode ser declarada de ofício.

ATENÇÃO!

No caso de incompetência relativa, serão anulados somente os atos decisórios, que são aqueles em que há decisão de mérito, aproveitando-se os atos instrutórios (CPP, art. 567); já na incompetência absoluta, todos os atos serão anulados, mesmo os não decisórios.

7.2 Suspeição

Segundo Capez (2010), o impedimento (CPP, art. 252) é causa geradora de inexistência, e não apenas nulidade, dos atos praticados.

Tornaghi (1989), por sua vez, sustenta que o impedimento priva o juiz do exercício da jurisdição, enquanto a suspeição (CPP, art. 252) apenas enseja a abstenção ou recusa do juiz.

Acolhido o impedimento, desconsideram-se os atos realizados por serem inexistentes.

O juiz, o órgão do Ministério Público, os serventuários ou funcionários de justiça e os peritos ou intérpretes abster-se-ão de servir no processo, quando houver incompatibilidade ou impedimento legal, que declararão nos autos. Se não se der a abstenção, a incompatibilidade ou o impedimento poderão ser arguidos pelas partes, seguindo-se o processo estabelecido para a exceção de suspeição (CPP, art. 112).

Julgada procedente a suspeição, ficarão nulos os atos do processo principal, pagando o juiz as custas, no caso de erro inescusável, rejeitada, evidenciando-se a malícia do excipiente, a este será imposta a multa (CPP, art. 101).

7.3 Suborno

Capez (2010), citando Bento de Faria, qualifica o suborno como a expressão de desonestidade funcional, por corrupção passiva ou prevaricação.

Suborno insere-se, pois, no contexto da corrupção, razão pela qual, na opinião de Nucci (2011), não deixa de ser um motivo especial de suspeição. É, portanto, causa geradora de nulidade absoluta do ato.

7.4 Ilegitimidade da Parte

Pode ser *ad causam* ou *ad processum*. Na *ad causam*, ocorre a impertinência subjetiva da ação, em razão de o autor não ser o titular da ação ajuizada, ou de o réu não poder integrar a relação jurídica processual, quer por não ser imputável, quer por não ter evidentemente concorrido para a prática do crime.

A ilegitimidade *ad processum*, causa de nulidade relativa, por seu turno, decorre da falta de capacidade postulatória do querelante ou incapacidade para estar em juízo (falha na representação).

A nulidade por ilegitimidade do representante da parte poderá ser a todo tempo sanada, mediante ratificação dos atos processuais (CPP, art. 568).

ATENÇÃO!

Os casos de ilegitimidade *ad causam* jamais serão validados, tratando-se de hipótese de nulidade absoluta e insanável.

7.5 Falta da Denúncia, Queixa ou Representação

Na realidade, o legislador refere-se à ausência das fórmulas legais previstas para essas peças processuais.

Para Nucci (2011), uma denúncia ou queixa, formulada sem os requisitos indispensáveis (CPP, art. 41), é nula. No entanto, a nulidade pode ser absoluta, quando não permite a defesa; ou relativa, quando a peça proporciona a defesa, porém carece de ajustes.

ATENÇÃO!

A falta de representação, por seu turno, pode gerar nulidade; porém, pode ser convalidada dentro do prazo legal.

7.6 Exame de Corpo de Delito

Quando a infração deixar vestígios, será indispensável o exame de corpo de delito, direto ou indireto, não podendo supri-lo a confissão do acusado (CPP, art. 158).

O exame de corpo de delito e outras perícias serão realizados por perito oficial, portador de diploma de curso superior, sendo que, na falta de perito oficial, o exame será realizado por duas pessoas idôneas, portadoras de diploma de curso superior, preferencialmente, na área específica, dentre as que tiverem habilitação técnica relacionada com a natureza do exame (CPP, art. 159, e § 1º).

A ausência de exame de corpo de delito, nos crimes materiais, gera a nulidade absoluta, muito embora se tenha notícia de decisões que amenizam tal entendimento.

> Processual Penal. Recurso em *habeas corpus*. Homicídio qualificado. Condenação. Prova. Corpo de delito. Alegação de ausência. Pretensão de nulidade do julgamento.

A pretensão de desconstituição de sentença condenatória por falta de prova demonstrativa da autoria é inviável em sede de *habeas corpus*, que não comporta no seu curso dilação probatória. A ausência de exame de corpo de delito, mesmo nas infrações que deixam vestígios, não desnatura a sentença condenatória, se esta restou embasada em outros elementos de prova, tais como documentos e memória testemunhal, que guardam sintonia com a confissão do réu. Recurso ordinário desprovido. (R*HC* nº 10.858/PE, Rel. Ministro Vicente Leal, Sexta Turma, julgado em 23/10/2001, DJ 12/11/2001, p. 172)

Nos crimes contra a propriedade imaterial (pirataria), no caso de haver o crime deixado vestígio, a queixa ou a denúncia não será recebida se não for instruída com o exame pericial dos objetos que constituam o corpo de delito (CPP, art. 525).

Já no tráfico de drogas, para efeito da lavratura do auto de prisão em flagrante e estabelecimento da materialidade do delito, é suficiente o laudo de constatação da natureza e quantidade da droga, firmado por perito oficial ou, na falta deste, por pessoa idônea (Lei nº 11.343/2006, art. 50, § 1º). Cuida-se de exame pericial provisório.

Tourinho Filho (1998) o considera condição objetiva de procedibilidade, sem a qual o Ministério Público não pode oferecer denúncia. A jurisprudência dominante, contudo, carrega o entendimento de que sua falta não gera nulidade, no máximo, relaxamento da prisão do autuado.

No caso de lesões corporais graves, com incapacidade para as ocupações habituais por mais de 30 dias (CP, art. 129, § 1º, I), é indispensável a realização de exame complementar após o decurso de 30 dias do fato, podendo ser suprido por prova testemunhal.

No crime de furto qualificado pelo rompimento de obstáculo (CP, art. 155, § 4º, I), é imprescindível a realização do exame de corpo de delito para comprovação da qualificadora, do contrário, opera-se a desclassificação para o furto simples.

7.7 A Nomeação de Defensor ao Réu Presente, que o não tiver, ou ao Ausente

Aos litigantes, em processo judicial ou administrativo, e aos acusados em geral são assegurados o contraditório e a ampla defesa, com os meios e recursos a ela inerentes (CF/1988, art. 5º, LV).

Nenhum acusado, ainda que ausente ou foragido, será processado ou julgado sem defensor (CPP, art. 261). Dessa forma, a falta de defesa é causa de nulidade absoluta.

A falta de defesa, contudo, não se confunde com a deficiência de defesa, conforme entendimento sumulado do Supremo Tribunal Federal.

> Súmula nº 523.
> No Processo Penal, a falta da defesa constitui nulidade absoluta, mas a sua deficiência só o anulará se houver prova de prejuízo para o réu.

7.8 A Intervenção do Ministério Público em todos os Termos da Ação por ele Intentada e nos da Intentada pela Parte Ofendida, Quando se Tratar de Crime de Ação Pública

Muito embora a hipótese legal faça referência tão somente à ação penal pública, e à subsidiária da pública, entende Nucci (2011) que a intervenção do Ministério Público também é obrigatória na queixa-crime, uma vez que a pretensão punitiva continua sendo do Estado.

7.9 A Citação do Réu para ver-se Processar o seu Interrogatório, quando Presente, e os Prazos Concedidos à Acusação e à Defesa

As nulidades elencadas são consequências naturais dos princípios constitucionais da ampla defesa e do contraditório.

7.10 A Decisão de Pronúncia nos Processos Perante o Tribunal do Júri

A decisão de pronúncia é o juízo de admissibilidade da acusação. Sua ausência acarreta nulidade absoluta.

7.11 A Intimação do Réu para a Sessão de Julgamento, pelo Tribunal do Júri, Quando a Lei não Permitir o Julgamento à Revelia

No Tribunal do Júri, o julgamento não será adiado pelo não comparecimento do acusado solto, do assistente ou do advogado do querelante, que tiver sido regularmente intimado (CPP, art. 457).

ATENÇÃO!

> A intimação, portanto, é condição essencial para a realização do julgamento, e, portanto, sua ausência, se não suprida pelo comparecimento do acusado, causa de nulidade.

7.12 A Intimação das Testemunhas Arroladas pela Acusação e Defesa

A falta de intimação das testemunhas, impedindo a realização do contraditório, resultará em nulidade relativa, comprovado o prejuízo, da sessão de julgamento perante o Tribunal do Júri. Comparecendo essas, voluntariamente, todavia, a nulidade é sanada.

7.13 A Presença de pelo menos 15 Jurados para a Constituição do Júri

Comparecendo, pelo menos, 15 jurados, o juiz-presidente declarará instalada a sessão do Júri, anunciando o processo que será submetido a julgamento (CPP, art. 463).

ATENÇÃO!

A instalação da sessão do Júri sem obediência ao mínimo legal de jurados previsto em lei acarretará a nulidade da sessão.

7.14 O Sorteio dos Jurados do Conselho de Sentença em Número Legal e sua Incomunicabilidade

Instalada a sessão, verificando o juiz-presidente que se encontram na urna as cédulas relativas aos jurados presentes, sorteará sete dentre eles para a formação do Conselho de Sentença (CPP, art. 467), cabendo ao oficial de justiça certificar sua incomunicabilidade (CPP, art. 466, § 2º).

ATENÇÃO!

A não obediência a tais critérios tem como consequência a nulidade da sessão de julgamento.

7.15 Os Quesitos e as Respectivas Respostas

Caso o juiz-presidente não elabore os quesitos obrigatórios para conduzir o julgamento na sala secreta, haverá nulidade absoluta. Assim, é o entendimento sumulado do Supremo Tribunal Federal.

> Súmula nº 156.
> É absoluta a nulidade do julgamento, pelo júri, por falta de quesito obrigatório.

ATENÇÃO!

Ocorrerá ainda a nulidade, por deficiência dos quesitos ou das suas respostas, e contradição entre estas.

7.16 A Acusação e a Defesa, na Sessão de Julgamento

A ausência de participação ativa da acusação e da defesa constitui ofensa ao princípio do contraditório e à paridade de armas, já que os jurados, na qualidade de leigos, carecem de todos os esclarecimentos possíveis para julgar.

7.17 A Sentença

O desrespeito aos requisitos formais da sentença (previstos nos arts. 381 e 387 do CPP) é causa de nulidade absoluta.

ATENÇÃO!

Constitui causa de nulidade absoluta, por prejuízo presumido, a não apreciação pelo juiz, na sentença, de todas as teses expostas pela defesa em alegações finais.

7.18 Recurso de Ofício, nos Casos em que a Lei o Tenha Estabelecido

Os recursos serão voluntários, excetuando-se o recurso da sentença que conceder *habeas corpus*, que deverá ser interposto de ofício pelo juiz (CPP, art. 574).

O desrespeito a esse dispositivo faz com que a sentença não transite em julgado, implicando nulidade absoluta dos atos que vierem a ser praticados após a decisão ter sido proferida. Esse é o entendimento do Supremo Tribunal Federal.

> Súmula nº 423.
> Não transita em julgado a sentença por haver omitido o recurso *ex officio*, que se considera interposto *ex lege*.

7.19 A Intimação, nas Condições Estabelecidas pela Lei, para Ciência de Sentenças e Despachos de que Caiba Recurso

Defensores constituídos são intimados por publicação na imprensa oficial, ou por meio eletrônico. O Ministério Público, o Defensor Público e o dativo, por seu turno, devem ser intimados pessoalmente. Em qualquer dos casos, omitindo-se a intimação, todos os atos, por quebra do contraditório, serão nulos.

Assim, é a jurisprudência sumulada do Supremo Tribunal Federal.

> Súmula nº 707.
> Constitui nulidade a falta de intimação do denunciado para oferecer contrarrazões ao recurso interposto da rejeição da denúncia, não a suprindo a nomeação de defensor dativo.

7.20 No Supremo Tribunal Federal e nos Tribunais de Apelação, o Quórum Legal para o Julgamento

Conforme esclarece Nucci (2011), tal exigência abrange não somente o Supremo Tribunal Federal, mas todos os demais.

7.21 Por Omissão de Formalidade que Constitua Elemento Essencial do Ato

Se algum ato for praticado desrespeitada a forma legal, desde que essencial à sua existência e validade, a nulidade deve ser reconhecida. Esclarece Nucci (2011) que, somente se reconhece a nulidade, havendo prejuízo para alguma das partes.

8. MOMENTO PARA ARGUIÇÃO DAS NULIDADES RELATIVAS

Em face do princípio da convalidação, as nulidades, quando não impugnadas em tempo oportuno, consideram-se sanadas, assim como o ato que, praticado por outra forma, tiver atingido o seu fim, ou a parte, ainda que tacitamente, tiver aceito os seus efeitos (CPP, art. 572).

A fim de se evitar a convalidação, portanto, as nulidades deverão ser arguidas (CPP, art. 571):

a) as da instrução criminal dos processos da competência do júri, no prazo de dez dias (CPP, art. 406);

b) as da instrução criminal dos processos de competência do juiz singular e dos processos especiais, em sede de preliminar (CPP, art. 396), bem como em alegações finais (CPP, art. 403);

c) as ocorridas posteriormente à pronúncia, logo depois de anunciado o julgamento e apregoadas as partes, tão logo seja possível;

d) as de instrução criminal dos processos de competência do Supremo Tribunal Federal e dos Tribunais de Apelação, em sede de preliminares;

e) se verificadas após a decisão da primeira instância, nas razões de recurso, em sede de preliminares;

f) as do julgamento em plenário do júri, em audiência ou em sessão do tribunal, logo depois de ocorrerem.

CAPÍTULO 18
Revisão Criminal

1. CONCEITO

Para Borges da Rosa, citado por Capez (2010), revisão criminal é o recurso por meio do qual se pede novo exame do caso julgado ou processo findo, no intuito de se conseguir a sua reforma total ou parcial.

Nucci (2011) a conceitua como ação penal de natureza constitutiva e *sui generis*, de competência originária dos tribunais, destinada a rever decisão condenatória, com trânsito em julgado, quando ocorreu erro judiciário.

Cuida-se de garantia fundamental do indivíduo, na forma de remédio constitucional contra injustas condenações, na opinião de Frederico (1997). Encontra-se esteio na Constituição Federal:

> Art. 5º [...]
> LXXV - o Estado indenizará o condenado por erro judiciário, assim como o que ficar preso além do tempo fixado na sentença.

2. NATUREZA JURÍDICA

Pontes de Miranda, citado por Tourinho Filho (1998), anota que a ação rescisória e a revisão criminal não são recursos, mas ações contra sentenças, porquanto remédios com que se instaura outra relação jurídica processual.

3. REVISÃO CRIMINAL E SOBERANIA DOS VEREDITOS NO TRIBUNAL DO JÚRI

Tanto a revisão criminal quanto o Tribunal do Júri (CF, art. 5º, XXXVIII, *c*) são garantias constitucionais, entre elas inexistindo hierarquia normativa.

A fim de harmonizar os preceitos constitucionais, a jurisprudência e a doutrina dominantes, invocando o direito à liberdade, reconhecem a possibilidade de o tribunal rever decisão condenatória, transitada em julgado, oriunda do Tribunal do Júri.

Na opinião de Nucci (2011), cabe ao juízo rescindente pelo tribunal togado (revisão criminal) para, depois, encaminhar o feito ao juízo rescisório a ser feito pelo Tribunal do Júri. Havendo erro judiciário, portanto, leva-se o caso a novo julgamento perante o Tribunal do Júri, juízo natural para julgamento dos crimes dolosos contra a vida.

Questão de concurso

(Cespe/TRE-GO/Analista Judiciário/Área Judiciária/2009) Acerca da revisão criminal, assinale a opção correta.

a) É admissível revisão criminal para anular sentença condenatória irrecorrível proferida pelo tribunal do júri.

b) A revisão criminal não é cabível para desconstituir sentenças condenatórias por contravenções penais.

c) É cabível a revisão criminal para assegurar a aplicação da lei nova mais benéfica.

d) A revisão criminal somente poderá ser requerida antes da extinção da pena.

Comentários:

As hipóteses de cabimento da revisão criminal são previstas em rol taxativo (art. 621 do CPP). Presente, porém, uma das hipóteses que autoriza a revisão criminal, pode-se valer dela em benefício da defesa do réu, ainda que se trate de decisão de competência do Tribunal do Júri. Em casos tais não se pode invocar a soberania dos veredictos do tribunal popular como barreira intransponível para a desconstituição da coisa julgada material.

Gabarito: a

4. POLO ATIVO

A revisão poderá ser pedida pelo próprio réu ou por procurador legalmente habilitado ou, no caso de morte do réu, pelo cônjuge, ascendente, descendente ou irmão (CPP, art. 623).

ATENÇÃO!

O Ministério Público não é parte legítima para requerer revisão criminal, conforme Tourinho Filho (1998).

5. POLO PASSIVO

Na qualidade de ação *sui generis*, a revisão criminal não possui polo passivo.

Defendem Grinover, Magalhães e Scarance que legitimado passivo na ação é o Estado, representado pelo Ministério Público. Sérgio de Oliveira Médici, citado por Nucci (2011), esclarece, no entanto, que o Ministério Público, quando chamado a opinar na revisão criminal, não representa o Estado ou a União. Manifesta-se, livremente, a favor ou contra o pedido, atuando, portanto, na qualidade de *custos legis*.

6. CABIMENTO

A revisão criminal será admitida (CPP, art. 621):

a) quando a sentença condenatória for contrária ao texto expresso da lei penal ou à evidência dos autos;

b) quando a sentença condenatória se fundar em depoimentos, exames ou documentos comprovadamente falsos;

c) quando, após a sentença, se descobrirem novas provas de inocência do condenado ou de circunstância que determine ou autorize diminuição especial da pena.

6.1 Rol Taxativo

O rol de possibilidades para o ajuizamento de revisão criminal deve ser considerado taxativo.

6.2 Natureza da Sentença

Na opinião de Nucci (2011), embora seja pressuposto essencial para a revisão criminal a existência de sentença condenatória definitiva, deve-se incluir nesse contexto a sentença absolutória imprópria, isto é, aquela que absolvendo o acusado lhe impõe medida de segurança (CPP, art. 386, parágrafo único, III).

7. PRAZO

A revisão poderá ser requerida em qualquer tempo, após o trânsito em julgado, antes da extinção da pena ou após (CPP, art. 622).

A reiteração do pedido, embora possível, somente é admitida quando fundada em novas provas (CPP, art. 622, parágrafo único).

8. COMPETÊNCIA

As revisões criminais serão processadas e julgadas pelo:

a) Supremo Tribunal Federal, quanto às condenações por ele proferidas (CF, art. 102, I, *j*);

b) Superior Tribunal de Justiça (CF, art. 105, I);

c) Tribunal Regional Federal (CF, art. 108, I, *b*);

d) Tribunais de Justiça, nos demais casos.

9. CONSEQUÊNCIAS

Julgando procedente a revisão, o tribunal poderá alterar a classificação da infração, absolver o réu, modificar a pena ou anular o processo (CPP, art. 626).

9.1 Recurso Contra Decisão Proferida em Sede de Revisão Criminal

Não existe recurso ordinário, pois a ação é sempre de competência originária.

9.2 Impossibilidade de *Reformatio in Pejus*

Julgada a revisão criminal, de qualquer maneira, não poderá ser agravada a pena imposta pela decisão revista (CPP, art. 626, parágrafo único).

ATENÇÃO!

O recurso é privativo do réu e somente pode ser acolhido para melhorar a pena ou absolvê-lo, corrigindo um erro judiciário em seu benefício.

O mesmo impedimento estende-se à *reformatio in pejus* indireta, ou seja, julgada a revisão criminal, e anulada a sentença penal condenatória, não poderá o juiz, ao proferir nova decisão, aplicar ao réu pena mais gravosa.

9.3 Direito à Indenização

O direito à indenização da vítima de erro judiciário, constitucionalmente previsto, encontra regulamentação no Código de Processo Penal.

O tribunal, se o interessado o requerer, poderá reconhecer o direito a uma justa indenização pelos prejuízos sofridos. A indenização, contudo, não será devida (CPP, art. 630):

a) se o erro ou a injustiça da condenação proceder de ato ou falta imputável ao próprio impetrante, como a confissão ou a ocultação de prova em seu poder;

b) se a acusação houver sido meramente privada.

CAPÍTULO 19
Habeas Corpus

1. CONCEITO

Cuida-se do remédio judicial que tem por finalidade evitar ou fazer cessar a violência ou a coação à liberdade de locomoção decorrente de ilegalidade ou abuso de poder.

Encontra previsão na Constituição Federal:

> Art. 5º [...]
> LXVIII - conceder-se-á *habeas corpus* sempre que alguém sofrer ou se achar ameaçado de sofrer violência ou coação em sua liberdade de locomoção, por ilegalidade ou abuso de poder;

2. NATUREZA JURÍDICA

Na definição de Capez (2010), cuida-se de ação penal popular, com assento constitucional, voltada à tutela da liberdade ambulatória.

Destina-se, precipuamente, a assegurar a liberdade de locomoção das pessoas, podendo, igualmente, ser utilizada, em situações excepcionais, para combater ilegalidades, flagrantes, como nos casos de trancamento e inquérito policial e ação penal, caso inexista justa causa para o seu trâmite.

Grinover, Magalhães e Scarance esclarecem que o *habeas corpus* pode objetivar um provimento meramente declaratório (extinção de punibilidade) ou constitutivo (anulação de ato jurisdicional). Destacam, ainda, que possui caráter mandamental, em face da ordem para que a autoridade coatora cesse imediatamente a constrição ilegal da liberdade.

3. ESPÉCIES

Quanto à finalidade, o *habeas corpus* pode ser assim classificado:

a) **Liberatório:** visa a afastar constrangimento ilegal à liberdade de locomoção já efetivado.

b) **Preventivo:** destina-se a afastar uma ameaça à liberdade de locomoção (salvo-conduto).

4. LEGITIMIDADE ATIVA

Pode ser impetrada por qualquer pessoa, independentemente de habilitação legal ou representação de advogado.

Questão de concurso

(MPE-SP/MPE-SP/Promotor de Justiça/2010) Em relação ao *habeas corpus*, é correto afirmar que:

a) sempre é possível a interposição de *habeas corpus* quando se tratar de punição disciplinar militar.

b) o *habeas corpus* liberatório é aquele interposto quando há uma ameaça de violência ou coação à liberdade de locomoção, por abuso de poder ou ilegalidade.

c) o promotor de justiça não pode figurar como autoridade coatora no pedido de *habeas corpus*.

d) não é cabível o *habeas corpus* quando a coação emanar de ato de particular.

e) o impetrante do *habeas corpus* não precisa ser representado por advogado.

Comentários:

O habeas corpus *pode ser classificado como preventivo ou liberatório. Será preventivo quando o constrangimento é iminente, ou seja, está prestes a acontecer, embora ainda não consumado. Nesse caso é expedido um salvo-conduto, ou seja, uma ordem para que o sujeito se locomova livremente. Será liberatório ou repressivo quando o constrangimento já se consumou, como ocorre na hipótese em que alguma pessoa, sem ordem judicial ou flagrante, se encontre presa ilegalmente.*

Gabarito: e

5. LEGITIMIDADE PASSIVA

Pode ser impetrada contra ato de particular, conforme Magalhães Noronha (1997), já que a Constituição fala não só em coação por abuso de poder, mas também por ilegalidade.

Cabe, ainda, contra o juiz de Direito, o promotor de justiça e o delegado de polícia.

6. CABIMENTO

A coação considerar-se-á ilegal quando (CPP, art. 648):

a) não houver justa causa;

b) alguém estiver preso por mais tempo do que determina a lei;

c) quem ordenar a coação não tiver competência para fazê-lo;

d) houver cessado o motivo que autorizou a coação;

e) não for alguém admitido a prestar fiança, nos casos em que a lei a autoriza;

f) o processo for manifestamente nulo;

g) extinta a punibilidade.

7. RESTRIÇÕES CONSTITUCIONAIS

A Constituição Federal dispõe que não caberá *habeas corpus* em relação a punições disciplinares militares (art. 142, § 2º).

ATENÇÃO!

Da mesma maneira, não se aplicam as garantias do *habeas corpus* durante a vigência de estado de sítio e/ou estado de defesa (CF, arts. 136 e 137).

8. OUTRAS RESTRIÇÕES

Segundo a jurisprudência do STF, será incabível *habeas corpus* para:

a) impugnar decisões do Plenário ou de qualquer das Turmas do STF, visto que esses órgãos, quando decidem, representam o próprio Tribunal;

b) impugnar determinação de suspensão dos direitos políticos;

c) impugnar pena advinda de decisão administrativa de caráter disciplinar (advertência, suspensão, demissão etc.), pois estas não implicam restrição ao direito de locomoção;

d) impugnar decisão condenatória à pena de multa, ou relativa a processo em curso por infração penal a que a pena pecuniária seja a única cominada (Súmula nº 693 do STF);

e) impugnar a determinação de quebra de sigilo telefônico, bancário ou fiscal, se desta medida não puder resultar condenação à pena privativa de liberdade;

f) discutir o mérito das punições disciplinares militares.

CAPÍTULO 20
Procedimento dos Crimes Contra a Honra

Cuida-se de procedimento especial em relação ao sumário e ao ordinário, aplicável ao julgamento dos crimes de calúnia, difamação e injúria.

1. AÇÃO PENAL NOS CRIMES CONTRA A HONRA

Em regra, os crimes contra a honra são de ação penal privada. Serão de ação penal pública, contudo:

a) injúria real da qual resulte lesões corporais (CP, art. 140, § 2º);

b) injúria decorrente de preconceito de raça, cor, etnia, religião, origem ou condição de pessoa idosa ou portadora de deficiência (CP, art. 145, parágrafo único);

c) crime contra a honra do Presidente da República ou chefe de governo estrangeiro (CP, art. 145, parágrafo único);

d) crime contra a honra de funcionário público no exercício de suas funções (CP, art. 145, parágrafo único).

2. PROCEDIMENTO

2.1 Audiência de Reconciliação

Antes de receber a queixa, o juiz oferecerá às partes oportunidade para se reconciliarem, fazendo-as comparecer em juízo e ouvindo-as, separadamente, sem a presença dos seus advogados, não se lavrando termo (CPP, art. 520).

Esclarece Nucci (2011) que tal audiência constitui condição objetiva de prosseguibilidade da ação penal, implicando nulidade a falta de sua designação.

A doutrina se divide quanto aos efeitos do não comparecimento do querelante ao ato. De uma parte, sustenta-se a ocorrência de perempção, face ao desinteresse do autor da ação; de outra, tão somente a manifestação inequívoca da recusa em conciliar.

Comparecendo as partes, se depois de ouvir o querelante e o querelado, o juiz achar provável a reconciliação, promoverá entendimento entre eles, na sua presença (CPP, art. 521). Caso daí decorra a reconciliação, a queixa será arquivada (CPP, art. 522).

2.2 Exceção da Verdade

Cuida-se de questão prejudicial homogênea. Deve-se decidir a exceção, meio de defesa indireto que versa sobre as elementares do crime, antes do mérito da ação principal, a qual ficará sustada.

A exceção da verdade diz respeito ao crime de calúnia (CP, art. 138) e à difamação de funcionário público, no exercício de suas funções (CP, art. 139). No primeiro caso, o querelado pretende provar que, efetivamente, o querelante praticou o delito que lhe foi imputado; no segundo, que o fato difundido realmente ocorreu, e é de conhecimento geral (notório).

Quando for oferecida a exceção da verdade ou da notoriedade do fato imputado, o querelante, ou o Ministério Público, no caso de crime contra a honra do funcionário público, poderá contestar a exceção no prazo de dois dias, podendo ser inquiridas as testemunhas arroladas na queixa, ou outras indicadas naquele prazo, em substituição às primeiras (CPP, art. 523).

No caso de ser o querelante ou o funcionário público beneficiário de foro privilegiado, na lição de Tourinho Filho (1998), a exceção contra ele oposta deve ser julgada pelo tribunal competente, mediante juízo de admissibilidade e processamento realizado na primeira instância.

ATENÇÃO!

Julgada procedente a exceção da verdade, o juiz absolverá o querelado, determinando providências para que o querelante ou o funcionário público seja processado penal ou administrativamente.

Questão de concurso

(Cespe/TRF 5ª Região/Juiz/2011) Acerca dos diversos institutos de direito processual penal, assinale a opção correta.

a) Tratando-se de delitos contra a propriedade imaterial que deixem vestígios, o prazo para o oferecimento de queixa-crime é de 30 dias contados da ciência da homologação do laudo pericial produzido na medida preparatória de busca e apreensão.

b) A competência para processar e julgar conduta delituosa de liberação no meio ambiente de OGM, tal como sementes de soja transgênica, é da justiça comum estadual, ainda que os efeitos ambientais não se restrinjam ao estado da Federação em que tenha ocorrido o descarte.

c) Nos delitos contra a honra, quando oposta exceção da verdade, compete ao STJ processar e julgar o recurso se o querelante for pessoa sujeita à jurisdição desse tribunal.

d) Embora sem previsão legal, a exceção de precognição, caracterizada como instrumento de oposição ao recebimento e desenvolvimento regular do processo de conhecimento, é acolhida pela jurisprudência do STJ.

e) De acordo com a jurisprudência pacificada do STJ, o tempo remido pelo preso não gera mera expectativa de direito, mas direito adquirido.

Comentários:

A competência do tribunal por foro por prerrogativa de função é fixada, no caso de exceção da verdade, na hipótese de calúnia imputada a quem detenha essa prerrogativa. Deve-se recordar que também cabe exceção da verdade nos casos de difamação, quando o ofendido é funcionário público e as ofensas são relativas a suas funções (CP, art. 139, parágrafo único); porém, nesse caso, o julgamento, mas não o juízo de admissibilidade e a instrução probatória, caberá ao juízo de primeira instância, com a ressalva do caso de difamação decorrente da falsa narrativa de fato definido como crime.

Gabarito: a

2.2.1 Inadmissibilidade da exceção da verdade

Não se admite a prova da verdade, nos seguintes casos (CP, art. 138, § 3º):

a) se, constituindo o fato imputado crime de ação privada, o ofendido não foi condenado por sentença irrecorrível;

b) se o fato é imputado contra o Presidente da República, ou contra chefe de governo estrangeiro;

c) se do crime imputado, embora de ação pública, o ofendido foi absolvido por sentença irrecorrível.

2.3 Pedido de Explicações

Se, de referências, alusões ou frases, infere-se calúnia, difamação ou injúria, quem se julga ofendido pode pedir explicações em juízo (CP, art. 144).

Conforme Greco Filho (2010), trata-se de medida preliminar, não obrigatória à propositura da ação penal, que torna prevento o juízo para análise de eventual queixa-crime ajuizada, contudo, sem lhe interromper o prazo decadencial.

CAPÍTULO 21
Procedimento dos Crimes Funcionais

1. CRIMES FUNCIONAIS

Crimes funcionais, na definição de Capez (2010), são aqueles cometidos pelo funcionário público no exercício das suas funções, contra a Administração Pública.

O julgamento dos crimes funcionais (CP, arts. 312 a 326), quando afiançáveis, submete-se a procedimento especial previsto no art. 514 do Código de Processo Penal. Recebida a denúncia ou queixa, o juiz mandará autuá-la e ordenará a notificação do acusado, para responder por escrito, dentro do prazo de 15 dias.

ATENÇÃO!

Não se submeterão ao aludido procedimento o julgamento dos crimes de excesso de exação (CP, art. 316, § 1º) e facilitação de contrabando ou descaminho (CP, art. 318).

2. DEFESA PRELIMINAR

O Supremo Tribunal Federal, em decisão recente, reiterou o entendimento de que a ausência de intimação do acusado para o oferecimento de defesa preliminar é causa de nulidade absoluta do processo, contrariando entendimento sumulado do Superior Tribunal de Justiça. Segue o julgado:

> *Habeas corpus*. Delito de concussão (art. 316 do Código Penal). Funcionário público. Oferecimento de denúncia. Falta de notificação do acusado para resposta escrita. Art. 514 do Código de Processo Penal. Prejuízo. Nulidade. Ocorrência. Ordem concedida. 1. A defesa técnica suscitou, em sede de alegações finais, a falta de notificação prévia dos acusados para os fins do art. 514 do CPP. É dizer: verificada a inobservância do art. 514 do CPP na fase do art. 499 do CPP (redação originária), não se dá a preclusão da matéria. 2.

O prejuízo pela supressão da chance de oferecimento de resposta preliminar ao recebimento da denúncia é indissociável da abertura em si do processo penal. Processo que, no caso, resultou em condenação, já confirmada pelo Tribunal de Justiça do Estado do Rio de Janeiro, no patamar de 3 (três) anos de reclusão. 3. Na concreta situação dos autos, a ausência de oportunidade para o oferecimento da resposta preliminar na ocasião legalmente assinalada revela-se incompatível com a pureza do princípio constitucional da plenitude de defesa e do contraditório, mormente em matéria penal. Noutros termos, a falta da defesa preliminar à decisão judicial quanto ao recebimento da denúncia, em processo tão vincado pela garantia constitucional da ampla defesa e do contraditório, como efetivamente é o processo penal, caracteriza vício insanável. A ampla defesa é transformada em curta defesa, ainda que por um momento, e já não há como desconhecer o automático prejuízo para a parte processual acusada, pois o fato é que a garantia da prévia defesa é instituída como possibilidade concreta de a pessoa levar o julgador a não receber a denúncia ministerial pública. Logo, sem a oportunidade de se contrapor ao Ministério Público quanto à necessidade de instauração do processo penal – objetivo da denúncia do Ministério Público –, a pessoa acusada deixa de usufruir da garantia da plenitude de defesa para escapar à pecha de réu em processo penal. O que traduz, por modo automático, prejuízo processual irreparável, pois nunca se pode saber que efeitos produziria na subjetividade do magistrado processante a contradita do acusado quanto ao juízo do recebimento da denúncia. 4. Ordem concedida. (*HC* nº 95.712, Rel. Min. Ayres Britto, Primeira Turma, julgado em 20/4/2010, DJe 091, divulg. em 20/5/2010, public. em 21/5/2010, Ement. Vol. 2402-04, p.721)

3. EXERCÍCIO DA FUNÇÃO PÚBLICA

O procedimento especial só tem cabimento se, ao tempo do recebimento da denúncia, o acusado estiver no exercício da função pública.

4. JULGAMENTO

Após a análise das razões apresentadas na defesa, convencido da inexistência do crime ou improcedência da ação, o juiz rejeitará a queixa ou a denúncia (CPP, art. 516). Do contrário, uma vez recebida a denúncia ou a queixa, o processo seguirá de acordo com o rito comum (CPP, arts. 517 e 518).

CAPÍTULO 22
Questões de Concursos

1. **(FCC/TJ-GO/Juiz/2012)** No tocante à ação penal,
   a) a representação é retratável até o recebimento da denúncia.
   b) o acusador não poderá desistir da ação penal.
   c) em regra, o ofendido ou seu representante tem prazo de 30 (trinta) dias para oferecimento de queixa.
   d) no caso de morte do ofendido, extingue-se imediatamente a punibilidade do autor do fato.
   e) as fundações, associações e sociedades legalmente constituídas poderão exercer ação penal.

2. **(FCC/TJ-GO/Juiz/2012)** Em relação à prisão em flagrante delito, é correto afirmar que
   a) qualquer do povo deverá prender quem quer que seja encontrado em flagrante delito.
   b) quem, logo após o cometimento do delito, é encontrado na posse do bem subtraído, não pode ser preso em flagrante, salvo se houver testemunhas de acusação.
   c) nas infrações permanentes, entende-se o agente em flagrante delito mesmo após a cessação da permanência.
   d) apresentado o preso à autoridade competente, será desde logo interrogado, ouvindo-se, na sequência, o condutor e as testemunhas.
   e) na falta ou no impedimento do escrivão, qualquer pessoa designada pela autoridade lavrará o auto, depois de prestado o compromisso legal.

3. **(FCC/TJ-GO/Juiz/2012)** No tocante à sentença, é incorreto afirmar que
   a) qualquer das partes poderá, no prazo de 2 (dois) dias, pedir ao juiz que esclareça a sentença, se houver obscuridade.
   b) na sentença absolutória, o juiz aplicará medida de segurança, se cabível.
   c) o juiz, sem modificar a descrição do fato contida na denúncia, poderá atribuir-lhe definição jurídica diversa, ordenando, neste caso, que o Ministério Público adite a denúncia.

d) na sentença condenatória, o juiz fixará o valor mínimo para reparação dos danos.
e) a sentença conterá a exposição sucinta da defesa.

4. (FCC/TJ-GO/Juiz/2012) Em relação à prova no processo penal, é correto afirmar que

a) não sendo possível o exame de corpo de delito, por haverem desaparecido os vestígios, a prova testemunhal não poderá suprir-lhe a falta.
b) a autópsia será feita até 6 (seis) horas depois do óbito.
c) o interrogatório do réu preso será realizado obrigatoriamente em sala própria no estabelecimento em que estiver recolhido ou por sistema de videoconferência.
d) a confissão é divisível e retratável.
e) havendo mais de um acusado, serão interrogados conjuntamente.

5. (FCC/TJ-GO/Juiz/2012) Em relação às testemunhas, é correto afirmar que

a) as pessoas impossibilitadas por enfermidade ou velhice serão dispensadas de depor.
b) será permitida à testemunha breve consulta a apontamentos.
c) as pessoas com dever de sigilo são proibidas de depor mesmo se desobrigadas pela parte interessada.
d) as perguntas serão formuladas pelas partes diretamente à testemunha, exceto se não tiverem relação com a causa.
e) se o juiz reconhecer que alguma testemunha fez afirmação falsa, remeterá cópia do depoimento para o Ministério Público, para instauração de inquérito.

6. (FCC/DPE-SP/Defensor Público/2012) Assinale a alternativa correta em relação à prisão provisória.

a) Ausentes os requisitos para a decretação da prisão preventiva poderá o juiz, no curso do processo, decretar a prisão domiciliar caso o réu esteja extremamente debilitado por motivo de doença grave.
b) Em qualquer fase da investigação policial poderá o juiz decretar, de ofício, a prisão preventiva do indiciado.
c) Em relação à prisão temporária, constata-se o *fumus comissi delicti* quando presente fundadas razões de autoria ou participação do indiciado em crimes taxativamente relacionados na Lei federal n° 7.960/1989, que disciplina a prisão temporária, exceto se for autorizada para outros crimes por legislação federal posterior.

d) A publicação de sentença condenatória, que impõe regime inicialmente fechado para o cumprimento da pena privativa de liberdade, constitui marco impeditivo para a concessão da liberdade provisória ao condenado.
e) A partir da entrada em vigor da Lei Federal n° 12.403/2011, que reformou parcialmente o Código de Processo Penal, não mais se admite a decretação da prisão preventiva de acusado pela prática de crime doloso cuja sanção máxima em abstrato não ultrapasse quatro anos de reclusão.

7. **(FCC/DPE-SP/Defensor Público/2012)** Assinale a alternativa correta em relação aos princípios e garantias processuais penais fundamentais.
a) O princípio do *nemo tenetur se detegere* é corolário da garantia constitucional do direito ao silêncio e impede que todo o acusado seja compelido a produzir ou contribuir com a formação de prova contrária ao seu interesse, salvo se não houver outro meio de produção de prova.
b) Constitui nulidade relativa o desempenho de uma única defesa técnica para corréus em posições conflitantes, em razão de violação ao princípio da ampla defesa.
c) A garantia constitucional da duração razoável do processo não se aplica ao inquérito policial por este tratar de procedimento administrativo, sendo garantia exclusiva do processo acusatório.
d) O Superior Tribunal de Justiça vem admitindo a mitigação do princípio da identidade física do juiz nos casos de convocação, licença, promoção ou de outro motivo que impeça o juiz que tiver presidido a instrução de sentenciar o feito, aplicando, por analogia, a lei processual civil.
e) A defesa técnica em processo penal, por ser garantia exclusiva do acusado, pode ser por ele renunciada, desde que haja expressa manifestação de vontade homologada pelo juiz competente.

8. **(FCC/DPE-SP/Defensor Público/2012)** Assinale a alternativa correta em relação à competência.
a) Não se aplicam as regras de conexão de natureza objetiva ao tribunal do júri, em razão de expressa previsão constitucional de sua competência para o julgamento de crimes dolosos contra a vida.
b) O princípio do juiz natural, instituído *ratione personae* e *ratione materiae*, configura hipótese de competência absoluta, inafastável por vontade das partes processuais, somente se admitindo a sua flexibilização por oportunidade da aplicação de norma constitucional.
c) A expedição de mandado de busca e apreensão não configura ato de prevenção do juízo, tendo em vista a ausência de conteúdo decisório deste ato judicial.

d) A competência inicialmente atribuída à Justiça Federal para o julgamento dos crimes de competência da Justiça Estadual em razão de conexão de natureza objetiva é cessada caso haja absolvição em relação ao único crime conexo de competência da Justiça Federal, devendo o juiz federal encaminhar o processo remanescente para a Justiça Estadual competente.

e) Viola as garantias fundamentais do juiz natural e do devido processo legal a atração por continência ou conexão do processo do corréu ao foro por prerrogativa de função de um dos denunciados, por tratar-se de regra de prorrogação de competência de natureza infraconstitucional.

9. **(FCC/DPE-SP/Defensor Público/2012)** Assinale a alternativa correta em relação à ação processual penal.

a) Nos termos do entendimento do Supremo Tribunal Federal, as ações penais fundamentadas na Lei Maria da Penha (Lei Federal n° 11.340/2006) podem ser processadas mesmo sem a representação da vítima, por serem consideradas ações penais públicas incondicionadas.

b) Tratando-se de ação penal pública condicionada, e havendo representação da vítima, poderá ocorrer retratação caso a vítima a oferte até o recebimento da denúncia, haja vista que a lei processual prevê hipótese de arrependimento do ofendido.

c) O princípio da obrigatoriedade da ação penal pública incondicionada não sofre mitigação, impondo ao Ministério Público a promoção da ação penal quando configurado um ilícito penal.

d) Recebido o inquérito policial com elementos informativos suficientes para a propositura de denúncia e tendo o Ministério Público requerido novas diligências, poderá a vítima oferecer queixa subsidiária, dando início ao processo e assumindo o polo ativo da pretensão acusatória.

e) Tratando-se de ação penal privada, e ocorrendo a morte da vítima, a lei processual prevê hipótese especial de legitimação anômala, ao admitir a sucessão do ofendido pelo seu cônjuge, ascendente, descendente ou irmão, devendo ser observada esta ordem de preferência.

10. **(FCC/DPE-SP/Defensor Público/2012)** Assinale a alternativa correta em relação às provas no processo penal.

a) Suspenso o curso do processo e do prazo prescricional em razão de citação por edital, possível a produção antecipada da prova testemunhal cujo fundamento seja o mero decurso do tempo, haja vista que a passagem do tempo propicia um inevitável esquecimento dos fatos.

b) Desde a entrada em vigor da Constituição Federal, lícita é a prova produzida a partir da realização de interceptação telefônica, desde que obedecidos os requisitos constitucionais, independente de prévia existência de lei federal regulamentadora.
c) Em ação penal pública instaurada contra determinados réus é possível que, no caso da morte de uma testemunha, a acusação obtenha uma certidão de inteiro teor do depoimento por ela prestado em outra ação penal, que poderá ser valorada pelo juiz competente, independentemente da participação dos acusados no processo em que a prova foi produzida.
d) O interrogatório por videoconferência, a partir do advento da Lei Federal n° 11.900/2009, foi incorporado à legislação processual brasileira como regra a ser obedecida pelo Poder Judiciário, a fim de reduzir os custos com o transporte dos presos provisórios, desde que garantido o direito de entrevista prévia e reservada com o defensor.
e) Produzida prova ilícita em sede inquisitiva, as provas que dela derivarem, mesmo que produzidas exclusivamente em fase acusatória, serão consideradas ilícitas por derivação.

11. **(FCC/DPE-SP/Defensor Público/2012)** Analise as assertivas a seguir.

I – Comprovada a inimputabilidade do acusado em resposta à acusação, deverá o juiz absolvê-lo sumariamente em razão da presença de causa excludente da culpabilidade.

II – A ausência de previsão expressa da possibilidade de conversão das alegações finais orais em memoriais no rito sumário não impede que o juiz conceda às partes o prazo de cinco dias para a juntada de memoriais.

III – O princípio da correlação impede que o juiz prolate sentença condenatória em descompasso com a classificação jurídica dada pelo acusador na imputação.

IV – A ausência de pedido formal da acusação impede que o julgador fixe o valor mínimo para a reparação dos danos sofridos pelo ofendido, em razão da incidência do princípio do contraditório e da ampla defesa.

Está correto apenas o que se afirma em

a) I e II.
b) I e III.
c) II e IV.
d) III e IV.
e) II, III e IV.

12. **(Vunesp/TJ-MG/Juiz/2012)** Considere as afirmações a seguir.
I – São admitidos no Direito Processual Penal a interpretação extensiva, a aplicação analógica e os princípios gerais de direito.
II – Os costumes têm caráter de fonte normativa primária do Direito Processual Penal.
III – Com autorização pela Emenda Constitucional nº 45/2009 para o Supremo Tribunal Federal (STF) editar súmulas vinculantes, passamos a ter novas fontes material e formal das normas processuais penais.
IV – A analogia é aplicável somente em caso de lacuna involuntária da lei, ainda que não haja real semelhança entre o caso previsto e o não previsto.

Estão corretos apenas os itens
a) I e II.
b) I e III.
c) I e IV.
d) II e IV.

13. **(Vunesp/J-MG/Juiz/2012)** Analise as proposições seguintes.
I – Aplica-se a revelia ao acusado que, citado ou intimado pessoalmente para qualquer ato, deixar de comparecer ao juízo sem motivo justificado e não atender ao chamado deste, ou, no caso de mudança de residência, não comunicar o novo endereço ao juízo.
II – No caso de determinação de citação por carta rogatória, de réu no estrangeiro, em lugar sabido, suspende-se o curso do prazo prescricional até o seu cumprimento.
III – As cartas rogatórias só serão expedidas se demonstrada previamente a sua imprescindibilidade, arcando a parte requerente com os custos do envio.
IV – Quando o réu se ocultar para não ser citado no juízo deprecado, deve-se devolver a carta precatória ao juízo deprecante para realizar a citação por edital.

Está correto apenas o que se afirma em
a) II e III.
b) III e IV.
c) I, II e IV.
d) II, III e IV.

14. **(Cespe/TJ-CE/Juiz/2012)** A respeito da sentença e da coisa julgada, assinale a opção correta.
a) É inadmissível ao magistrado processante antecipar o juízo desclassificatório antes da sentença, ainda que da qualificação jurídica do fato imputado dependa a fixação da competência.

b) Segundo a jurisprudência do STJ, é vedada a realização da *emendatio libelli* no segundo grau de jurisdição, ainda que se trate apenas da incidência de circunstância agravante que venha a ser requerida por ocasião das alegações finais do MP.

c) Na segunda fase do júri (*judicium causae*), não é permitido alterar as teses balizadas pelas partes na primeira fase (*judicium accusationis*), não dispondo o conselho de sentença dos amplos poderes da *mutatio libelli* conferidos ao juiz togado.

d) Tratando-se de delito de roubo qualificado, o juiz poderá proferir sentença condenatória, ainda que o MP tenha opinado pela absolvição do réu, bem como reconhecer agravantes, desde que tenham sido alegadas pela acusação.

e) O acórdão condenatório que reforma sentença penal absolutória não se reveste de eficácia interruptiva da prescrição penal, visto que não se equipara, para tal fim, à sentença condenatória recorrível.

15. (Cespe/TJ-CE/Juiz/2012) Assinale a opção correta no que concerne à prisão temporária.

a) Caberá prisão temporária quando houver fundadas razões, com base em qualquer prova admitida na legislação penal, de autoria ou participação do indiciado nos crimes de homicídio doloso ou culposo, entre outros.

b) Está prevista, no procedimento da prisão temporária, a possibilidade de o juiz determinar que o preso lhe seja apresentado e que seja submetido a exame de corpo de delito.

c) A prisão temporária, para a qual está previsto o prazo improrrogável de cinco dias, será decretada pelo juiz em face da representação da autoridade policial ou de requerimento do MP.

d) Os presos sujeitos a esse tipo de prisão não são obrigados a permanecer separados dos demais detentos.

e) Não se aplica à prisão temporária o entendimento jurisprudencial do STJ segundo o qual a mera gravidade do crime imputado à pessoa não é fundamento suficiente para justificar a sua segregação, antes de a decisão condenatória transitar em julgado.

16. (Cespe/TJ-CE/Juiz/2012) Assinale a opção correta acerca da prova no âmbito do direito processual penal.

a) Nos casos de morte violenta, desde que as lesões externas permitam precisar a causa da morte, basta o simples exame externo do cadáver, ainda que haja infração penal a apurar.

b) Depois de devidamente qualificado e cientificado do inteiro teor da acusação, o réu será informado pelo juiz, antes de iniciar o interrogatório, do seu direito de permanecer calado; o silêncio não importa em confissão, mas poderá ser interpretado em prejuízo da defesa.
c) São proibidas de depor as pessoas que, em razão de função, ministério, ofício ou profissão, devam guardar segredo, salvo se liberadas pela parte interessada, quando serão obrigadas a dar o seu testemunho.
d) A prova da alegação incumbirá a quem a fizer, sendo, porém, facultado ao juiz, de ofício, ordenar, desde que após o início da ação penal, a produção antecipada de provas consideradas urgentes e relevantes, observando a necessidade, adequação e proporcionalidade da medida.
e) São inadmissíveis as provas derivadas das ilícitas, salvo quando não evidenciado o nexo de causalidade entre umas e outras, ou quando as derivadas puderem ser obtidas por uma fonte independente das primeiras.

17. **(Cespe/TJ-CE/Juiz/2012)** No que diz respeito a questões e processos incidentes, assinale a opção correta.
a) Nos tribunais de segundo grau, o juiz que se julgar suspeito deverá declarar o fato nos autos e, se for revisor, passar o feito ao seu substituto na ordem da precedência, ou, se for relator, apresentar os autos em mesa para nova distribuição.
b) Se o reconhecimento da existência da infração penal depender de decisão sobre questão da competência do juízo cível e se neste houver sido proposta ação para resolvê-la, o juiz criminal deverá suspender o curso do processo.
c) Se, no prazo de cento e oitenta dias a contar da data em que transitar em julgado a sentença final, condenatória ou absolutória, os objetos apreendidos em poder do réu não forem reclamados ou não pertencerem a ele, haverá a perda em favor da União.
d) O juiz, de ofício, a requerimento do MP ou do ofendido, ou mediante representação da autoridade policial, poderá ordenar o sequestro de bens, em qualquer fase do processo, desde que já oferecida denúncia ou queixa.
e) A dúvida sobre a integridade mental do acusado serve de motivação para a instauração do incidente de insanidade mental, sendo o respectivo requerimento, por si só, suficiente para obrigar o juiz a determinar a sua caracterização, sob pena de nulidade, uma vez que se trata de prova exclusivamente técnica.

18. (Cespe/TJ-CE/Juiz/2012) A respeito dos diversos institutos de direito processual penal, assinale a opção correta.

a) O princípio constitucional da inviolabilidade das comunicações é absoluto, razão pela qual viola o sigilo de correspondência a mera menção, no julgamento em plenário do júri, ao conteúdo de cartas legalmente interceptadas, ainda que relacionadas ao fato criminoso.

b) Os prazos previstos na lei processual penal devem ser somados de forma aritmética a fim de ser reconhecida a coação ilegal à liberdade de locomoção em razão de eventual excesso.

c) O julgamento da lide cabe ao juiz, titular ou substituto, que concluir a audiência, salvo se convocado, licenciado, afastado por qualquer motivo, promovido ou aposentado, casos em que deverá passar os autos ao seu sucessor.

d) A mera correção, de ofício, de erro material na sentença condenatória, em prejuízo do condenado, quando feito em recurso exclusivo da defesa, não constitui *reformatio in pejus*.

e) É necessário que o réu que se livra solto seja pessoalmente intimado da sentença condenatória, não bastando que o seja o seu defensor constituído.

19. (Cespe/TJ-CE/Juiz/2012) Com relação à competência no âmbito do direito processual penal, assinale a opção correta.

a) Competem à assembleia legislativa estadual o processo e o julgamento dos conselheiros do tribunal de contas estadual pela prática de infrações político-administrativas.

b) O STJ, ao negar seguimento a recurso especial com fundamento constitucional, exerce o controle difuso de constitucionalidade, só havendo usurpação de competência do STF se da decisão da corte de origem forem interpostos, simultaneamente, recursos especial e extraordinário.

c) A competência do STF cessa a partir do exaurimento do mandato de parlamentar federal do denunciado, inclusive quanto ao julgamento dos embargos declaratórios contra o acórdão do tribunal pleno mediante o qual seja recebida a denúncia, que caberá à autoridade judiciária de primeiro grau.

d) O STF não possui competência originária para processar pedido de explicações relacionado a referências, alusões ou frases capazes de caracterizar delito contra a honra, quando deduzido contra ministro integrante de tribunal superior da União.

e) As competências originárias e recursais atribuídas ao STJ e ao STF pela CF necessariamente hão de ser exercitadas pelo plenário ou pela corte especial desses tribunais.

20. **(MPE-SC/MPE-SC/Promotor de Justiça/2012)** Analise as assertivas a seguir.

I – Numa viagem aérea com saída de Florianópolis e destino a Chapecó ocorre um homicídio exatamente quando o avião está sobrevoando Lages. Pode-se dizer, pelas regras do Código de Processo Penal, que o julgamento poderá ser efetuado em Florianópolis ou em Chapecó.

II – A arguição de suspeição precederá a qualquer outra, salvo quando fundada em motivo superveniente.

III – A restituição das coisas apreendidas, quando cabível, somente poderá ser ordenada pela autoridade judicial, mediante termo nos autos, desde que não exista dúvida quanto ao direito do reclamante.

IV – Segundo o Decreto-Lei nº 3.240/1941, ficam sujeitos a sequestro os bens de pessoa indiciada por crime de que resulta prejuízo para a fazenda pública, ou por crime definido no Livro II, Títulos V, VI e VII da Consolidação das Leis Penais desde que dele resulte locupletamento ilícito para o indiciado.

V – De acordo com o Código de Processo Penal são inadmissíveis as provas derivadas das ilícitas, inclusive aquelas que puderem ser obtidas por uma fonte independente das primeiras.

Assinale

a) apenas as assertivas I, II, IV e V estão corretas.
b) apenas as assertivas II, III, IV e V estão corretas.
c) apenas as assertivas I, II, III e V estão corretas.
d) apenas as assertivas I, II e IV estão corretas.
e) todas as assertivas estão corretas.

21. **(MPE-GO/MPE-GO/Promotor de Justiça/2012)** A Lei nº 12.403, de 4 de maio de 2011, que alterou dispositivos do Código de Processo Penal relativos à prisão processual, fiança, liberdade provisória e demais medidas cautelares, provocou significativas mudanças naquilo que podemos denominar processo penal cautelar. A respeito dessas mudanças e sobre a nova sistemática das medidas cautelares no Código de Processo Penal, é correto afirmar que:

a) apesar dos avanços no que se refere às medidas cautelares pessoais aflitivas, o legislador deixou de positivar no Código de Processo Penal o princípio da homogeneidade das prisões cautelares.
b) para o cumprimento de mandado de prisão em território diverso do da autoridade judiciária que o expediu, é imprescindível o prévio registro do mandado a ser cumprido em banco de dados mantido pelo Conselho Nacional de Justiça. Caso não haja esse registro, o mandado não poderá ser cumprido, tendo em vista a presunção de incerteza quanto à autenticidade deste.

c) havendo prisão em flagrante, a prisão e o local onde o preso se encontra serão comunicados imediatamente ao juiz competente, ao Ministério Público e à família do preso ou à pessoa por ele indicada e, em até 24 horas, será encaminhado ao juiz competente o auto de prisão em flagrante e, caso o autuado não informe o nome de seu advogado, cópia integral para a Defensoria Pública.
d) genericamente, é admitida a prisão preventiva decretada, de ofício, pelo juiz, ainda que no curso do inquérito policial, nos crimes dolosos punidos com reclusão.

22. **(MPE-GO/MPE-GO/Promotor de Justiça/2012)** Analise as proposições a seguir, todas relativas à citação e à intimação no processo penal, e assinale a alternativa correta.

I – Em se tratando de processos criminais que tramitam em meio eletrônico, conforme previsto na Lei nº 11.419, de 19 de dezembro de 2006, é possível a citação por meio eletrônico (*e-mail* e etc.), desde que a íntegra dos autos seja acessível ao citando.

II – Dar-se-á a citação por edital quando o réu não for encontrado ou quando se verificar que o réu se oculta para não ser citado.

III – Nos procedimentos comum, sumário e sumaríssimo (art. 394, § 1º, incisos I, II e III do Código de Processo Penal), se, citado pessoalmente, deixar o réu de apresentar resposta à acusação, ser-lhe-á nomeado defensor para apresentar resposta, ficando suspensos o processo e o curso do prazo de prescrição.

IV – A intimação da sentença será feita ao defensor constituído pelo réu, se este, afiançável, ou não, a infração, expedido o mandado de prisão, não tiver sido encontrado, e assim o certificar o oficial de justiça.

Assinale
a) somente as alternativas I e IV estão corretas.
b) somente as alternativas II e III estão incorretas.
c) somente as alternativas IV e III estão incorretas.
d) apenas a alternativa IV é correta.

23. **(FCC/MPE-PE/Analista Ministerial/Área Jurídica/2012)** Instaurado o inquérito policial por crime de ação penal pública, a autoridade policial formulou pedido de prazo para a sua conclusão. O juiz, no entanto, entendendo que não há prova suficiente da autoria, a requerimento do indiciado, determinou o arquivamento dos autos. Nesse caso, o juiz
a) só poderia ordenar o arquivamento se houvesse requerimento do Ministério Público nesse sentido.

b) só poderia ordenar o arquivamento antes do encerramento do inquérito se houvesse representação da autoridade policial nesse sentido.
c) poderia mandar arquivar o inquérito independentemente do assentimento do Ministério Público e da autoridade policial.
d) só poderia ordenar o arquivamento se o crime fosse de ação penal privada.
e) só poderia ordenar o arquivamento se o crime fosse de ação penal pública condicionada à representação do ofendido.

24. **(FCC/TJ-PE/Analista Judiciário/Áreas Judiciária e Administrativa/2012)** O defensor constituído do acusado foi pessoalmente intimado para praticar determinado ato processual no prazo de 5 dias no dia 6 de setembro de 2011, terça-feira. Dia 7 de setembro foi feriado nacional. Os dias 8 e 9 de setembro foram dias úteis. Dia 10 foi sábado e 11 foi domingo. O prazo processual terá início no dia
a) 8 e vencimento no dia 12 de setembro.
b) 6 e vencimento no dia 13 de setembro.
c) 8 e vencimento no dia 13 de setembro.
d) 7 e vencimento no dia 12 de setembro.
e) 9 e vencimento no dia 13 de setembro.

25. **(FCC/TJ-PE/Técnico Judiciário/Área Judiciária e Administrativa/2012)** A respeito da sentença penal, é correto afirmar.
a) A sentença penal condenatória transitada em julgado é título executivo judicial no cível.
b) As decisões interlocutórias simples são as que encerram uma etapa do procedimento ou a própria relação processual, sem o julgamento do mérito da causa.
c) As decisões interlocutórias mistas são as que solucionam a lide, julgando o mérito da causa
d) As sentenças absolutórias não têm efeitos civis, mesmo se reconhecerem a inexistência do fato.
e) A motivação da sentença só é requisito da sentença condenatória, sendo dispensável na sentença absolutória.

26. **(PC-SP/PC-SP/Delegado de Polícia/2011)** Princípio segundo o qual somente será declarada a nulidade se houver influenciado na apuração da verdade ou na decisão da causa é chamado de

a) consequencialidade.
b) instrumentalidade das formas.
c) interesse.
d) prejuízo.
e) suprimento.

27. (PC-SP/PC-SP/Delegado de Polícia/2011) Assinale a alternativa correta.

a) Trancamento é o encerramento anômalo do inquérito policial, que ocorre diante da falta de justa causa.
b) Do despacho que indeferir o requerimento de abertura de inquérito, caberá a interposição de recurso judicial.
c) Caso exista algum vício formal no decorrer do inquérito policial, é possível a declaração de sua nulidade pelo juiz.
d) O inquérito policial e o termo circunstanciado são espécies de investigação criminal, disciplinadas no Código de Processo Penal, sendo que a única distinção existente entre elas recai sobre o objeto da apuração.
e) O Código de Processo Penal exige expressamente fundamentação idônea para que se realize o ato do indiciamento.

28. (PC-SP/PC-SP/Delegado de Polícia/2011) Assinale a alternativa correta relacionada às medidas cautelares diversas da prisão.

a) As medidas cautelares somente podem ser impostas pelo juiz, que não poderá aplicá-las de ofício, sob pena de quebrar a sua imparcialidade.
b) A monitoração eletrônica não é prevista como medida cautelar.
c) A fiança é uma medida cautelar que pode ser imposta pela autoridade policial, se o limite máximo da pena privativa de liberdade não ultrapassar quatro anos.
d) Admite-se fiança em caso de prisão militar.
e) As circunstâncias indicativas da periculosidade do acusado não constituem parâmetro legal para a determinação do valor da fiança.

29. (PC-SP/PC-SP/Delegado de Polícia/2011) Quanto aos sistemas de avaliação da prova, o Brasil adota

a) a livre convicção.
b) somente a persuasão racional.
c) a persuasão racional, em regra; e a prova legal, excepcionalmente.
d) a persuasão racional, a íntima convicção e a prova legal.
e) a persuasão racional, em regra; e a íntima convicção, excepcionalmente.

30. **(PC-SP/PC-SP/Delegado de Polícia/2011)** De acordo com o Código de Processo Penal, é correto afirmar que a nova norma processual
a) valerá após sua publicação, independentemente de prazo de vacância.
b) valerá após sua entrada em vigor, ainda que o processo não tenha sido concluído.
c) poderá ser aplicada a processos já encerrados, pois não existe direito processual adquirido.
d) vigerá no processo, desde que não crie obrigação ou ônus para a defesa.
e) valerá para o processo que já tenha sentença transitada em julgado e expedição de carta de guia (ou guia de execução).

31. **(PC-SP/PC-SP/Delegado de Polícia/2011)** Para formar seu juízo de convicção a respeito de fato submetido a julgamento, o juiz
a) poderá considerar elementos colhidos na investigação policial, desde que não contrariados pelas partes.
b) poderá considerar elementos colhidos na investigação policial, desde que em consonância com provas produzidas sob o contraditório.
c) poderá considerar elementos colhidos na investigação policial desde que não contrariados por provas judiciais.
d) não poderá considerar elementos colhidos na investigação policial, porque não produzidos sob o contraditório.
e) não poderá considerar exclusivamente elementos constantes da investigação policial, exceto se colhidos em presença de defensor do investigado.

32. **(PC-SP/PC-SP/Delegado de Polícia/2011)** Em qual das hipóteses seguintes ocorre a perempção.
a) Perdão oferecido pelo ofendido e aceito pelo autor.
b) Morte do autor do ilícito.
c) Extinção de pessoa jurídica querelante, desde que não deixe sucessor.
d) Renuncia ao exercício do direito de queixa que não foi aceita pelo autor.
e) Perdão oferecido pelo ofendido e recusado pelo autor.

33. **(FCC/Nossa Caixa Desenvolvimento/Advogado/2011)** A regra que, no processo penal, atribui à acusação, que apresenta a imputação em juízo através de denúncia ou de queixa-crime, o ônus da prova é decorrência do princípio
a) do contraditório.
b) do devido processo legal.
c) do promotor natural.
d) da ampla defesa.
e) da presunção de inocência.

34. (TJDFT/TJ-DF/Juiz/2011) Da identidade física do juiz. Recebimento da denúncia. Citação do acusado. Instrução. Sentença. Assim:

a) o despacho do juiz, após o recebimento da denúncia ou queixa, ordenando a citação do acusado para responder à acusação no prazo de 10 (dez) dias, obriga-o a proferir sentença.

b) o despacho do juiz ordenando a intimação do acusado, de seu defensor e do Ministério Público, para a audiência de instrução, obriga-o a proferir sentença.

c) os princípios constitucionais do contraditório e da ampla defesa obrigam o juiz que presenciou a colheita da prova a proferir sentença.

d) a resposta do acusado, decorrente da citação ordenada pelo juiz que recebe a denúncia, obriga-o a proferir sentença.

35. (Cespe/TJ-PB/Juiz/2011) Assinale a opção correta no que se refere à assistência e aos atos e prazos processuais.

a) O CPP prevê taxativamente o rol dos atos que pode praticar o assistente de acusação, o qual não pode recorrer contra ato privativo do MP.

b) Conforme a jurisprudência do STJ, ao assistente de acusação não é conferida legitimidade para interpor apelação de sentença condenatória com o fim de aumentar a pena.

c) Por se tratar de medida urgente, o julgamento do *habeas corpus* independe de pauta, havendo, porém, nulidade se a sua colocação em mesa para julgamento não for precedida da intimação do DP.

d) Prevista no CPP, a intimação pessoal do réu é exigível em caso de condenação em primeiro grau de jurisdição e de decisões de igual natureza nos tribunais de apelação.

e) Consoante a jurisprudência do STJ, em atenção à cláusula do *due process of law*, deve-se interpretar de forma restritiva, em casos de delação, a possibilidade de intervenção do advogado em interrogatório de réu diverso daquele que defende.

36. (Fundep/MPE-MG/Promotor de Justiça/2011) Assinale a alternativa correta.

a) O caráter inquisitivo do inquérito policial permite impor o sigilo acerca das diligências não documentadas, inclusive ao defensor constituído.

b) O princípio da ampla defesa é aplicável ao inquérito policial, por se tratar de procedimento administrativo.

c) Por razões de interesse público e no interesse da apuração, é possível decretar-se a incomunicabilidade do preso em flagrante delito.

d) O princípio da publicidade autoriza a divulgação de dados da investigação, inclusive referentes ao ofendido.

37. (FCC/TRT 1ª Região/Técnico Judiciário/Segurança/2011) A *notitia criminis*

a) é a divulgação pela imprensa da ocorrência de um fato criminoso.
b) pode chegar ao conhecimento da autoridade policial através da prisão em flagrante.
c) torna obrigatória a instauração de inquérito policial para apuração do fato delituoso.
d) implica sempre no indiciamento de quem foi indicado como provável autor da infração penal.
e) é a comunicação formal ou anônima da prática de um crime levada à imprensa falada, televisada ou escrita.

38. (FCC/TJ-AP/Titular de Serviços de Notas e de Registros/2011) Nos crimes de ação exclusivamente privada, o inquérito policial deverá ser instaurado:

a) a requerimento escrito de qualquer pessoa que tiver conhecimento do fato.
b) pela autoridade policial, de ofício.
c) a requerimento de quem tenha qualidade para intentá-la.
d) através de requisição do Ministro da Justiça.
e) a requerimento verbal de qualquer pessoa que tiver conhecimento do fato.

39. (Fundep/MPE-MG/Promotor de Justiça/2011) Quanto ao inquérito policial e ao procedimento investigatório criminal, é correto afirmar que

a) o pedido de arquivamento rejeitado é irrecorrível e é insusceptível de controle interno do Ministério Público.
b) o pedido de arquivamento pode dar-se na ausência das condições da ação ou de justa causa.
c) o pedido imotivado de desarquivamento é o instrumento para viabilizar a realização de novas diligências.
d) o pedido de desarquivamento sujeita-se à impugnação através de recurso dirigido ao Chefe de Polícia.

40. (PUC-PR/TJ-RO/Juiz/2011) Se o querelante, nos crimes de ação penal privada, deixar de formular o pedido de condenação nas alegações finais, o juiz deverá

a) extinguir desde logo o processo, em face da renúncia tácita.
b) extinguir desde logo o processo, em face do perdão tácito.
c) absolver desde logo o querelado.
d) julgar extinta a punibilidade pela decadência.
e) julgar extinta a punibilidade pela perempção.

41. **(FGV/OAB/Exame de Ordem Unificado 3/Primeira Fase/Fev./2011)** Tendo como referência a competência *ratione personae*, assinale a alternativa correta.

a) Caio, vereador de um determinado município, pratica um crime comum previsto na parte especial do Código Penal. Será, pois, julgado no Tribunal de Justiça do Estado onde exerce suas funções, uma vez que goza do foro por prerrogativa de função.

b) Tício, juiz estadual, pratica um crime eleitoral. Por ter foro por prerrogativa de função, será julgado no Tribunal de Justiça do Estado onde exerce suas atividades.

c) Mévio é governador do Distrito Federal e pratica um crime comum. Por uma questão de competência originária decorrente da prerrogativa de função, será julgado pelo Superior Tribunal de Justiça.

d) Terêncio é prefeito e pratica um crime comum, devendo ser julgado pelo Tribunal de Justiça do respectivo Estado. Segundo entendimento do STF, a situação não se alteraria se o crime praticado por Terêncio fosse um crime eleitoral.

42. **(Vunesp/TJ-SP/Juiz/2011)** A respeito da prova no processo penal, analise as proposições seguintes.

I – O juiz formará sua convicção pela livre apreciação da prova produzida em juízo, mas também pode fundamentar sua decisão exclusivamente nos elementos informativos colhidos na investigação.

II – As provas cautelares antecipadas podem ser consideradas pelo juiz na formação da sua convicção, ainda que não reproduzidas perante o contraditório.

III – O ônus da prova cabe a quem fizer a alegação, sendo vedado ao juiz determinar a produção de provas de ofício, diante do princípio da inércia da jurisdição.

IV – As provas ilícitas e as delas derivadas são inadmissíveis, devendo ser desentranhadas do processo, salvo quando as derivadas puderem ser obtidas por uma fonte independente das primeiras.

V – Quando a infração deixar vestígios, será indispensável o exame de corpo de delito, direto ou indireto, não podendo supri-lo a confissão do acusado.

Estão corretas somente as proposições

a) I, III e IV.

b) II, IV e V.

c) III, IV e V.

d) I, II e III.

e) I, II e V.

43. **(Pontua/TRE-SC/Analista Judiciário/Área Judiciária/2011)** Sobre a prisão processual e as medidas cautelares no processo penal, assinale a alternativa incorreta.
   a) O *fumus comissi delicti* e o *periculum libertatis* são requisitos para a decretação da prisão preventiva.
   b) A prisão em flagrante é espécie de detenção administrativa que pode se efetivada independentemente de ordem judicial.
   c) O decreto de prisão preventiva independe da análise de cabimento de outra medida cautelar.
   d) A prisão preventiva poderá ser substituída pela prisão domiciliar no caso de preso extremamente debilitado por motivo de doença grave.

44. **(FCC/TRT 1ª Região/Técnico Judiciário/Segurança/2011)** A prisão preventiva
   a) só pode ser decretada se houver prova cabal, não podendo fundar-se em indícios suficientes da autoria.
   b) no caso de concurso de pessoas deve, para igualdade de tratamento, ser decretada em relação a todos os indiciados.
   c) não pode ser decretada para garantia da ordem econômica, mas somente para garantia da ordem pública.
   d) não pode ser decretada para assegurar a incolumidade física do acusado da prática de um crime.
   e) pode ser decretada em processo em que se apura ilícito contravencional.

45. **(PC-MG /PC-MG/Delegado de Polícia/2011)** Sobre a prisão preventiva é correto afirmar.
   a) Poderá ser decretada de ofício pelo juiz na fase do inquérito policial.
   b) Poderá ser decretada em crime doloso, quando se tratar de reincidente, independente da pena cominada ao delito.
   c) Nos casos de violência doméstica poderá ser decretada independentemente da imposição anterior de medida protetiva.
   d) Quando houver dúvida sobre a identidade civil da pessoa poderá se decretada e mantida mesmo após superada a dúvida.

46. **(FCC/TRE-RN/Analista Judiciário/Área Administrativa/2011)** A prisão preventiva
   a) não pode ser decretada na fase do inquérito policial.
   b) pode ser decretada pelo Ministério Público.
   c) não pode ser decretada por conveniência da instrução criminal.
   d) pode ser decretada como garantia da ordem econômica.
   e) revogada pelo juiz não pode, em nenhuma hipótese, ser de novo decretada.

47. **(FCC/MPE-CE/Promotor de Justiça/2011)** No caso de descumprimento de qualquer das obrigações impostas ao se fixar medida cautelar diversa da prisão, o juiz,

a) depois de ouvir o infrator, deverá decretar a prisão preventiva.
b) mediante requerimento do Ministério Público, poderá substituir a medida, impor outra em cumulação, dobrar o valor da fiança, cabendo apenas decretar a prisão preventiva em caso de crime doloso cometido por reincidente.
c) de ofício ou mediante requerimento do Ministério Público, de seu assistente ou do querelante, poderá substituir a medida, impor outra em cumulação, ou, em último caso, decretar a prisão preventiva.
d) apenas mediante requerimento do Ministério Público poderá substituir a medida, impor outra em cumulação, ou, em último caso, decretar a prisão preventiva.
e) de ofício ou mediante requerimento do Ministério Público, poderá substituir a medida, impor outra em cumulação, decretar a prisão temporária por até 60 dias ou, em último caso, decretar a prisão preventiva até o término da instrução criminal.

48. **(FGV/TRE-PA/Analista Judiciário/2011)** A respeito da prisão preventiva, é correto afirmar que

a) durante o inquérito policial não é possível a decretação da prisão preventiva pelo juiz *ex officio*, somente sendo ela permitida durante a instrução criminal.
b) o juiz pode decretar a prisão preventiva quando as provas dos autos indicam que o agente cometeu o fato em estrito cumprimento do dever legal, mas não se pode dizer o mesmo se o fato foi cometido em estado de necessidade.
c) o juiz pode revogar a prisão preventiva se verificar falta de motivo para a sua subsistência; entretanto, uma vez revogada, o juiz não pode decretá-la de novo.
d) nos termos do Código de Processo Penal, a prisão preventiva pode ser decretada como garantia da ordem pública ou para assegurar a aplicação da lei penal, quando houver prova da existência do crime e indício suficiente de autoria.
e) a apresentação espontânea do acusado, confessando crime de autoria ignorada ou imputada a outrem, impede a decretação da prisão preventiva.

49. **(PC-MG/PC-MG/Delegado de Polícia/2011)** Não poderá ser cumulada com outra medida cautelar:

a) a monitoração eletrônica.
b) a proibição de ausentar-se do País, inclusive mediante entrega do passaporte.
c) a fiança.
d) a prisão domiciliar.

50. **(PC-MG/PC-MG/Delegado de Polícia/2011)** Não haverá o quebramento da fiança quando

a) deliberadamente o afiançado praticar ato de obstrução ao andamento do inquérito/processo.
b) descumprir medida cautelar imposta cumulativamente com a fiança.
c) resistir injustificadamente a ordem judicial.
d) deixar de comparecer, por justo motivo, quando regularmente intimado para ato processual.

51. **(MPE-MS/MPE-MS/Promotor de Justiça/2011)** Acerca das citações e intimações no Direito Processual Penal, assinale a alternativa correta.

a) O fato de o réu não ter sido localizado no endereço declinado para sua citação pessoal é motivo suficiente, por si só, para ensejar sua citação por edital.
b) O juiz pode determinar a citação por edital de réu que não foi localizado nos endereços constantes nos autos do processo e está preso em unidade federativa diversa da que o magistrado exerce jurisdição.
c) A citação por edital é admitida no rito dos Juizados Especiais Criminais.
d) É obrigatória a intimação das partes para a audiência de oitiva de testemunhas a ser realizada no juízo deprecado, mesmo quando já tenham sido notificadas sobre a expedição da carta precatória para tal ato.
e) É desnecessária nova intimação do advogado de defesa constituído que tenha interposto recurso de apelação criminal, mas, devidamente intimado, deixou de oferecer as respectivas razões recursais, devendo, nesse caso, os autos serem remetidos ao Tribunal.

52. **(FCC/TCE-SP/Procurador/2011)** Em relação à citação, segundo a legislação processual penal em vigor, analise as seguintes assertivas.

I – Estando o acusado no estrangeiro, em lugar sabido, será citado mediante carta rogatória, suspendendo-se o curso do prazo de prescrição até o seu cumprimento.

II – Se o réu não for encontrado, será citado por edital, com o prazo de 30 (trinta) dias.

III – Verificando que o réu se oculta para não ser citado, o oficial de justiça certificará a ocorrência e procederá à citação com hora certa, na forma estabelecida pelo Código de Processo Civil.

Está correto o que se afirma apenas em

a) I.
b) III.

c) I e II.
d) I e III.
e) II e III.

53. **(FCC/TJ-PE/Juiz/2011)** A citação
a) é admissível por hora certa, estabelecendo a legislação processual penal forma específica e determinada.
b) do réu preso é dispensável, bastando a requisição.
c) procedida por edital de réu preso em outra unidade da federação é nula, segundo entendimento sumulado do Supremo Tribunal Federal.
d) procedida pessoalmente não conduz à suspensão do processo se o réu deixar de comparecer a algum ato.
e) é inadmissível por carta precatória.

54. **(FCC/TJ-AP/Titular de Serviços de Notas e de Registros/2011)** O juiz
a) só poderá atribuir definição jurídica diversa, mesmo sem modificar a descrição do fato contido na denúncia, se implicar na aplicação de pena igual à do delito previsto na definição jurídica dela constante.
b) sem modificar a descrição do fato contida na denúncia, poderá atribuir-lhe definição jurídica diversa, ainda que, em consequência, tenha de aplicar pena mais grave.
c) para aplicar pena mais grave, mesmo sem modificar a descrição do fato contida na denúncia, atribuindo-lhe definição jurídica diversa, deverá baixar os autos para o Ministério Público aditar a denúncia.
d) para aplicar pena mais grave, mesmo sem modificar a descrição do fato contida na denúncia, atribuindo-lhe definição jurídica diversa, deverá encaminhar os autos à ProcuradoriaGeral de Justiça, para que outro representante do Ministério Público analise eventual aditamento.
e) só poderá atribuir definição jurídica diversa, mesmo sem modificar a descrição do fato contido na denúncia, se implicar na aplicação de pena mais branda que a do delito previsto na definição jurídica dela constante.

55. **(Cespe/TRF 1ª Região/Juiz/2011)** No que diz respeito às decisões, à sentença penal e à fixação de penas, assinale a opção correta.
a) Encerrada a instrução probatória, se entender cabível nova definição jurídica do fato, em consequência de prova, nos autos, de elemento ou circunstância da infração penal não contida na acusação, o juiz deve determinar o retorno dos autos, com vista ao MP, para que este examine a possibilidade de aditamento da peça acusatória e, se isso ocorrer, cada parte poderá arrolar teste-

munhas, ficando o juiz, na sentença, adstrito aos termos do aditamento, o que implica a ocorrência de *mutatio libelli*, procedimento que não se aplica às ações penais exclusivamente privadas.

b) A atual sistemática processual veda ao juiz, ao proferir sentença condenatória, independentemente da pena imposta, a possibilidade de impor prisão preventiva ou outra medida cautelar, caso não tenham sido cominadas no curso da instrução do processo, em face da ausência dos requisitos da necessidade e da proporcionalidade, permitindo-se, apenas, o reexame da manutenção de medida anteriormente determinada, sem prejuízo do conhecimento da apelação que vier a ser interposta.

c) O CPP estabelece, de forma expressa, três modalidades de sentença absolutória: a sumária ou antecipada, a definitiva e a absolutória imprópria e, quando fundadas em motivos ou causas absolutórias arroladas expressamente no CPP, consideram-se aduzidas e repelidas todas as alegações que a acusação tenha para o acolhimento da pretensão punitiva, restando definidos os limites objetivos da coisa julgada, com eficácia preclusiva em relação à jurisdição civil em todos os casos.

d) No atual sistema processual penal, ocorre a cumulação de instâncias, assim nominado pela doutrina o dever do juiz, quando da prolação de sentença condenatória, de fixar valor mínimo para a reparação dos danos emergentes causados pelo crime, considerados os prejuízos sofridos pelo ofendido, mas não os danos morais, independentemente de pedido expresso da vítima e da existência de debates anteriores acerca dos danos e de sua extensão.

e) O juiz que constate, ao prolatar sentença condenatória, excessiva mora na conclusão da fase investigativa ou no encerramento da instrução processual, sem que o réu tenha concorrido, direta ou indiretamente, para tanto, está autorizado, nos termos da atual jurisprudência dos tribunais superiores, de modo a dar efetividade ao princípio constitucional da duração razoável do processo, a reconhecer e aplicar, na dosimetria da pena, na fase de apreciação das circunstâncias legais, de ofício, a atenuante inominada, prevista no CP.

56. (FCC/MPE-CE/Promotor de Justiça/2011) Sobre a sentença proferida em processo criminal, é correto afirmar.

a) Se o juiz omitir-se sobre a manutenção de prisão preventiva ou de outra medida cautelar, considera-se essa prorrogada automaticamente até o trânsito em julgado.

b) O juiz mencionará apenas as circunstâncias agravantes ou atenuantes requeridas pelas partes em alegações finais ou debates e cuja existência reconhecer.

c) O juiz fixará valor mínimo para reparação dos danos causados pela infração, considerando os prejuízos sofridos pelo ofendido.

d) O juiz fica restringido aos limites do pedido do Ministério Público em alegações finais se esse for de imputação menos grave do que a contida na denúncia.
e) Em hipótese alguma poderá determinar a publicação da sentença na íntegra ou em resumo em jornal.

57. **(FCC/TRE-AP/Analista Judiciário/Área Judiciária/2011)** No processo penal, especificamente sobre as nulidades, é correto afirmar.
a) Ocorrerá nulidade no caso de comparecimento de quinze jurados para constituição do júri.
b) Não será declarada a nulidade de ato processual que não houver influído na apuração da verdade substancial ou na decisão da causa.
c) As omissões da denúncia ou da queixa poderão ser supridas a todo o tempo, até cinco dias antes da audiência de instrução designada.
d) A nulidade por ilegitimidade do representante da parte não poderá ser sanada, ensejando a renovação de todos os atos processuais praticados.
e) A omissão de formalidade que constitua elemento essencial do ato é causa de nulidade absoluta e não poderá ser sanada.

58. **(MPE-PR/MPE-PR/Promotor de Justiça/2011)** Analise as assertivas a seguir.
I - Reconhecida no acórdão a nulidade tópica de uma das etapas da fixação da pena realizada em primeiro grau, compete proceder ao retorno dos autos à primeira instância, para a renovação da decisão no tópico anulado.
II - Uma vez reconhecida a nulidade da decisão que rejeitou a denúncia por força de julgamento do correspondente recurso ao Tribunal de Justiça, é desnecessária nova apreciação da pretensão persecutória do Ministério Público em 1º Grau, porque o acórdão vale, desde logo, como o seu recebimento.
III - Pode o Ministério Público arguir a nulidade de ato cujo proveito seja exclusivo da defesa.

Considerando as assertivas se afirma que
a) apenas as assertivas I e II são corretas.
b) apenas as assertivas II e III são corretas.
c) apenas as assertivas I e III são corretas.
d) apenas uma assertiva está correta.
e) todas as assertivas são corretas.

59. **(MPE-PR/MPE-PR/Promotor de Justiça/2011)** Analise as assertivas seguintes.
I - A não intimação do denunciado para o oferecimento de contrarrazões ao recurso interposto contra a rejeição da denúncia, constitui nulidade, ainda que tenha o feito sido contra-arrazoado por defensor dativo.

II – O afastamento e substituição de agentes do Ministério Público das atividades que lhes são próprias, sem previsão legal correspondente constitui ofensa ao princípio do Promotor Natural.
III – Caso reconhecida a incompetência absoluta do juízo em sede de sentença, anulam-se não apenas os atos decisórios, mas sim todos os atos do processo, desde o seu nascedouro.

Considerando as assertivas se afirma que
a) apenas as assertivas I e II são corretas.
b) apenas as assertivas II e III são corretas.
c) apenas as assertivas I e III são corretas.
d) apenas uma assertiva está correta.
e) todas as assertivas são corretas.

60. **(Vunesp/TJ-RJ/Juiz/2011)** Assinale a alternativa correta.
a) No processo penal, a falta de resposta à acusação constitui nulidade absoluta.
b) No processo penal, a falta de defesa constitui nulidade absoluta, mas a sua deficiência só anulará o processo se houver prova de prejuízo para o réu.
c) O julgamento de recurso criminal na segunda instância não exige prévia intimação ou publicação da pauta.
d) Não é nula a citação por edital de réu preso na mesma unidade da federação em que o juiz exerça a sua jurisdição.

61. **(Vunesp/TJ-SP/Juiz/2011)** Analise as proposições seguintes.
I – É nula a decisão que determina o desaforamento de processo da competência do Júri sem audiência da defesa.
II – A deficiência da defesa no processo penal constitui nulidade absoluta.
III – É nula a decisão do Tribunal que acolhe, contra o réu, nulidade não arguida no recurso da acusação, exceto nos casos de recurso de ofício.
IV – A falta ou a nulidade da citação fica sanada quando o réu comparece antes de o ato consumar-se, mesmo que o faça, expressamente, para o único fim de arguir a falta ou a nulidade.
V – É absoluta a nulidade do processo penal por falta de intimação da expedição de carta precatória para inquirição de testemunha.

Assinale as proposições corretas, inclusive, se o caso, consoante jurisprudência sumulada dos Tribunais Superiores (STJ e STF).
a) I, III e V.
b) II, IV e V.

c) I, III e IV.
d) I, II e III.
e) I, IV e V.

62. **(Cespe/STM/Analista Judiciário/Execução de Mandados/Específicos/2011)** Em decorrência da aplicação do princípio do contraditório, constitui nulidade a falta de intimação do denunciado para oferecer contrarrazões ao recurso interposto da rejeição da denúncia, não suprindo a nomeação de defensor dativo.

63. **(Cespe/TJ-ES/Comissário da Infância e da Juventude/Específicos/2011)** Acerca de nulidades e recursos, julgue o item.
A nulidade da instrução criminal dos processos de competência do júri deverá ser arguida até o encerramento da instrução, no momento dos debates finais, ao passo que a nulidade da instrução criminal dos processos de competência do juiz singular deverá ser arguida no encerramento da instrução, quando das alegações finais orais ou da apresentação de memoriais.

64. **(MPE-SP/MPE-SP/Promotor de Justiça/2011)** Analise as proposições seguintes. Com relação à revisão criminal, analise as seguintes assertivas.
I - Poderá ser pedida pelo próprio réu, por procurador legalmente habilitado ou pelo Ministério Público.
II - Julgando-a procedente, o Tribunal não poderá modificar a pena imposta pela decisão revista.
III - Julgando-a procedente, o Tribunal poderá alterar a classificação da infração penal.
IV - Poderá ser requerida depois da extinção da pena.
V - Não será admissível a reiteração do pedido de revisão criminal.

Está correto apenas o que se afirma em
a) I e IV.
b) I e V.
c) II e III.
d) II e V.
e) III e IV.

65. **(Instituto Cidades/DPE-AM/Defensor Público/2011)** Julgue as alternativas sobre revisão criminal e assinale a correta.
a) Poderá ser requerida em qualquer tempo, desde que antes da extinção da pena.

b) A absolvição em sede de revisão criminal implicará o restabelecimento de todos os direitos do réu perdidos em virtude da condenação, podendo, inclusive, ser-lhe reconhecido o direito a uma justa indenização a ser paga ou pela União ou pelos Estados pelos prejuízos sofridos, ainda que a acusação houver sido meramente privada.
c) Cabe revisão criminal das sentenças absolutórias impróprias, mas não cabe da sentença de pronúncia do réu.
d) A revisão criminal é meio adequado para pleitear a aplicação de lei posterior à decisão de condenação do réu transitada em julgado que deixou de considerar o fato como crime (*abolito criminis*).
e) É vedada, em qualquer hipótese, a reiteração do pedido de revisão criminal. Essa vedação legal prestigia o Princípio da Segurança Jurídica em detrimento do Princípio da Presunção da Inocência.

66. (PUC-PR/TJ-RO/Juiz/2011) Em relação ao *habeas corpus*, assinale a opção correta.
a) Será concedido sempre que alguém sofrer ou se achar ameaçado de sofrer violência ou coação em sua liberdade de locomoção, por ilegalidade ou abuso de poder.
b) Não será concedido em favor de quem já se encontra preso.
c) Não será concedido em favor de quem já foi condenado por sentença transitada em julgado.
d) Não será concedido a pessoa estrangeira de passagem pelo Brasil.
e) Será concedido desde que respeitado seu prazo para a propositura.

67. (FCC/TRE-RN/Analista Judiciário/Área Judiciária/2011) O *habeas corpus* não
a) poderá ser impetrado por uma pessoa em favor de outrem.
b) poderá ser impetrado em defesa da sociedade, para rever decisão injusta.
c) poderá ser impetrado pelo Ministério Público.
d) comporta pedido de liminar.
e) poderá ser impetrado preventivamente.

68. (Vunesp/TJ-SP/Juiz/2011) Em qual das hipóteses mencionadas seria possível, em tese, a concessão de *habeas corpus*, inclusive, se o caso, consoante jurisprudência sumulada dos Tribunais Superiores (STJ e STF)?
a) No caso de decisão condenatória a pena de multa.
b) No caso de processo em curso por infração penal a que a pena pecuniária seja a única cominada.
c) Para alegar nulidade de processo no qual foi extinta a pena privativa de liberdade.

d) Quando o réu não foi admitido a prestar fiança, nos casos em que a lei a autoriza.
e) No caso de punição disciplinar.

69. **(FCC/TRE-AP/Analista Judiciário/Área Administrativa/2011)** Nos crimes afiançáveis de responsabilidade dos funcionários públicos, estando a denúncia ou queixa em devida forma, o juiz mandará autuá-la e ordenará a notificação do acusado, para responder por escrito, dentro do prazo de
a) cinco dias.
b) dez dias.
c) quinze dias.
d) trinta dias.
e) vinte dias.

70. **(Vunesp/TJ-SP/Titular de Serviços de Notas e de Registros/2011)** O funcionário público processado criminalmente por prática de crime funcional tem direito às regras do art. 514 do Código de Processo Penal, defesa preliminar,
a) quando for maior de sessenta anos.
b) somente se não for reincidente.
c) quando, tendo praticado mais de um crime, a soma das penas não ultrapasse quatro anos de reclusão.
d) sempre que o delito for afiançável.

71. **(Ieses/TJ-CE/Titular de Serviços de Notas e de Registros/2011)** É certo afirmar.
I - No procedimento ordinário o juiz que presidiu a instrução deverá proferir a sentença.
II - Diante do princípio da celeridade adotado no procedimento sumário nenhum ato será adiado, sendo esse de caráter absoluto.
III - No procedimento especial aplicado na apuração dos crimes cometidos pelos funcionários públicos a "resposta preliminar" é desnecessária se a ação penal foi instruída por inquérito policial.
IV - No procedimento sumaríssimo caso o autor do fato não seja localizado pessoalmente para a sua citação, deverá o rito ser convertido para o procedimento sumário.

Analisando as proposições, pode-se afirmar
a) somente as proposições I e IV estão corretas.
b) somente as proposições II e III estão corretas.
c) somente as proposições II e IV estão corretas.
d) somente as proposições I e III estão corretas.

72. **(FCC/MPE-SE/Analista/Direito/2010)** Dispõe o Código de Processo Penal que será admitida ação privada nos crimes de ação pública, se esta não for intentada no prazo legal. Essa regra constitui exceção ao princípio da

a) indisponibilidade.
b) legalidade.
c) intranscendência.
d) obrigatoriedade.
e) oficialidade.

73. **(TJ-PR/TJ-PR/Juiz/2010)** O juiz dar-se-á por suspeito e, se não o fizer, poderá ser recusado por qualquer das partes.

I – Se ele próprio ou seu cônjuge ou parente, consanguíneo ou afim, em linha reta ou colateral até o terceiro grau, inclusive, for parte ou diretamente interessado no feito.

II – Se ele, seu cônjuge, ascendente ou descendente, estiver respondendo a processo por fato análogo, sobre cujo caráter criminoso haja controvérsia.

III – Se ele, seu cônjuge, ou parente, consanguíneo, ou afim, até o terceiro grau, inclusive, sustentar demanda ou responder a processo que tenha de ser julgado por qualquer das partes.

IV – Ele próprio houver desempenhado qualquer dessas funções (defensor ou advogado, órgão do Ministério Público, autoridade policial, auxiliar da justiça ou perito) ou servido como testemunha.

Avalie as assertivas acima e marque a alternativa correta.

a) Apenas as assertivas I e IV estão corretas.
b) Apenas as assertivas I, II e III estão corretas.
c) Apenas as assertivas II e III estão corretas.
d) Todas as assertivas estão corretas.

74. **(TJ-SC/TJ-SC/Técnico Judiciário/Auxiliar/2010)** Assinale a alternativa correta segundo o Código de Processo Penal.

a) O Ministério Público pode desistir da ação penal a qualquer tempo do processo, mas não poderá fazê-lo após a prolação da sentença.
b) A queixa pode ser dada por procurador com poderes especiais, em que constem do instrumento de mandato o nome do querelante e a menção do fato criminoso.
c) Na queixa em que a ação penal é privativa do ofendido, o Ministério Público não pode aditá-la.

d) O prazo para oferecimento da denúncia estando o réu preso é de quinze dias contados da data do recebimento dos autos do inquérito policial pelo Ministério Público.

e) A renúncia ao exercício do direito de queixa em relação a um dos autores do crime não se estende a todos os demais.

75. **(MPE-MG/MPE-MG/Promotor de Justiça/2010)** Analise as seguintes afirmativas e assinale a alternativa correta.

a) Pelo princípio do interesse, a não arguição de nulidade relativa no momento fixado na lei gera preclusão e convalidação do ato nulo.

b) A confissão será indivisível e retratável, sem prejuízo do livre convencimento do juiz.

c) O STF detém competência para julgar, originariamente, o Procurador-Geral da República nos crimes de responsabilidade.

d) Transitada em julgado a sentença condenatória, a revisão criminal é meio inadequado para aplicação de lei posterior mais benigna.

76. **(Cespe/PGM-RR/Procurador Municipal/2010)** A respeito da competência no direito processual penal, julgue o item.

A competência territorial é relativa; não alegada no momento oportuno, ocorre a preclusão. Por conseguinte, ela é prorrogável.

77. **(FCC/TRE-AL/Analista Judiciário/Área Judiciária/2010)** Suscitada questão prejudicial obrigatória, poderá ter como consequência

a) a suspensão do curso da ação penal até a solução da controvérsia sobre o estado das pessoas no Juízo Cível, por sentença transitada em julgado.

b) a interposição de recurso em sentido estrito, caso seja denegada a suspensão do curso da ação penal.

c) a suspensão do curso do inquérito policial e da ação penal, vedada a produção de prova.

d) a suspensão da ação penal por prazo determinado, que poderá ser razoavelmente prorrogado, se a demora não for imputável à parte.

e) a suspensão do processo e, tratando-se de ação penal pública ou privada, a intervenção do Ministério Público na causa civil, para o fim de promover-lhe o rápido andamento.

78. **(FCC/TRE-AC/Analista Judiciário/Área Judiciária/2010)** Entendendo não ser o Juiz que recebeu a denúncia competente para a causa, a defesa arguiu exceção de incompetência, tendo sido aberta vista dos autos ao Ministério Público, que concordou com a excipiente. Se o Juiz rejeitar a exceção,

a) poderá o Ministério Público exigir a remessa dos autos ao Juiz competente, se tratar-se de incompetência absoluta.
b) continuará no feito, não cabendo recurso da decisão do Juiz que se dá por competente.
c) prosseguirá no feito, mas deverá suscitar conflito negativo de competência.
d) poderá o Ministério Público interpor recurso em sentido estrito.
e) caberá recurso de apelação, com efeito devolutivo.

79. (FGV/PC-AP/Delegado de Polícia/2010) Relativamente ao tema prova, analise as afirmativas a seguir.

I – O juiz que conhecer do conteúdo da prova declarada inadmissível não poderá proferir a sentença ou acórdão.

II – O juiz formará sua convicção pela livre apreciação da prova produzida em contraditório judicial, não podendo fundamentar sua decisão exclusivamente nos elementos informativos colhidos na investigação, ressalvadas as provas cautelares, não repetíveis e antecipadas.

III – A lei autoriza a produção antecipada de provas consideradas urgentes e relevantes, mesmo antes de iniciada a ação penal, observando a necessidade, adequação e proporcionalidade da medida.

Assinale

a) se somente a afirmativa I estiver correta.
b) se somente a afirmativa II estiver correta.
c) se somente a afirmativa III estiver correta.
d) se somente as afirmativas II e III estiverem corretas.
e) se todas as afirmativas estiverem corretas.

80. (Cespe/MPE-ES/Promotor de Justiça/2010) Assinale a opção correta a respeito das provas no processo penal, considerando os posicionamentos doutrinário e jurisprudencial dominantes.

a) Nas infrações penais que deixem vestígios, o exame de corpo de delito será indispensável e, se realizado na fase inquisitiva, deverá ser renovado em juízo em observância ao princípio do contraditório.
b) Considerando que, em determinado processo, após a apresentação das alegações finais pelas partes, os autos tenham sido conclusos ao juiz para sentença, e que o juiz, no entanto, tenha tido dúvidas quanto à autoria do delito de falsificação de documento particular em razão de não ter sido realizado exame grafotécnico, caberá ao referido juiz proferir sentença absolutória, obedecendo ao princípio *in dubio pro reo*.

c) No interrogatório do réu, assegura-se a presença das partes, que podem fazer reperguntas logo após a inquirição pela autoridade judiciária. No entanto, o mesmo princípio não encontra aplicação na fase policial em que o procedimento é inquisitivo, pois, nessa fase, não se aplica o princípio do contraditório.

d) Havendo indícios razoáveis de autoria ou participação e não podendo a prova ser produzida por outros meios, a interceptação telefônica pode ser deferida pelo juízo criminal em qualquer delito, o que inclui os crimes apenados com detenção e as contravenções penais.

e) Se, no curso da ação penal, houver a necessidade da oitiva de uma testemunha arrolada pela acusação por intermédio de carta precatória, então, para não haver nulidade, será necessária a intimação das partes da expedição da precatória, bem como do dia designado para a oitiva da testemunha perante o juízo deprecado.

81. (TJ-PR/TJ-PR/Juiz/2010) Considerando a matéria de provas no processo penal brasileiro, analise as proposições a seguir.

I - O juiz formará sua convicção pela livre apreciação da prova produzida em contraditório judicial, podendo fundamentar sua decisão exclusivamente nos elementos informativos colhidos na investigação, ressalvadas as provas cautelares, não repetíveis e antecipadas.

II - São inadmissíveis as provas derivadas das ilícitas, salvo quando não evidenciado o nexo de causalidade entre umas e outras, ou quando as derivadas puderem ser obtidas por uma fonte independente das primeiras.

III - Toda pessoa poderá ser testemunha.

IV - Na falta de perito oficial, o exame será realizado por uma pessoa idônea, portadora de diploma de curso superior, preferencialmente na área específica, entre as que tiverem habilitação técnica relacionada com a natureza do exame, sendo denominado perito *ad hoc*.

Assinale

a) apenas as assertivas II e III estão corretas.

b) apenas as assertivas II, III e IV estão corretas.

c) apenas as assertivas I, II e IV estão corretas.

d) todas as assertivas estão incorretas.

82. (MPE-MG/MPE-MG/Promotor de Justiça/2010) Sobre a citação, assinale a afirmativa correta.

a) É possível a citação com hora certa e, não encontrado o réu, far-se-á sua citação por edital.

b) Completada a citação com hora certa, se o acusado não comparecer, ser-lhe-á nomeado defensor dativo.
c) Nos Juizados Especiais Criminais (Lei nº 9.099/1995), admite-se a citação com hora certa do réu que se oculta para não ser citado por mandado.
d) A citação por hora certa é instituto típico do direito processual civil, não tendo previsão no direito processual penal.

83. (FGV/PC-AP/Delegado de Polícia/2010) Com relação ao tema intimação, assinale a afirmativa incorreta.
a) A intimação do defensor constituído feita por publicação no órgão incumbido da publicidade dos atos judiciais da comarca deve, necessariamente, conter o nome do acusado, sob pena de nulidade.
b) A intimação do Ministério Público e do defensor nomeado será pessoal.
c) No processo penal, contam-se os prazos da juntada aos autos do mandado ou da carta precatória ou de ordem, e não da data da intimação.
d) Na comarca, a intimação far-se-á diretamente pelo escrivão, por mandado, ou via postal com comprovante de recebimento, ou por qualquer outro meio idôneo.
e) Adiada, por qualquer motivo, a instrução criminal, o juiz marcará desde logo, na presença das partes e testemunhas, dia e hora para seu prosseguimento, do que se lavrará termo nos autos.

84. (FCC/TRE-AC/Analista Judiciário/Área Judiciária/2010) O prazo para interposição de recurso das decisões proferidas na sessão do Júri, onde estão presentes as partes processuais e o réu, começa a fluir
a) da data em que se esgotar o prazo do edital.
b) da juntada do mandado de intimação ou da precatória aos autos.
c) da intimação pessoal das partes, advogados e Ministério Público.
d) do dia em que a parte manifestar, nos autos, ciência inequívoca da sentença.
e) da data da sessão, após a leitura da sentença.

85. (FCC/TRE-AM/Analista Judiciário/Área Judiciária/2010) No que diz respeito à sentença, é correto afirmar que
a) transitada em julgado a decisão absolutória, poderá o Ministério Público propor outra ação penal contra o mesmo réu pelo mesmo fato, se houver provas novas.
b) não será proferida sentença condenatória caso o Ministério Público tenha opinado pela absolvição.
c) poderá ser decretada a improcedência da ação penal em outras hipóteses, além daquelas previstas no art. 386 do Código de Processo Penal.

d) deve conter o relatório, a motivação, o dispositivo e a parte autenticativa.
e) proferida a sentença condenatória, torna-se certa a obrigação de satisfazer o dano *ex delicto*.

86. (MPE-SP/MPE-SP/Promotor de Justiça/2010) Encerrada a instrução criminal de um processo em que o acusado foi denunciado pelo crime de furto (art. 155, *caput*, do Código Penal), o juiz entende que estão presentes provas de que, na verdade, o delito praticado por aquele foi de receptação qualificada (art. 180, § 1°, do Código Penal), fato não descrito na denúncia. Em consequência, o juiz deverá
a) proferir sentença condenatória pelo crime de receptação.
b) baixar os autos do processo, a fim de que a defesa, no prazo de oito dias, se manifeste e requeira prova, podendo ser ouvidas até três testemunhas.
c) dar ciência ao Ministério Público e designar novo interrogatório do acusado e audiência de debates e julgamento.
d) remeter os autos ao Ministério Público para proceder ao aditamento da denúncia, no prazo legal, e ouvir o defensor do acusado sobre a nova imputação.
e) dar ciência ao Ministério Público e à defesa da nova classificação jurídica da infração penal, proferindo, após, a sentença definitiva.

87. (TRF 4ª Região/TRF 4ª Região/Juiz/2010) Dadas as assertivas a seguir, assinale a alternativa correta.
I – Nos crimes de ação pública, o juiz poderá proferir sentença condenatória, ainda que o Ministério Público tenha opinado pela absolvição, não podendo, nessa hipótese, reconhecer circunstâncias agravantes.
II – Ao proferir sentença condenatória, o juiz fixará o valor máximo para reparação dos danos causados pela infração, considerando os prejuízos sofridos pelo ofendido.
III – Qualquer das partes poderá, no prazo de cinco dias, pedir ao juiz que declare a sentença, sempre que nela houver obscuridade, ambiguidade, contradição ou omissão.
IV – Na sentença o juiz decidirá, fundamentadamente, sobre a manutenção ou, se for o caso, imposição de prisão preventiva ou de outra medida cautelar, sem prejuízo do conhecimento da apelação que vier a ser interposta.
V – A sentença será publicada em mão do escrivão, que lavrará nos autos o respectivo termo, registrando-a em livro especialmente destinado a esse fim.

Assinale
a) estão corretas apenas as assertivas I e V.
b) estão corretas apenas as assertivas IV e V.

c) estão corretas apenas as assertivas III, IV e V.
d) estão corretas apenas as assertivas I, II, III e IV.
e) estão corretas todas as assertivas.

88. **(MPE-SP/MPE-SP/Promotor de Justiça/2010)** É considerada nulidade relativa, que pode ser sanada:
a) a falta de concessão de prazos à acusação e à defesa.
b) a ilegitimidade de parte.
c) a falta de nomeação de defensor ao réu presente, que o não tiver.
d) a violação à incomunicabilidade dos jurados.
e) a suspeição do juiz.

89. **(MPE-MG/MPE-MG/Promotor de Justiça/2010)** Sobre o tema das nulidades no Código de Processo Penal, é correto afirmar.
I – O acórdão que decreta a nulidade por reconhecer que o Juiz de Direito foi subornado é dotado de efeitos *ex nunc* (a partir de agora), devendo ser preservados os atos não atingidos pela mácula processual.
II – A inépcia da denúncia não afetará os atos que lhe sucedem, uma vez que a inobservância de formalidade extrínseca do ato processual forja nulidade relativa.
III – Não tendo sido arguida em momento oportuno a nulidade por falta de citação editalícia válida, o trânsito em julgado da sentença não obsta o réu de buscar a invalidação do processo penal.
IV – O sistema das nulidades orienta-se pelo princípio da instrumentalidade das formas, que preconiza caber ao Juiz de Direito decretar a invalidade do ato processual sempre que a lei prescrever a pena de nulidade.

Assinale
a) somente a alternativa I está correta.
b) somente a alternativa II está correta.
c) somente a alternativa III está correta.
d) somente a alternativa IV está correta.
e) todas as alternativas estão incorretas.

90. **(FCC/TJ-AP/Analista Judiciário/Área Judiciária/2009)** A Constituição Federal **não** prevê expressamente o princípio
a) da publicidade.
b) do duplo grau de jurisdição.
c) do contraditório.
d) da presunção da inocência.
e) do juiz natural.

91. (Vunesp/TJ-SP/Juiz/2009) O princípio da oportunidade

a) somente tem aplicação às ações penais públicas incondicionadas.
b) somente tem aplicação às ações penais de iniciativa privada ou públicas condicionadas à representação.
c) somente tem aplicação às ações penais públicas condicionadas à representação.
d) não se aplica ao processo penal.

92. (Cespe/DPE-PI/Defensor Público/2009) Assinale a opção correta quanto às prerrogativas do acusado no processo penal.

a) O acusado, embora preso, tem o direito de assistir e de presenciar, sob pena de nulidade relativa, os atos processuais, notadamente aqueles que se produzem na fase de instrução do processo penal, que se realiza, sempre, sob a égide do contraditório, porém, são relevantes, para esse efeito, as alegações do poder público concernentes à dificuldade ou inconveniência de proceder à remoção de acusados presos a outros pontos da própria comarca, do estado ou do país.
b) O acusado tem direito ao contraditório e à plenitude de defesa, sendo que esta última se restringe ao direito à defesa técnica.
c) O réu pode ser processado e julgado com base em leis *ex post facto*.
d) O comportamento do réu durante o processo, na tentativa de defender-se, presta-se a agravar-lhe a pena, pois a CF não consagra o princípio *nemo tenetur* se detegere.
e) O réu tem direito de presença e de participação ativa nos atos de interrogatório judicial dos demais litisconsortes penais passivos, quando existentes.

93. (FCC/MPE-CE/Promotor de Justiça/2009) Se o ofendido requerer a instauração de inquérito policial, em crime de ação penal

a) privada e a autoridade policial indeferir o requerimento, não caberá recurso algum no âmbito administrativo, podendo o ofendido todavia dirigir outro requerimento ao juiz de direito.
b) popular, a autoridade policial deverá exigir prova de que o requerente é cidadão.
c) pública incondicionada, a autoridade policial, necessariamente, deverá instaurar o inquérito policial, em virtude do princípio da oficialidade.
d) pública incondicionada que configura infração de menor potencial ofensivo, a autoridade policial poderá, por critério discricionário, instaurar inquérito policial ou elaborar termo circunstanciado.
e) pública condicionada, manifestando interesse em que o autor do crime seja processado, o requerimento poderá valer como representação.

94. (Cespe/OAB/Exame de Ordem Unificado 1/Primeira Fase/Maio/2009) Em relação ao inquérito policial, assinale a opção incorreta.

a) Caso as informações obtidas por outros meios sejam suficientes para sustentar a inicial acusatória, o inquérito policial torna-se dispensável.

b) O MP não poderá requerer a devolução do inquérito à autoridade policial, senão para que sejam realizadas novas diligências, dado que imprescindíveis ao oferecimento da denúncia.

c) Nas hipóteses de ação penal pública, condicionada ou incondicionada, a autoridade policial deverá instaurar, de ofício, o inquérito, sem que seja necessária a provocação ou a representação.

d) A autoridade policial não poderá mandar arquivar autos de inquérito, uma vez que tal arquivamento é de competência da autoridade judicial.

95. (TJ-SC/TJ-SC/Analista Jurídico/2009) Sobre inquérito policial, observe as proposições a seguir e responda quais são as incorretas.

I – O inquérito policial pode ser iniciado de ofício pela autoridade policial nos crimes de ação penal pública, seja ela incondicionada ou condicionada.

II – Se entender necessário, pode a autoridade policial proceder à reprodução simulada dos fatos, desde que esta não contrarie a moralidade e a ordem pública.

III – O inquérito deverá terminar no prazo de cinco dias se o indiciado tiver sido preso em flagrante.

IV – O inquérito policial deverá acompanhar a denúncia ou queixa.

Assinale

a) as assertivas I, III e IV estão incorretas.

b) as assertivas I e III estão incorretas.

c) as assertivas I, II e III estão incorretas.

d) todas as assertivas estão incorretas.

e) todas as assertivas estão corretas.

96. (Cespe/PC-RN/Agente de Polícia/2009) De acordo com a legislação processual penal, o inquérito policial deve ser concluído no prazo

a) marcado pelo juiz, quando o fato for de difícil elucidação, houver diligências a cumprir e o indiciado estiver preso.

b) de cinco dias, quando o indiciado estiver preso preventivamente, contado o prazo a partir do dia em que se executar a ordem de prisão.

c) de 30 dias, quando o indiciado estiver solto, podendo ser prorrogado pela autoridade competente para cumprimento de diligências.

d) de dez dias, no caso de prisão temporária, prorrogável por igual período em caso de extrema e comprovada necessidade.

e) marcado pela autoridade policial, que considerará a complexidade da investigação e comunicará à autoridade competente.

97. **(Funiversa/PC-DF/Delegado de Polícia/2009)** Nei, agente comunitário de saúde do Distrito Federal, foi acusado de cometer crime contra a honra de Maria, sua colega de trabalho. Acerca dessa situação hipotética, assinale a alternativa correta.

a) Caso haja interesse da ofendida, Nei será denunciado pelo Ministério Público. Isso se dá porque, nessas ações, o Estado sempre permanece responsável pela persecução penal, dependendo unicamente da autorização da vítima.

b) Se Maria morrer e não for casada ou não tiver ascendente, descendente ou irmão, a persecução penal caberá ao Estado, situação em que o *streptus judicii* justifica a intervenção do Ministério Público, não importando em que contexto se deu o crime.

c) Segundo o Supremo Tribunal Federal, quando a vítima de crime contra a honra for servidor público, haverá legitimidade ativa concorrente entre o ofendido e o Ministério Público.

d) Caso Maria resolva não se manifestar quanto à sua intenção em ver aberta a instrução processual, ter-se-á como ocorrida a renúncia, que é forma de extinção da punibilidade antes da instauração da ação penal.

e) A legitimação *ad causam* e a capacidade processual de Maria dispensam a exigência de profissional do Direito devidamente habilitado na Ordem dos Advogados do Brasil.

98. **(FCC/TJ-AP/Analista Judiciário/Área Judiciária/Execução de Mandados/2009)** Sobre as nulidades no processo penal, é correto afirmar que

a) nenhuma das partes poderá arguir nulidade a que tenha dado causa, mas se apenas concorreu para que ela se verificasse, pode alegar o vício desde que o faça no momento oportuno.

b) sendo o exame de corpo de delito indispensável nas infrações que deixam vestígios, a sua ausência é causa de nulidade nada podendo suprir-lhe a falta.

c) a falta de intervenção do Ministério Público na ação penal privada subsidiária da pública é causa de nulidade absoluta.

d) a falta de citação do réu é causa de nulidade, não a sanando o seu comparecimento ainda que declare que o faz apenas com o fim de arguir o vício.

e) as incompetências *ratione personae* e *ratione materiae* são absolutas e, por isso, podem ser alegadas a qualquer tempo, implicando nulidade do processo.

99. (Vunesp/TJ-SP/Juiz/2009) A inobservância da competência penal por prevenção

a) constitui nulidade relativa.
b) constitui nulidade absoluta.
c) não constitui nulidade.
d) pode constituir nulidade absoluta em circunstâncias especiais.

100. (TJ-SC/TJ-SC/Analista Jurídico/2009) "Jurisdição é força, é virtude, é princípio criador, algo positivo. Competência é a simples possibilidade, qualidade daquilo que não contradiz, que não ultrapassa os limites impostos por lei." (TORNAGHI, Hélio. In: NUCCI, Guilherme de Souza, p. 249).

Sobre jurisdição e competência, leia as proposições a seguir e responda quais são as incorretas.

I – Competência absoluta é aquela que não admite prorrogação, sob pena de nulidade absoluta. As competências em razão da matéria e da prerrogativa de função são absolutas.

II – A competência será determinada pela conexão quando duas ou mais pessoas forem acusadas pela mesma infração.

III – Na determinação da competência por conexão ou continência, havendo concurso entre a competência do júri e de juízo competente em razão da prerrogativa de foro, é prevalente o juízo competente em razão da prerrogativa de foro.

IV – Verificar-se-á a competência por prevenção toda vez que, concorrendo dois ou mais juízes igualmente competentes ou com jurisdição cumulativa, um deles tiver antecedido aos outros na prática de algum ato do processo ou de medida a este relativa, como os atos do escrivão, ainda que anterior ao oferecimento da denúncia ou da queixa.

Assinale

a) todas as proposições estão incorretas.
b) estão incorretas as proposições I, II e III.
c) estão incorretas as proposições II e IV.
d) estão incorretas as proposições I, III e IV.
e) estão incorretas as proposições II, III e IV.

101. (Vunesp/TJ-SP/Juiz/2009) Assinale a alternativa incorreta, do ponto de vista do processo penal.

a) A questão preliminar é um fato processual que, em sendo acolhida a respectiva arguição, sempre impede que o juiz aprecie o fato principal.
b) A questão preliminar é um fato processual que, em sendo acolhida a respectiva arguição, nem sempre impede que o juiz aprecie o fato principal.
c) A alegação de litispendência é exemplo de preliminar processual.
d) Tecnicamente, a questão preliminar distingue-se da questão prejudicial.

102. (Cespe/OAB/Exame de Ordem Unificado 1/Primeira Fase/Maio/2009) Acerca de exceções, assinale a opção correta.

a) Podem ser opostas exceções de suspeição, incompetência de juízo, litispendência, ilegitimidade de parte e coisa julgada e, caso a parte oponha mais de uma, deverá fazê-lo em uma só petição ou articulado.

b) Tratando-se da exceção de incompetência do juízo, uma vez aceita a declinatória, o feito deve ser remetido ao juízo competente, onde deverá ser declarada a nulidade absoluta dos atos anteriores, não se admitindo a ratificação.

c) A exceção de incompetência do juízo, que não pode ser oposta verbalmente, deve ser apresentada, no prazo de defesa, pela parte interessada.

d) A parte interessada pode opor suspeição às autoridades policiais nos atos do inquérito, devendo fazê-lo na primeira oportunidade em que tiver vista dos autos.

103. (Funiversa/PC-DF/Delegado de Polícia/Objetiva/2009) Acerca da prova no processo penal, assinale a alternativa correta.

a) No que concerne ao sistema de avaliação da prova, vige, no sistema processual brasileiro, a teoria do livre convencimento motivado. Entretanto, não se aplica o princípio da identidade física do juiz.

b) Se os fatos imputados ao réu não forem impugnados ou se houver confissão, a acusação não está obrigada a produzir prova da autoria do fato.

c) Cabe ao Ministério Público provar todos os elementos que integram o conceito analítico de crime, ou seja, a tipicidade, a ilicitude e a culpabilidade.

d) Provas derivadas de outras provas ilícitas serão sempre inadmissíveis no processo penal. O Supremo Tribunal Federal reconhece a pertinência da Teoria dos Frutos da Árvore Envenenada.

e) O interrogatório do acusado somente se realizará após a apresentação da defesa e, na audiência una de instrução, após a inquirição do ofendido, das testemunhas e até dos esclarecimentos dos peritos, acareações e demais diligências probatórias que devam ali ser realizadas.

104. (FCC/DPE-MA/Defensor Público/2009) Para prolação de sentença condenatória, o juiz formará sua convicção, de acordo com o teor de nova regra processual penal trazida pela Lei nº 11.719, de 20/6/2008, segundo

a) livre apreciação da prova produzida em contraditório judicial onde se garanta a ampla defesa do acusado.

b) apreciação controlada da prova produzida em contraditório judicial com desprezo ao teor de eventual confissão prestada no inquérito policial.

c) livre apreciação da prova produzida, não podendo fundamentar sua decisão exclusivamente nos elementos informativos colhidos na investigação.
d) apreciação discricionária da prova produzida em contraditório judicial, não podendo fundamentar sua decisão exclusivamente nos elementos informativos colhidos na investigação.
e) livre apreciação da prova produzida em contraditório judicial, não podendo fundamentar sua decisão exclusivamente nos elementos informativos colhidos na investigação, ressalvadas as provas cautelares, não repetíveis e antecipadas.

105. (Funiversa/PC-DF/Delegado de Polícia/Objetiva/2009) A respeito das provas no processo penal, assinale a alternativa incorreta.
a) A confissão do acusado poderá suprir o exame de corpo de delito, direto ou indireto, quando a infração deixar vestígios.
b) É fonte lícita de prova a gravação clandestina feita por um dos interlocutores sem conhecimento do outro, desde que ausente causa legal de sigilo ou de reserva da conversação.
c) A prova emprestada, admitida no âmbito do processo penal, não pode gerar efeito contra quem não tenha figurado como uma das partes do processo originário.
d) O juiz formará sua convicção pela livre apreciação da prova, não ficando adstrito a critérios valorativos, sendo livre a sua escolha, aceitação e valoração.
e) O exame de corpo de delito poderá ser feito em qualquer dia e a qualquer hora.

106. (FCC/DPE-MA/Defensor Público/2009) O direito ao silêncio do acusado e o valor da confissão harmonizam-se, segundo a sistemática atual do Código de Processo Penal, com fundamento nas seguintes regras:
a) O valor da confissão se aferirá pelos critérios adotados para os outros elementos de prova, e para a sua apreciação o juiz deverá confrontá-la com as demais provas do processo, estabelecendo escala de preponderância para as provas periciais e verificando se entre ela e estas existe compatibilidade ou concordância, sendo que o silêncio do acusado não importará confissão e nem poderá constituir elemento para a formação do convencimento do juiz.
b) O silêncio, que não importará em confissão, não poderá ser interpretado em prejuízo da defesa, sendo ao juiz vedada qualquer alusão ao silêncio do acusado na sentença que venha a proferir.
c) O valor da confissão se aferirá pelos critérios adotados para os outros elementos de prova, e para a sua apreciação o juiz deverá confrontá-la com as

demais provas do processo, verificando se entre ela e estas existe compatibilidade ou concordância, sendo que o silêncio do acusado não importará confissão, mas poderá constituir elemento para a formação do convencimento do juiz.

d) O valor da confissão deverá ser compatibilizado exclusivamente com a prova colhida sob princípio do contraditório, sendo vedada qualquer alusão a eventual silêncio do réu na sentença condenatória.

e) O princípio constitucional da presunção de inocência impede que o juiz faça qualquer consideração na sentença a interrogatório e/ou confissão extrajudicial, não podendo nem mesmo tal circunstância interferir na sua livre apreciação das provas.

107. (Vunesp/TJ-SP/Oficial de Justiça/2009) A regularidade na intimação da testemunha, que será ouvida em juízo, poderá implicar a

a) validade de seu depoimento.
b) sua condução coercitiva.
c) absolvição do acusado.
d) condenação do acusado.
e) nulidade de seu depoimento.

108. (FCC/TJ-GO/Juiz/2009) Podem ser intimados por publicação no órgão incumbido da publicidade dos atos judiciais da Comarca

a) o advogado do querelante e o constituído, mas não o nomeado.
b) o advogado do querelante e o do assistente, mas não o constituído.
c) o defensor nomeado e o do assistente.
d) o advogado constituído e o do querelante, mas não o do assistente.
e) o advogado constituído e o do assistente, mas não o do querelante.

109. (Cespe/DPE-AL/Defensor Público/2009) Em relação aos prazos no âmbito do processo penal, julgue o item que se segue.

No processo penal, contam-se os prazos da data da intimação, e não da juntada aos autos do mandado ou da carta precatória ou de ordem.

110. (Cespe/DPE-ES/Defensor Público/2009) Em relação a juiz, prisão, intimações, *habeas corpus*, nulidades e contagem dos prazos processuais, julgue o item.

Considere que determinado réu, em ação penal pública, tenha sido condenado em primeira instância e que, publicada a sentença penal condenatória e realizadas as intimações necessárias, o advogado de defesa tenha renunciado ao mandato. Considere, ainda, que, sem condições financeiras de arcar com a contratação de novo defensor, o agente procurou a defensoria pública, que, após analisar a situação pessoal do condenado, aceitou o patrocínio da demanda. Nessa situação, o recurso cabível só será tempestivo se a defensoria pública apresentá-lo dentro do prazo legal, computado em dobro, cuja contagem já terá sido iniciada, uma vez que não haverá restituição integral do prazo, segundo o STJ.

111. **(FCC/TJ-MS/Juiz/2009)** Na sentença absolutória imprópria, o réu

a) é absolvido em primeira instância e, provido recurso do Ministério Público, condenado pelo Tribunal.
b) é absolvido em virtude de excludente da ilicitude.
c) obtém o perdão judicial.
d) é absolvido, mas recebe medida de segurança.
e) é condenado, mas depois tem reconhecida a prescrição da pretensão punitiva.

112. **(Cespe/DPE-PI/Defensor Público/2009)** Silvana impetrou *habeas corpus* alegando a nulidade absoluta de processo criminal em que foi condenada, porque sua defesa foi realizada por advogado licenciado da OAB, e, por conseguinte, seriam nulos os atos por ele praticados. Registra-se que os poderes de representação judicial outorgados ao advogado, ainda que licenciado da OAB, foram ampla e livremente conferidos por Silvana, ciente de sua licença, mediante instrumento de procuração.

Considerando a situação hipotética acima e o entendimento atual do STF, assinale a opção correta.

a) No processo penal, tanto a falta da defesa quanto a deficiência de defesa constituem nulidade absoluta.
b) Na via eleita, Silvana pode tentar demonstrar que não sabia que o patrono constituído estava impossibilitado de exercer a advocacia.
c) O princípio da falta de interesse, tal como estabelecido no CPP, não admite arguição da nulidade por quem tenha dado causa ou concorrido para a existência do vício.
d) O *habeas corpus* deve ser concedido, porque o patrono de Silvana estava impossibilitado de exercer a advocacia e, por conseguinte, seriam nulos os atos por ele praticados.
e) O *habeas corpus* deve ser concedido, porque a ilegitimidade do representante da parte é causa de nulidade absoluta.

113. **(Funiversa/PC-DF/Delegado de Polícia/Objetiva/2009)** A tarefa de aplicar o direito às situações concretas não é realizada aleatoriamente pelos órgãos estatais; ao contrário, a atividade processual também é regulada pelo ordenamento jurídico, por meio de formas que devem ser obedecidas pelos que nela intervêm. Nesse contexto, a regulamentação das formas processuais, longe de representar um mal, constitui para as partes a garantia de uma efetiva participação na série de atos necessários à formação do convencimento judicial e, para o próprio juiz, instrumento útil para alcançar a verdade acerca dos fatos que deve decidir.

Ada Pellegrini Grinover, Antonio Scarance Fernandes e Antonio Magalhães Gomes Filho. **As nulidades no processo penal**, com adaptações.

Considerando o texto acima, assinale a alternativa correta acerca das nulidades.

a) O Código de Processo Penal, para a apreciação das nulidades, adotou o critério formalista.
b) As irregularidades eventualmente detectadas no inquérito policial contaminam o processo, ensejando a sua anulação.
c) Considerando que a citação do acusado para se ver processar é indispensável, o comparecimento do réu a juízo não sana a falta ou defeito do ato.
d) É relativa a nulidade decorrente da inobservância da competência penal por prevenção.
e) É nulo o auto de prisão em flagrante lavrado por uma autoridade policial em área diversa da sua zona de atuação.

114. **(FCC/TJ-MS/Juiz/2009)** O *habeas corpus*

a) constitui meio hábil para o reconhecimento da decadência.
b) é incabível para declaração de nulidade do processo.
c) é cabível para trancamento de ação penal, mas não de inquérito policial.
d) não comporta a concessão de liminar, segundo pacífica jurisprudência.
e) não pode ser concedido de ofício.

115. **(Cespe/PC-TO/Delegado de Polícia/2008)** Impera no processo penal o princípio da verdade real e não da verdade formal, próprio do processo civil, em que, se o réu não se defender, presumem-se verdadeiros os fatos alegados pelo autor.

116. **(FGV/Senado Federal/Policial Legislativo Federal/2008)** Relativamente aos princípios de direito processual penal, analise as afirmativas a seguir.

I – O juiz poderá aumentar a pena do réu condenado que tiver, durante o processo, fornecido padrões gráficos deliberadamente falsos de modo a impedir que os peritos policiais descobrissem que a falsificação era proveniente do punho do réu.

II – A prova ilícita não é admissível, devendo ser descartada pelo juiz, salvo quando constitui a única fonte de prova, caso em que poderá ser considerada para efeito de condenação de um criminoso.

III – O Supremo Tribunal Federal já firmou posição no sentido de que os princípios do contraditório e da ampla defesa se aplicam a todos os procedimentos administrativos, inclusive no inquérito policial.

IV – O princípio do juiz natural é uma garantia constitucional que somente poderá ser excepcionada mediante decisão da maioria dos integrantes do tribunal ao qual estiver submetido o juiz.

Assinale

a) se apenas as afirmativas I e II estiverem corretas.
b) se apenas as afirmativas II e III estiverem corretas.
c) se apenas as afirmativas I e IV estiverem corretas.
d) se nenhuma afirmativa estiver correta.
e) se todas as afirmativas estiverem corretas.

117. (FGV/TJ-MS/Juiz/2008) Assinale a afirmativa incorreta.

a) O silêncio do réu não importará em confissão nem poderá ser valorado pelo juiz em prejuízo da defesa para efeito de condenação, mas poderá ser valorado na fixação da pena-base no aspecto da personalidade do criminoso.
b) O réu tem o direito de entrevistar-se reservadamente com seu advogado antes de seu interrogatório judicial.
c) O réu tem o direito de permanecer calado, negar a verdade ou mentir durante seu interrogatório judicial.
d) Além de permanecer calado, o réu tem o direito de recusar-se a fornecer material para exame grafotécnico.
e) Se o réu não for previamente advertido de seu direito de permanecer em silêncio, tudo que disser em seu interrogatório poderá ser anulado posteriormente.

118. (FMP-RS/MPE-MT/Promotor de Justiça/2008) Aponte a resposta correta.

a) A figura do assistente somente é admitida após o início da ação penal, podendo habilitar-se no processo enquanto não for proferida a sentença.
b) a figura do assistente somente é admitida após o início da ação penal, podendo habilitar-se no processo enquanto não transitar em julgado a sentença.
c) A figura do assistente é sempre admitida já na fase de investigação criminal, podendo habilitar-se no processo enquanto não for proferida a sentença.

d) A figura do assistente é sempre admitida já na fase de investigação criminal, podendo habilitar-se no processo enquanto não transitar em julgado a sentença.
e) A figura do assistente é admitida excepcionalmente na fase de investigação criminal, podendo habilitar-se no processo enquanto não transitar em julgado a sentença.

119. (FCC/TCE-AL/Procurador/2008) Da decisão que indefere o ingresso do Estado como assistente do Ministério Público em processo criminal:
a) não cabe recurso, mas se admite mandado de segurança.
b) não cabe recurso, mas se admite *habeas corpus*.
c) cabe apelação.
d) cabe recurso em sentido estrito.
e) cabe agravo de instrumento.

120. (Vunesp/MPE-SP/Promotor de Justiça/2008) Assinale a alternativa incorreta.
a) Admite-se a intervenção do assistente do Ministério Público após a sentença absolutória, na ausência do trânsito em julgado.
b) Na ausência de recurso do Ministério Público, pode o assistente de acusação recorrer da decisão que rejeita a denúncia por inépcia.
c) Não cabe recurso em sentido estrito da decisão que admitir ou não admitir o assistente de acusação.
d) Pode o ofendido, particular, habilitar-se como assistente do Ministério Público em crimes contra a Administração Pública.
e) Não se aplicam ao assistente de acusação os impedimentos previstos em lei para o juiz e o órgão do Ministério Público.

121. (Ieses/TJ-MA/Titular de Serviços de Notas e de Registros/2008) É certo afirmar.

I – Basicamente, o Inquérito Policial possui por finalidade colher indícios sobre autoria e materialidade, dando possibilidade ao Ministério Público de oferecer denúncia.

II – Caso o Ministério Público entenda não ser o caso de denúncia, pode determinar o arquivamento, a baixa dos autos em diligência, a extinção da punibilidade.

III – O inquérito policial é indispensável para o oferecimento da denúncia.

IV – Segundo o Código de Processo Penal, estando o réu preso, o prazo para a conclusão do inquérito policial será de 10 dias, estando solto, de 30 dias.

Analisando as proposições, pode-se afirmar

a) somente as proposições II e III estão corretas.
b) somente as proposições I e IV estão corretas.
c) somente as proposições I e III estão corretas.
d) somente as proposições II e IV estão corretas.

122. (Cespe/PC-TO/Delegado de Polícia/2008) O inquérito policial, procedimento persecutório de caráter administrativo instaurado pela autoridade policial, tem como destinatário imediato o Ministério Público, titular único e exclusivo da ação penal.

123. (Cespe/PC-TO/Delegado de Polícia/2008) O prazo do inquérito policial, se o indiciado estiver preso em virtude de prisão temporária, será de cinco dias, prorrogáveis por mais cinco dias, havendo exceção para determinados casos, a exemplo dos crimes de tráfico de entorpecentes ou tortura, em que o prazo se estende para 30 dias, prorrogáveis por igual período, em caso de extrema e comprovada necessidade.

124. (EJEF/TJ-MG/Juiz/2008) O prazo para conclusão do inquérito policial instaurado para apurar a prática dos delitos relacionados ao tráfico de entorpecentes, previstos na Lei nº 11.343, de 23 de agosto de 2006, é de:

a) trinta dias, se o indiciado estiver preso, e de 90 (noventa) dias, se estiver solto, podendo o juiz, ouvido o Ministério Público, mediante pedido justificado da autoridade policial, duplicar os prazos.
b) trinta dias, se o indiciado estiver preso, e de 90 (noventa) dias, se estiver solto, podendo o juiz, ouvido o Ministério Público, mediante pedido justificado da autoridade policial, triplicar os prazos.
c) dez dias, se o indiciado estiver preso, e de 60 (sessenta) dias, se estiver solto, podendo o juiz, ouvido o Ministério Público, mediante pedido justificado da autoridade policial, duplicar os prazos.
d) dez dias, se o indiciado estiver preso, e de 60 (sessenta) dias, se estiver solto, podendo o juiz, ouvido o Ministério Público, mediante pedido justificado da autoridade policial, triplicar os prazos.

125. (EJEF/TJ-MG/Juiz/2008) Concluído o inquérito policial, determinou o MM. Juiz que o inquérito fosse remetido ao Dr. Promotor de Justiça para oferecimento da denúncia, tendo este requerido o seu arquivamento. Discordando da conclusão do Promotor, que providência deve o Juiz adotar.

a) Devolver os autos à Delegacia de Polícia para novas diligências.
b) Insistir junto ao Promotor de Justiça quanto ao oferecimento da denúncia.
c) Remeter o inquérito ao Procurador-Geral de Justiça.
d) Remeter o inquérito ao Presidente do Tribunal de Justiça.

126. **(FCC/TCE-AL/Procurador/2008)** Em relação às ações penais públicas condicionadas, o Código de Processo Penal prevê a possibilidade de retratação da
a) representação do ofendido até o oferecimento da denúncia.
b) representação do ofendido até o recebimento da denúncia.
c) requisição do Ministro da Justiça até o oferecimento da denúncia.
d) requisição do Ministro da Justiça até o recebimento da denúncia.
e) representação do ofendido e da requisição do Ministro da Justiça até o recebimento da denúncia.

127. **(Cespe/PC-TO/Delegado de Polícia/2008)** Considere a seguinte situação hipotética.
Valmir, penalmente imputável, agrediu fisicamente Leandro, produzindo-lhe lesões corporais de natureza leve, constatadas em laudo pericial. Apresentado o fato à autoridade policial, e após a representação do ofendido, foi formalizado e remetido ao Poder Judiciário o respectivo termo circunstanciado.
Nessa situação, uma vez procedida a representação pela vítima, esta não mais poderá desistir da persecução penal, devendo a ação penal seguir sua tramitação sob a titularidade do Ministério Público, até decisão final.

128. **(FCC/TCE-AL/Procurador/2008)** Sobre ação penal, é correto afirmar.
a) A renúncia da ação penal privada ocorre após o oferecimento da queixa e o perdão antes.
b) No caso de morte do ofendido, o direito de oferecer queixa ou prosseguir na ação penal passará ao cônjuge, ascendente, descendente ou colateral até terceiro grau.
c) Se comparecer mais de uma pessoa com direito de queixa, será privilegiada aquela que primeiro comparecer.
d) As fundações, associações ou sociedades legalmente constituídas poderão exercer a ação penal privada.
e) No caso de ação penal privada exclusiva, o Ministério Público pode recorrer se o acusado for absolvido.

129. **(FGV/TJ-PA/Juiz/2008)** Assinale a afirmativa incorreta.
a) Intentada a ação penal, o juiz da ação civil, visando ao ressarcimento do dano, poderá suspender o curso do processo civil.

b) Não faz coisa julgada no cível a sentença penal que reconhecer ter sido o ato praticado em estrito cumprimento de dever legal.
c) É cabível a indenização ao dono de animal que é morto em quintal da casa do seu proprietário por pessoa que invade o mencionado quintal para fugir de roubo.
d) A decisão que julga extinta a punibilidade do crime não impede a propositura da ação civil.
e) Não obstante a sentença absolutória no juízo criminal, a ação civil poderá ser proposta quando não tiver sido, categoricamente, reconhecida a inexistência material do fato.

130. (Cespe/DPE-CE/Defensor Público/2008) Apesar do princípio da intranscendência, segundo o qual a pena não passará da pessoa do condenado, a ação civil para ressarcimento do dano poderá ser proposta, no juízo cível, contra o autor do crime e, se for o caso, contra o responsável civil.

131. (FCC/MPE-PE/Promotor de Justiça/2008) Em matéria de competência penal, é correto afirmar.
a) Em nenhuma hipótese a competência será fixada pela residência do réu.
b) É de natureza relativa a competência em razão da matéria.
c) A nulidade do processo por incompetência *ratione loci*, mesmo que não caracterizado erro grosseiro, pode ser proclamada após o trânsito em julgado em sede de revisão criminal ou de *habeas corpus*.
d) A competência absoluta não admite prorrogação.
e) Na determinação da competência por conexão ou continência não se aplica a regra da prevenção.

132. (Vunesp/DPE-MS/Defensor Público/2008) A *perpetuatio jurisdictionis* é aplicável
a) aos casos de conexão ou continência.
b) somente nos casos de conexão.
c) somente aos processos do Tribunal do Júri.
d) aos casos de competência funcional.

133. (FGV/TJ-PA/Juiz/2008) Configura hipótese de questão prejudicial homogênea
a) a questão sobre a declaração da nulidade de registro ou patente em processo penal por crime contra a propriedade imaterial.
b) a questão sobre a declaração da validade do casamento em processo penal por crime de bigamia.

c) a questão sobre a declaração da quota parte a que tem direito o condômino em processo penal por crime de furto de coisa comum fungível.
d) a questão sobre a declaração da existência do crime de que proveio a coisa em processo penal por delito de receptação.
e) a questão sobre a declaração da posse e propriedade de coisa móvel em processo penal por crime de apropriação indébita fundada em inversão da posse.

134. (Vunesp/TJ-SP/Juiz/2008) Verificado no curso da ação penal que o acusado era menor de 18 anos à data do fato delituoso, cumpre
a) absolvê-lo.
b) decretar a extinção de sua punibilidade.
c) declará-lo isento de pena em razão de sua inimputabilidade.
d) anular a ação penal por ilegitimidade passiva *ad processum*.

135. (FGV/TJ-PA/Juiz/2008) Em tema de prova penal, é correto afirmar.
a) Em regra vigora o sistema da íntima convicção, pelo qual o juiz formará sua convicção pela livre apreciação da prova, estando dispensado de motivá-la.
b) Não sendo possível o exame de corpo de delito, por haverem desaparecido os vestígios, a confissão poderá suprir-lhe a falta.
c) Em crime que deixa vestígios, o juiz não ficará adstrito ao laudo, podendo aceitá-lo ou rejeitá-lo, no todo ou em parte.
d) As provas requeridas pela defesa deverão ser deferidas pelo juiz independentemente da pertinência que guardem com o objeto do processo.
e) São inadmissíveis no processo as provas produzidas por meios ilícitos, salvo quando servirem para esclarecer dúvida sobre ponto relevante.

136. (TJDFT/TJ-DF/Juiz/Objetiva/2008) Quanto aos meios de provas, cada um dos próximos itens apresenta meios e limitações constitucionais do ônus da prova. Assinale em seguida a alternativa correta.
a) A autoridade policial, após deter, sem flagrante e sem ordem judicial, o suspeito de chefiar quadrilha de traficantes de substâncias entorpecentes, em conversa informal gravou numa fita cassete, sem autorização, a sua confissão e a revelação do *modus operandi* do bando. Nessa situação, consoante orientação do STF, trata-se de prova ilícita em face da detenção ilegal e ainda, por ser a conversa informal uma modalidade de interrogatório sub-reptício, realizado sem as formalidades legais e sem o indiciado ser advertido do seu direito ao silêncio.
b) O interrogatório em fase judicial é ato privativo do juiz.

c) Realizado o exame pericial por dois peritos oficiais, o juiz não estará adstrito ao laudo.
d) No processo penal, todas as pessoas poderão ser testemunhas, inclusive os menores de quatorze anos, os doentes mentais e familiares do acusado.

137. (Vunesp/MPE-SP/Promotor de Justiça/2008) Considere as seguintes assertivas.

I – Admitem-se no processo penal a citação com hora certa e a citação por meio eletrônico.

II – É nula a citação por edital se este indica o dispositivo da lei penal, mas não transcreve a denúncia ou queixa nem resume os fatos em que se baseia a imputação.

III – A Lei nº 9.099, de 26/9/1995, não prevê a possibilidade de citação por correspondência, com aviso de recebimento pessoal, do autor de infração de menor potencial ofensivo.

Assinale
a) somente I é verdadeira.
b) somente II é verdadeira.
c) somente III é verdadeira.
d) somente I e II são verdadeiras.
e) somente II e III são verdadeiras.

138. (Cespe/TJ-SE/Juiz/2008) A respeito da sentença criminal, assinale a opção correta.
a) A sentença absolutória imprópria ocorre quando não acolhe a pretensão punitiva, mas reconhece a prática da infração penal e extingue a punibilidade.
b) O acórdão proferido por órgãos colegiados homogêneos, como as câmaras dos tribunais, é considerado uma decisão subjetivamente complexa.
c) A publicação da sentença ocorre pela imprensa ou pela afixação à porta do edifício onde funcionar o juízo, e a intimação sempre pessoal.
d) Não se aplica à segunda instância, em recurso voluntário das partes, a possibilidade de dar ao fato definição jurídica diversa da que constar na acusação.
e) A absolvição do réu por não haver prova da existência do fato não inviabiliza a propositura de ação civil reparatória.

139. (EJEF/TJ-MG/Juiz/2008) Julgada procedente a revisão criminal, o Tribunal poderá
a) alterar a classificação da infração, absolver o réu, modificar a pena ou anular o processo.

b) absolver o réu, cuja inimputabilidade penal resultar reconhecida na revisão, dispensando-o da aplicação da medida de segurança respectiva.
c) deixar de conhecer do pedido, se o réu tiver falecido.
d) agravar a pena imposta se surgiu na revisão prova de conduta mais grave do condenado, não apreciada pela decisão revista.

140. (Cespe/TJ-SE/Juiz/2008) Os princípios constitucionais aplicáveis ao processo penal incluem
a) a publicidade.
b) a verdade real.
c) a identidade física do juiz.
d) o favor rei.
e) a indisponibilidade.

141. (EJEF/TJ-MG/Juiz/2007) Marque a alternativa incorreta.
Nos processos do Tribunal do Júri, o juiz de direito deverá assegurar:
a) o sigilo das votações.
b) a soberania dos veredictos.
c) a repetição da votação, se a resposta a qualquer dos quesitos estiver em contradição com outra já proferida.
d) a competência exclusiva para o julgamento dos crimes dolosos contra a vida, consumados ou tentados.

142. (FCC/TRF 2ª Região/Analista Judiciário/Área Judiciária/2007) A suspeição do juiz não poderá ser declarada nem reconhecida, quando
a) o juiz for sócio, acionista ou administrador de sociedade interessada no processo.
b) o juiz for amigo íntimo ou inimigo capital de qualquer das partes.
c) o juiz tiver aconselhado qualquer das partes.
d) a parte injuriar o juiz ou de propósito der motivo para criá-la.
e) ele, seu cônjuge, ascendente ou descendente, estiver respondendo a processo por fato análogo, sobre cujo caráter criminoso haja controvérsia.

143. (FCC/TJ-PE/Técnico Judiciário/Área Administrativa/2007) O Ministério Público não poderá
a) deixar de recorrer de sentença que tenha aplicado a pena mínima.
b) deixar de recorrer de sentença absolutória.
c) recorrer da sentença em ação penal privada subsidiária.
d) desistir de recurso que haja interposto.
e) deixar de recorrer da sentença que rejeitar a denúncia.

144. (FCC/MPU/Analista Processual/2007) A respeito do acusado e de seu defensor, é correto afirmar que o

a) acusado, ainda que seja revel, pode constituir advogado da sua confiança para atuar no processo.
b) advogado, no processo penal, só pode ser constituído pelo réu através da outorga de procuração.
c) acusado só pode contratar advogado após a citação e o interrogatório judicial.
d) juiz pode destituir o advogado constituído pelo acusado e, desde logo, nomear defensor dativo para substituí-lo.
e) acusado deverá ser defendido por advogado, ainda que tenha habilitação e deseje atuar em causa própria.

145. (FCC/TRF 4ª Região/Técnico Judiciário/Área Administrativa/2007) A respeito do acusado e seu defensor é correto afirmar.

a) Se o réu for advogado, não poderá defender a si próprio, nem defender corréu no mesmo processo.
b) Se o acusado estiver ausente ou foragido poderá ser processado e julgado sem defensor.
c) Se tiver sido nomeado defensor pelo juiz não poderá o acusado constituir outro advogado de sua confiança.
d) O juiz pode nomear o mesmo defensor para dois ou mais acusados no mesmo processo, ainda que sejam conflitantes as respectivas defesas.
e) A constituição de defensor independe de instrumento de mandato se o acusado o indicar por ocasião do interrogatório judicial.

146. (FCC/TRF 2ª Região/Analista Judiciário/Área Judiciária/2007) Se o Assistente da Acusação deixar de comparecer a qualquer ato de instrução ou do julgamento, sem motivo de força maior devidamente comprovado,

a) o juiz o declarará revel.
b) o juiz designará nova data para o ato, intimando o assistente.
c) o processo prosseguirá independentemente de nova intimação deste.
d) o processo será sumariamente arquivado.
e) o ato será realizado e o assistente será intimado para os próximos atos do processo.

147. (Cespe/DPU/Defensor Público/2007) Caso o Ministério Público requeira o arquivamento de inquérito policial, em ação penal pública incondicionada, com o qual concorde o magistrado, nessa situação, poderá o ofendido (vítima) impugnar judicialmente, via mandado de segurança, em matéria criminal, a manifestação do órgão acusatório, a fim de ver aplicado o disposto no art. 28 (remessa ao procurador-geral) do CPP.

148. (FCC/TRE-SE/Analista Judiciário/Área Judiciária/2007) Para o regular exercício do direito de ação, exige-se o preenchimento de algumas condições, que são chamadas "condições da ação". No processo penal, são elas:

a) capacidade processual, perempção e litispendência.
b) maioridade, responsabilidade e litispendência.
c) possibilidade legal do pedido, requisição do Ministro da Justiça e autoridade jurisdicional competente.
d) possibilidade jurídica do pedido, legitimação para agir e interesse de agir.
e) representação do ofendido, coisa julgada e interesse de agir.

149. (FCC/TRF 3ª Região/Analista Judiciário/2007) Quanto ao direito a representação do ofendido, é incorreto afirmar que

a) só pode ser exercido no prazo de seis meses, contado do dia em que a vítima ou seu representante legal veio a saber quem é o autor do crime.
b) pode ser exercido por procurador da vítima ou de seu representante legal com poderes especiais, mediante declaração escrita ou oral.
c) no caso de morte do ofendido ou quando declarado ausente por decisão judicial, passará ao cônjuge, ascendente, descendente ou irmão.
d) as fundações, associações ou sociedades podem exercer a ação penal, devendo ser representadas por quem os respectivos contratos ou estatutos designarem ou, no silêncio destes, pelos seus diretores ou sócios gerentes.
e) depois de oferecida a denúncia, a representação só é retratável se for manifestada pelo ofendido ainda dentro do prazo decadencial.

150. (FCC/TRE-MS/Analista Judiciário/Área Judiciária/2007) É certo que a denúncia

a) poderá ser oferecida a qualquer momento se o réu estiver solto ou afiançado, não havendo, neste caso, prazo prefixado na legislação brasileira.
b) deverá conter a exposição do fato criminoso, com todas as suas circunstâncias, e a qualificação do acusado, sendo desnecessária a classificação do crime.
c) deverá ser recebida pelo juiz na hipótese de estar extinta a punibilidade pela prescrição, uma vez que a prescrição deverá ser declarada por sentença.
d) deverá ser oferecida no prazo de cinco dias se o réu estiver preso, contados da data em que o órgão do Ministério Público receber os autos do inquérito policial.
e) deverá ser oferecida no prazo de trinta dias, se o órgão do Ministério Público dispensar o inquérito policial, por já terem sido oferecidos elementos que o habilitem a promover a ação penal.

151. **(Cespe/TSE/Analista Judiciário/Área Judiciária/2007)** Fernando Capez sustenta que o fundamento da ação penal privada é evitar que o escândalo do processo provoque ao ofendido mal maior que a impunidade do criminoso, decorrente da não propositura da ação penal. A diferença básica entre a ação penal pública e a ação penal privada seria apenas a legitimidade de agir; nesta última, extraordinariamente atribuída à vítima apenas devida a razões de política criminal – em ambos os casos, todavia, o Estado retém consigo a titularidade do direito de punir.

Rafael Lopes do Amaral. **A ação penal privada e os institutos da lei dos juizados especiais criminais.** In: Jus Navigandi. Teresina, ano 9, nº 765, ago./2005, com adaptações.

Acerca da ação penal privada, assinale a opção correta.

a) Quando o Ministério Público pede arquivamento da representação, descabe o ajuizamento de ação penal privada, subsidiária da ação penal pública, já que não houve omissão do Ministério Público.

b) Em crimes contra a honra praticados contra funcionário público *propter officium*, não se admite a legitimidade concorrente do ofendido para promover ação penal privada. Nesses casos, a ação deve ser pública condicionada à representação.

c) O perdão do ofendido, seja expresso ou tácito, é causa de extinção da punibilidade nos crimes que se apuram exclusivamente por ação penal privada e naqueles em que há ação penal pública incondicionada.

d) O benefício do *sursis* processual, previsto na Lei nº 9.099/1995, não permite a aplicação da analogia *in bonam partem*, prevista no Código de Processo Penal, razão pela qual não é cabível nos casos de crimes de ação penal privada.

152. **(FCC/TRE-PB/Analista Judiciário/Área Judiciária/2007)** De acordo com o Código de Processo Penal, a competência

a) será, em regra, determinada pelo lugar em que se iniciou o primeiro ato de execução do crime.

b) será determinada pela continência se, ocorrendo duas ou mais infrações, houverem sido praticadas, ao mesmo tempo, por várias pessoas reunidas.

c) regular-se-á, em regra, pelo domicílio ou residência do réu, por expressa determinação legal, independentemente do lugar do crime.

d) será determinada pela continência quando duas ou mais pessoas forem acusadas pela mesma infração.

e) será determinada pela continência se, ocorrendo duas ou mais infrações, houverem sido praticadas ao mesmo tempo por várias pessoas, umas contra as outras.

153. **(FCC/TRF 2ª Região/Analista Judiciário/Área Judiciária/2007)** A suspeição do juiz não poderá ser declarada nem reconhecida, quando

a) o juiz for sócio, acionista ou administrador de sociedade interessada no processo.
b) o juiz for amigo íntimo ou inimigo capital de qualquer das partes.
c) o juiz tiver aconselhado qualquer das partes.
d) a parte injuriar o juiz ou de propósito der motivo para criá-la.
e) ele, seu cônjuge, ascendente ou descendente, estiver respondendo a processo por fato análogo, sobre cujo caráter criminoso haja controvérsia.

154. **(FCC/TJ-PE/Analista Judiciário/Área Administrativa/2007)** A incompetência do juízo anula

a) os atos processuais posteriores ao recebimento da denúncia.
b) os atos processuais posteriores ao oferecimento da denúncia.
c) somente os atos decisórios.
d) os atos processuais posteriores à citação do acusado.
e) os atos processuais posteriores à defesa prévia.

155. **(TJDFT/TJ-DF/Juiz/Objetiva/2007)** Assinale a alternativa correta.

a) De acordo com a orientação do STJ, pelo fato de não ter a Constituição Federal tratado a investigação criminal como função exclusiva da Polícia Judiciária, não é defeso ao Ministério Público presidir inquérito policial propriamente dito.
b) As omissões ou irregularidades da procuração outorgada pelo querelante, com exceção àquelas que se refiram a *legitimatio ad causam*, consoante o entendimento do STJ e TJDFT podem ser sanadas a qualquer tempo, ainda que após o prazo decadencial.
c) Compete ao Supremo Tribunal Federal dirimir conflito negativo de atribuições entre o Ministério Público do Distrito Federal e Territórios e o Ministério Público Estadual.
d) Por prerrogativa de função, o Secretário de Estado do Distrito Federal que pratica o crime de homicídio será processado e julgado originariamente pelo Conselho Especial do Tribunal de Justiça do Distrito Federal e dos Territórios.

156. **(Cespe/TSE/Analista Judiciário/Área Judiciária/2007)** Considerando a lei e a doutrina formada a respeito da prova no processo penal, assinale a opção correta.

a) Cabe invocar a aplicação da teoria dos frutos da árvore envenenada com o intuito de anular todas as provas obtidas durante uma investigação, ainda quando parte dos elementos probatórios sejam válidos, independentes, não contaminados e aptos a sustentar essa investigação.

b) Eventuais vícios do inquérito policial não contaminam o acervo probatório arrecadado na fase judicial sob o crivo do contraditório, sendo, portanto, prematura a aplicação da teoria dos frutos da árvore envenenada nessa fase.

c) No processo penal, cabe à defesa do réu provar o fato constitutivo do delito que lhe é imputado e à acusação provar fatos modificativos, extintivos e impeditivos do direito da defesa.

d) O direito de produzir prova com vistas à verdade real assegurado aos indivíduos no processo penal não pode ser limitado pelas liberdades públicas constitucionalmente previstas, pois estas foram previstas em tese, com foco no processo civil.

157. **(FCC/TRF 2ª Região/Analista Judiciário/Área Judiciária/2007)** Segundo a lei processual penal, são consideradas espécies de prisão em flagrante:

a) preparado, putativo e próprio.
b) forjado, presumido e especial.
c) próprio, forjado e presumido.
d) esperado, presumido e preparado.
e) próprio, impróprio e presumido.

158. **(FCC/TRE-PB/Analista Judiciário/Área Judiciária/Direito/2007)** Considere:

I – Qualquer do povo, mesmo não sendo policial, pode prender quem quer que seja encontrado em flagrante delito.

II – A prisão preventiva para garantia da ordem pública pode ser determinada pelo representante do Ministério Público.

III – Pode ser preso em flagrante o autor do fato encontrado, logo depois, com instrumentos, armas, objetos ou papéis que façam presumir ser ele o autor da infração.

Está correto o que se afirma apenas em

a) III.
b) I e II.
c) I e III.
d) II.
e) II e III.

159. **(FCC/PM-SP/Auditor-Fiscal Tributário Municipal/2007)** João, motorista do táxi que conduzia o passageiro Igor, no "Eixão Sul", em direção ao Aeroporto de Brasília, imprimindo velocidade incompatível às circunstâncias (muito além da permitida no local), acabou dando origem à colisão com outro veículo, no que resultou ferido o condutor do outro carro. O passageiro Igor para não chegar atrasado ao vôo, instigou João a omitir socorro à vítima, tendo este se recusado. Inconformado com a recusa, Igor, prontamente sai do veículo pegando uma carona para o aeroporto. No momento em que João chega ao hospital, prestando efetivamente o socorro à vítima, registra a ocorrência do fato, ocasião em que o policial de plantão efetua a prisão em flagrante de João, encaminhando-o à delegacia.

Tendo em vista o enunciado, é correto afirmar que

a) a manutenção da prisão em flagrante de João ficará condicionada a um criterioso juízo de necessidade, tornando visível a sua condição de verdadeira medida cautelar.
b) trata-se de prisão em flagrante ilegal, uma vez que nos casos de acidente de trânsito em que resulte vítima, não se imporá prisão em flagrante ao condutor do veículo que prestar pronto e integral socorro àquela.
c) havendo prova que o condutor do veículo praticou conduta justificada, desaparece o *fumus boni iuris.*
d) procura-se contornar no caso a obrigatoriedade da manutenção da prisão em flagrante até sentença final sob o argumento de que era presumida *iuris et de iure.*

160. (FCC/TRF 4ª Região/Analista Judiciário/Área Judiciária/Execução de Mandados/2007) A prisão temporária

a) será decretada pelo juiz, pelo prazo de dez dias, prorrogável por igual período, em caso de extrema e comprovada necessidade.
b) somente poderá ser executada depois da expedição de mandado judicial.
c) poderá, em casos de extrema gravidade e urgência, ser decretada pelo Ministério Público, face a representação da autoridade policial.
d) decorrente de requerimento do Ministério Público poderá ser decretada por prazo superior a dez dias, desde que por meio de despacho fundamentado.
e) não implica em nenhum privilégio para o preso, que poderá permanecer na mesma cela dos demais presidiários.

161. (FCC/TRF 2ª Região/Analista Judiciário/Área Judiciária/Execução de Mandados/2007) A prisão temporária requerida em inquérito policial que apura crime de tortura, pode ser decretada por até

a) cinco dias, prorrogáveis por igual período.
b) dez dias, prorrogáveis por igual período.
c) quinze dias, vedada a prorrogação.
d) trinta dias, vedada a prorrogação.
e) trinta dias, prorrogáveis por igual período.

162. **(FCC/TRF 2ª Região/Analista Judiciário/Área Judiciária/Execução de Mandados/2007)** Expedida carta precatória para citação do réu, se ele estiver em território sujeito a outro juiz que não o deprecado, este

a) devolverá os autos da precatória ao juízo deprecante com a informação sobre o paradeiro do réu, mesmo que haja tempo para fazer a citação.
b) remeterá os autos para o juiz da comarca onde se encontra o réu, para que seja efetivada a diligência, desde que haja tempo para fazer a citação.
c) mandará o oficial de justiça cumprir a precatória na comarca onde o réu se encontra.
d) expedirá ofício ao juízo deprecante solicitando aditamento da precatória com o novo endereço do réu.
e) expedirá ofício ao juízo deprecante comunicando a circunstância e aguardará resposta com as providências que deva tomar.

163. **(Cespe/MPE-AM/Promotor de Justiça/2007)** Dispõe o art. 366 do CPP, com a redação dada pela Lei nº 9.271/1996:

"Se o acusado, citado por edital, não comparecer, nem constituir advogado, ficarão suspensos o processo e o curso do prazo prescricional, podendo o juiz determinar a produção antecipada das provas consideradas urgentes e, se for o caso, decretar prisão preventiva, nos termos do disposto no art. 312".

Com referência a esse dispositivo, assinale a opção correta.

a) O STF pacificou o entendimento de que, no caso, é inconstitucional a suspensão da prescrição por prazo indeterminado.
b) Constitui constrangimento ilegal a determinação de produção de prova testemunhal antecipada pelo juiz.
c) A decretação da prisão preventiva do acusado decorre de aplicação automática do art. 366 do CPP, independentemente dos demais requisitos da custódia cautelar.
d) Em caso de necessidade de produção de provas antecipadas consideradas urgentes, dispensa-se a presença do MP e do defensor dativo, pois, uma vez localizado o réu, as provas serão repetidas.
e) A regra do art. 366 do CPP somente pode ser aplicada aos fatos praticados após a vigência da Lei nº 9.271/1996.

164. **(FCC/TRF 4ª Região/Analista Judiciário/Área Judiciária/2007)** Tício está residindo na França, mas em endereço desconhecido. Nesse caso, a sua citação far-se-á por

a) edital.
b) carta rogatória.

c) carta precatória.
d) carta com aviso de recebimento.
e) hora certa no respectivo consulado.

165. (Cespe/MPE-AM/Promotor de Justiça/2007) Um indivíduo encontra-se preso cautelarmente em face da suposta prática de crime de latrocínio. Designada audiência de instrução, para oitiva das testemunhas de acusação, a requisição judicial para a apresentação do preso foi negada sob o fundamento de alta periculosidade do réu. Realizada a audiência, é correto afirmar que

a) não há que se falar em nulidade do ato, tendo em vista que o réu foi representado regularmente pela Defensoria Pública.
b) há mera irregularidade.
c) a nulidade é relativa, só devendo ser decretada se a defesa demonstrar prejuízo em face do não comparecimento do réu.
d) há nulidade absoluta.
e) a nulidade é relativa e, se não for arguida antes da oitiva da primeira testemunha, ficará preclusa.

166. (TJDFT/TJ-DF/Juiz/Objetiva/2007) Expedida carta precatória para oitiva de testemunhas da acusação, foram intimadas as partes, bem como o Ministério Público e a defesa técnica. As testemunhas foram ouvidas pelo juízo deprecado, sem que este tenha feito qualquer intimação da data e horário da respectiva audiência. Na ausência do advogado do acusado, designou o juízo deprecado defensor dativo, que assistiu a oitiva das testemunhas. Juntada a precatória aos autos, proferiu o juiz sentença, condenando o réu. Este, no recurso de apelação, levantou preliminar de nulidade do processo, em razão da falta de intimação pelo juízo deprecado da data e horário da audiência de oitiva das testemunhas.

Esta preliminar de nulidade

a) deve ser rejeitada, porque o que a lei exige é a intimação da expedição da carta precatória para oitiva das testemunhas, não da data e horário em que se realizarão as audiências no juízo deprecado.
b) deve ser acolhida, se, quando intimada da expedição da carta precatória, a defesa requereu que também fosse intimada da designação no juízo deprecado da audiência de oitiva das testemunhas.
c) deve ser acolhida somente se os depoimentos das testemunhas no juízo deprecado contribuíram, de qualquer forma, para a condenação do acusado, resultando, assim, prejuízo a este.
d) deve ser acolhida, em qualquer hipótese, porque, para o exercício da ampla defesa, deveria ter havido a intimação pelo juízo deprecado da data e horário da audiência de oitiva das testemunhas.

167. **(EJEF/TJ-MG/Juiz/2007)** Sobre a prova e sua produção no processo penal, o juiz de direito deverá assegurar a observância
a) do princípio da autorresponsabilidade das partes.
b) do princípio da liberdade probatória irrestrita.
c) do princípio da aquisição ou comunhão.
d) do princípio da audiência contraditória.

168. **(EJEF/TJ-MG/Juiz/2006)** São implicações do princípio do devido processo legal, exceto:
a) *favor rei*, imparcialidade do juiz, legalidade das formas.
b) estado de inocência, juiz natural, identidade física do juiz.
c) publicidade, indisponibilidade da ação penal pública, oficialidade.
d) verdade real, assistência judiciária, iniciativa da parte.

169. **(Cespe/TJ-PA/Analista Judiciário/Área Judiciária/2006)** Acerca do inquérito policial (IP), assinale a opção correta.
a) É peça indispensável à propositura da ação penal, tendo em vista que se destina a apurar a autoria e materialidade do crime.
b) Os vícios existentes no IP acarretam nulidades no processo subsequente.
c) No IP, devem ser observadas as garantias constitucionais do contraditório e da ampla defesa, sendo indispensável a assistência de advogado ao indiciado.
d) Arquivado o IP por falta de provas, a autoridade policial poderá, enquanto não se extinguir a punibilidade pela prescrição, proceder a novas pesquisas e diligências, desde que surjam novas provas.

170. **(MPE-SP/MPE-SP/Promotor de Justiça/2006)** Assinale a afirmação correta.
a) A autoridade policial pode indeferir a instauração de inquérito policial por entender de difícil apuração o fato criminoso noticiado.
b) O juiz deve arquivar o inquérito policial, de ofício, quando se convença da falta de justa causa para a persecução penal.
c) O Delegado de Polícia deve arquivar o inquérito policial quando as investigações tornem patente a inexistência de crime.
d) A requisição de inquérito pelo Ministério Público é modalidade de delação postulatória.
e) Nos crimes de ação penal pública incondicionada, o inquérito policial é dispensável quando o Ministério Público dispõe de elementos informativos idôneos para embasar a denúncia.

171. **(FCC/Bacen/Procurador/2006)** Em matéria relativa à influência do julgado penal na área cível, é incorreto afirmar que

a) faz coisa julgada no cível a sentença que reconhecer ter sido o ato praticado em exercício regular de direito.

b) não obstante a sentença absolutória no juízo criminal, a ação civil poderá ser proposta quando não tiver sido, categoricamente, reconhecida a inexistência material do fato.

c) não impede a propositura da ação civil a decisão que julga extinta a punibilidade.

d) transitada em julgado a sentença condenatória, poderão promover-lhe a execução, no juízo cível, para efeito de reparação do dano, o ofendido, seu representante legal ou seus herdeiros.

e) impede a propositura da ação civil a sentença absolutória que decidir que o fato imputado não constitui crime.

172. **(EJEF/TJ-MG/Juiz/2006)** No processo penal, em matéria de competência, é incorreto afirmar que

a) o juiz pode, de ofício, declinar da incompetência relativa.

b) a decisão de um juiz estadual em matéria de crime de natureza federal pode ser considerada válida, desde que as partes processuais não agilizem a declinatória ou recorram da decisão.

c) a conexão e a continência não constituem critérios para a fixação, mas para a prorrogação da competência.

d) na ação penal privada o querelante poderá optar pelo foro do local da infração ou do domicílio ou residência do querelado.

173. **(EJEF/TJ-MG/Juiz/2006)** No processo penal, é incorreto afirmar que a decisão

a) que rejeita a denúncia, por ilegitimidade de parte ou por ausência das condições exigidas na lei para o exercício da ação penal, faz coisa julgada formal.

b) que determina o arquivamento do inquérito, a requerimento do Órgão Ministerial, faz coisa julgada formal.

c) que extingue a punibilidade, pela ocorrência da prescrição, faz coisa julgada material.

d) que rejeita a denúncia, por manifesta atipicidade da conduta, faz coisa julgada formal.

174. **(NCE/UFRJ/PCDF/Delegado de Polícia/2005)** O órgão competente para dirimir conflito de competência entre Tribunal Regional Federal e Tribunal de Justiça é

a) Supremo Tribunal Federal.
b) Superior Tribunal de Justiça.
c) Tribunal Regional Federal.
d) Tribunal de Justiça.
e) Tribunal de Alçada.

175. **(MPE-SP/Promotor de Justiça/2005)** Os princípios da ação penal pública são:
a) obrigatoriedade, indisponibilidade, oficialidade, indivisibilidade e intranscendência.
b) obrigatoriedade, disponibilidade, oficialidade, indivisibilidade e intranscendência.
c) oportunidade, disponibilidade, oficialidade, indivisibilidade e transcendência.
d) oportunidade, disponibilidade, iniciativa da parte, indivisibilidade e transcendência.
e) oportunidade, indisponibilidade, iniciativa da parte, individualidade e intranscendência.

176. **(MPE-SP/MPE-SP/Promotor de Justiça/2005)** De acordo com entendimento jurisprudencial pacífico, decorrente de lógica de interpretação de texto legal, o inquérito policial
a) é imprescindível ao oferecimento da denúncia.
b) está, obrigatoriamente, sujeito ao princípio constitucional do contraditório.
c) autoriza a prolação de decisão condenatória cujo único suporte seja ele próprio.
d) deve assegurar o princípio constitucional da ampla defesa.
e) é procedimento administrativo, de caráter investigatório, informativo e inquisitorial, destinado a subsidiar a atuação do Ministério Público.

177. **(EJEF/TJ-MG/Juiz/2005)** São ínsitos ao processo penal brasileiro os princípios relacionados nas alternativas a seguir, exceto:
a) o da indivisibilidade da ação penal privada.
b) o da indisponibilidade e obrigatoriedade da ação penal pública.
c) o da indisponibilidade da ação penal privada.
d) o do impulso oficial.

178. **(Cespe/STM/Analista Judiciário/Área Judiciária/2004)** Julgue o item a seguir, relativo a partes do processo, denúncia e competência da justiça militar federal, medidas assecuratórias e preventivas, citação, notificação e intimação no processo penal militar.
Com relação à competência, a conexão e a continência impõem a unidade de processo, salvo no concurso entre a jurisdição militar e a comum.

179. **(Esaf/CGU/Analista de Finanças e Controle/2004)** Ao ser interrogado, "B" confessa a autoria do crime, diz que está arrependido e que concorda com a condenação que vier a ser imposta, dispensando em razão disso qualquer defesa em seu favor. O juiz

a) não pode concordar com a vontade do acusado, porque haveria violação ao princípio da imparcialidade.
b) pode concordar com a vontade do acusado, porque a confissão dispensa a produção de outras provas.
c) não pode concordar com a vontade do acusado, porque haveria violação ao princípio da mais ampla defesa.
d) pode concordar com a vontade do acusado, porque a defesa técnica é disponível.
e) não pode concordar com a vontade do acusado, porque haveria violação ao princípio do juiz natural.

Gabarito

1. e
2. e
3. c
4. d
5. b
6. c
7. d
8. b
9. b
10. e
11. c
12. b
13. a
14. c
15. b
16. e
17. a
18. c
19. b
20. d
21. c
22. d
23. a
24. a
25. a
26. b
27. a
28. c
29. e
30. b
31. b
32. c
33. e
34. c
35. a
36. a
37. b
38. c
39. b
40. e
41. c
42. b
43. c
44. d
45. a
46. d
47. c
48. d
49. d
50. d
51. e
52. d
53. d
54. b
55. a
56. c
57. b
58. c
59. e
60. b
61. c
62. C
63. E
64. e
65. c
66. a
67. b
68. d
69. c
70. d
71. a
72. e
73. c
74. b
75. d
76. C
77. a
78. b
79. d
80. c
81. a
82. b
83. c
84. e
85. d
86. d
87. b
88. a
89. c
90. b
91. b
92. e
93. e
94. c
95. a
96. c
97. d
98. e
99. a
100. e
101. b
102. a
103. e
104. c
105. a
106. c
107. b
108. a
109. C
110. E
111. d
112. c
113. d
114. a
115. C
116. d
117. e
118. b
119. a
120. b
121. b
122. E
123. E
124. a
125. c
126. a
127. E
128. d
129. b
130. C
131. d
132. a
133. d
134. d
135. c
136. d
137. c
138. e
139. a
140. a
141. d
142. d
143. d
144. a
145. e
146. c
147. E
148. d
149. e
150. b
151. a
152. d
153. d
154. c
155. c
156. b
157. e
158. c
159. b
160. b
161. e
162. b
163. e
164. a
165. d
166. a
167. b
169. d
170. e
171. e
172. b
173. d
174. b
175. a
176. e
177. c
178. C
179. c

Referências Bibliográficas

CAPEZ, Fernando. **Curso de Processo Penal**. São Paulo: Saraiva, 2010.

FERNANDES, Antonio Scarance; GRINOVER, Ada Pelegrini; GOMES FILHO, Antônio Magalhães. **As Nulidades do Processo Penal**. São Paulo: Revista dos Tribunais, 2001.

FREDERICO MARQUES, José. **Elementos de Direito Processual Penal**. Campinas: Bookseller, 1997.

GOMES FILHO, Antônio Magalhães; PRADO, Geraldo; BADARÓ, Gustavo Henrique; MOURA, Maria Thereza Rocha de Assis; FERNANDES, Og. **Medidas Cautelares no Processo Penal** (prisões e suas alternativas). São Paulo: [S.n.] 2011.

GOMES, Luiz Flávio; MARQUES, Ivan Luís. **Prisão e Medidas Cautelares**. São Paulo: RT, 2011.

GRECO FILHO, Vicente. **Manual de Processo Penal**. São Paulo: Saraiva, 2010.

JARDIM, Afrânio Silva. **Direito Processual Penal**. Rio de Janeiro: Forense, 1997.

MAZZILLI, Hugo Nigro. **Manual do Promotor de Justiça**. São Paulo: Saraiva, 1987.

MOUGENOT, Edilson. **Código de Processo Penal Anotado**. São Paulo: Saraiva, 2009.

MUCCIO, Hidejalma. **Curso de Processo Penal**. São Paulo. Método, 2011.

NORONHA, E. Magalhães. **Curso de Direito Processual Penal**. São Paulo: Saraiva, 1997.

NUCCI, Guilherme de Souza. **Código de Processo Penal Comentado**. São Paulo: RT, 2011.

PACELLI, Eugênio. **Curso de Processo Penal**. São Paulo: Atlas, 2011.

SILVA FRANCO, Alberto; CAMARGO, Antônio Luiz Chaves; STOCO, Rui; MARREY, Adriano. **Júri – Teoria e Prática**. São Paulo: RT, 1986.

TORNAGHI, Hélio Bastos. **Curso de Processo Penal**. São Paulo: Saraiva, 1989.

TOURINHO FILHO, Fernando da Costa. **Processo Penal Comentado**. São Paulo: Saraiva, 1998.